享受语文

韩建华 著

语文

使我的生命更鲜活

更滋润 更厚重 更丰盈

使我的生命多了一份儒雅

多了一份淡定

多了一份清纯

多了一份幸福

山东教育出版社

图书在版编目（CIP）数据

享受语文 / 韩建华著. —济南：山东教育出版社，2018
ISBN 978-7-5701-0353-9

Ⅰ．①享… Ⅱ．①韩… Ⅲ．①中学语文课－教
学研究 Ⅳ．①G633.302

中国版本图书馆CIP数据核字（2018）第178217号

XIANGSHOU YUWEN

享受语文

韩建华　著

主管单位：山东出版传媒股份有限公司
出版发行：山东教育出版社
　　　　　地址：济南市纬一路321号　邮编：250001
　　　　　电话：（0531）82092660　网址：www.sjs.com.cn
印　　刷：济南万方盛景印刷有限公司
版　　次：2018年8月第1版
印　　次：2018年8月第1次印刷
开　　本：710毫米×1000毫米　1/16
印　　张：17
字　　数：226千
定　　价：48.00元

（如印装质量有问题，请与印刷厂联系调换）印厂电话：0531-88985701

享受语文 / 代序

写下这四个字，不觉向壁而笑。笑什么呢？因为即时想起一位同事曾经在一次研讨会上说过的话："教学苦，最苦教语文。"我现在却说什么"享受语文"，是不是有作秀的嫌疑？倘若我的那位同事看见，定会大吼一声："说来听听，教语文有何享受？"我这里老实作答，这四个字确是发自肺腑，绝无哗众取宠之意。事实上，无论做什么事情，不同的人总会有不同的感受，正是"如鱼饮水，冷暖自知"。笔者从事语文教学与研究三十余年，每天在办公室和教室之间出出进进，读书，上课，改作业，生活的天地十分狭小，但语文的天空却是浩瀚无际。我在这狭小的空间与单调的节奏中，获得了精神上的无限享受。

首先是享受阅读。当然，所有的教师都要阅读，但在很多人心目中，阅读却是语文教师的天职。其他学科的教师读不读书，人们未必苛求，但一位语文教师不读书，便会遭到轻视和嘲讽。一位语文教师的精神气质是需要读书来涵养的，有时几天不读书，就会觉得人生失去了灵动之气，变得板滞、灰暗。何况对于一位语文教师来说，阅读带来的收获不仅体现在阅读过程中的欢欣愉悦，还表现在教学时的从容大气。古人说"腹有诗书气自华"，一位博览群书的语文教师，才可能成为学生眼中的风景。而且不止于教学，还会表现于生活的角角落落。譬如旅游，同是踏遍万水千山，语文人却多了一份文化的收获——赏名联，品雕塑，诵诗词，评人物，在丰富的文化和优美的风景中徜徉、低徊，思绪飞扬于历史的天空，那份自由与欢欣，会消除尘世的劳累与烦恼。

其次是享受课堂。享受课堂就是享受自己的骄傲与自豪，享受孩子成长的激动与欣慰，享受教学相长的欢乐和生命共融的幸福。和学生一起走进语言的丛林，品赏文字的风景，千般流连，万般低徊，那一种陶然如醉的境界，真是非言语所能形容。自己的举手投足，一腔一韵，和学生们眼中的光彩相辉映；台上台下，心与心连在一起碰撞共鸣；将人文的种子悄悄播进学生心灵的沃土，期待着它的发芽、成长、开花、结果。人生之乐，有甚于此者乎？

还有享受写作。写作是享受吗？"吟安一个字，捻断数茎须。""两句三年得，一吟双泪流。"这有什么享受？何况写了一摞摞无处发表的教案和反思？然此中有真意，难与外人言。对于语文人来说，每一页写作都是生活和思想的记录，与教材对话，与作者对话，与自己对话，与学生对话，生命如音乐般流淌在自己书写的文字中。虽然只是写给自己看，但仍然有着创作的激动与欢欣。

还有更重要的，那就是因语文而享受人生。语文，使我的生命更鲜活、更滋润、更厚重、更丰盈；使我的生命多了一份儒雅，多了一份淡定，多了一份清纯，多了一份幸福……

目 录

教学札记

① 语文教学八字方针

—— 精读·细品·深究·活用

新课程实施以来，语文教学改革的呼声不绝于耳。"满堂灌"的教学固然遭到众人的一致唾弃（尽管在实际的教学中仍然普遍存在），但以提高应试能力为终极目标的"满堂练"，对语文教学的摧残，相对于"满堂灌"实在是有过之而无不及。正如有的教师所说，"满堂灌"的教学还不失其"语文味"，而"满堂练"则完全成了枯燥乏味的机械操作，语文学科所固有的灵气与魅力丧失殆尽。还有一些既不情愿"满堂灌"也不甘心"满堂练"的教师，游走在二者之间，茫茫然无所适从，找不到语文教学的正确轨道。其实，语文教学没有那么玄虚奥妙、深不可测，其中一些规律性的教学方法是不必也不能随意改变的。抓住这些规律性的东西，就抓住了语文教学的要害，就能守住语文教学的根本。这是"进乎技矣"的教学之"道"，只要守住这个"道"，教学的效果便会有基本的保障。下面是笔者从教学实践中得来的几点启示，愿与语文界同仁共同探讨。

一、精读

读，是语文学习的基本方式，也是首要方式。离开了这个"读"字，语文学习就成了无本之木，学生学习就会事倍功半。

课堂上的"读"分诵读与默读两种，但无论诵读还是默读，都必须做到一个"精"字。朱熹说："泛观博取，不若熟读而精思。"[1]文言文与诗歌教学重在诵读自不必言，即使一篇现代文的教学，也要在"读"上下足力气，做足文章。当前的语文教学仍然普遍存在"读书不足，分析有余"的现象。在考试全面覆盖教育的大格局中，有的教师连诗歌教学都不再诵读了。大家想想看，诗歌教学丢掉了诵读，还谈什么品味、涵泳？还谈什么感受诗歌这一最纯粹、最完美的文学体裁的艺术魅力？如果说习题教学对语文造成极大伤害的话，那么，对诗歌教学的伤害则是致命的。乏味的习题训练把魅力无限的诗歌变成了毫无生命的平面图。有的教师执教一节课，安排两个读书环节：一是"快速阅读，整体感知"，二是对某段或某句的品读。先说第一个，一篇两三千字的文章，用两三分钟时间"快速阅读"一遍，学生能有什么收获？学生常常连文章开头尚未读完，教师便抛出问题让学生回答。要么是问题简单到不值一问，学生不假思索朗声作答；要么是玄虚得使学生一头雾水，懵懵懂懂答非所问。再说第二个，一篇几千字的文章，抓住几句话，动辄用十几分钟时间，只见树叶而不见树木，对段落语句的品读代替了对全文的阅读，学生对全文印象模糊，只记住几个零碎的片段。从教学效果上看，这两种"读"都是徒具教学形式，起不到涵泳体悟的作用。要想达到读的效果，必须具备以下要求：一是取消所谓的"三分钟速读"，按正常的阅读速度给学生充足的阅读时间。陆九渊说："读书切戒在慌忙，涵泳工夫兴味长。"二是给学生宽松的阅读环境，不要让他们带着大量的问题读书，把阅读变成做题训练，因为这样既影响他们的阅读心理，又束缚他们的自由思想。孙和平老师说："事实和数据都指向学生阅读能力不高的症结所在——学生缺乏真实的阅读积累和体验。语文课堂教学压缩了阅读的过程，学生没有真正阅读，只是跟着教师'赶'着虚假阅读的场子。"[2]三是默读与诵读相结合，而课堂上尤其要重视诵读。刘熙载在《艺概》中

[1]朱熹.学四[M]//朱熹.朱子语类：卷十.中华书局，1988：166.
[2]孙和平.让学生多积累阅读的经历[J].中学语文教学，2011，374（2）：12-14.

说："公、谷两家善春秋本经：轻读、重读、缓读、急读，读不同而义以别矣。"[1] "学生诵读的过程也就是学生自己发现文本潜在的密码的过程，是得以与文本交流的语言过程。"[2] 叶圣陶先生提倡"美读"，就是"设身处地，激昂处还他个激昂，委宛处还他个委宛，诸如此类。……务期尽情发挥作者当时的情感。美读得其法，不但了解作者说些什么，而且与作者的心灵相感通了，无论兴味方面或受用方面都有莫大的收获"。[3]

总之，课堂教学必须重视"读"这一环节，让学生读准字音，读清节奏，读出文气，读出感情。在诵读中把握文脉，在诵读中涵泳语言，在诵读中领悟技巧，在诵读中对话作者。没有充分的读，这一切都无法达到。因此，教师在备课的时候，必须将"读"纳入"备"的范畴，自己先"读"好，然后研究如何引导学生读，让"读"成为课堂教学的一根红线，串起思考、理解、感悟、吸纳的珠子。离开了这根红线，珠子就会散落在思想的荒野，难以焕发出智慧的光彩。

二、细品

这里说的细品，指的是细致地品味语言。从某种程度上说，语文学习基本上就是对语言的学习。听、说、读、写，根本的能力指向都在语言。因此，阅读教学中对语言的咀嚼品味不是可有可无，而是课堂的重心所在。或者从某种程度上说，离开了对语言的品味，对文本其他方面的解读与领悟，都可能变成隔靴搔痒，变成凌空蹈虚。

叶圣陶先生说："文字是一道桥梁。这边的桥堍站着读者，那边的桥堍站着作者。通过了这一道桥梁，读者才和作者会面。不但会面，并且了解作者的心情，和作者的心情相契合。"[4] 品味语言，就是和文本对话、和

---

[1] 刘熙载. 艺概 [M]. 上海古籍出版社, 1978: 3.

[2] 李震. 语文课堂：享受语言文字的生命阳光 [J]. 中学语文教学, 2011, 375（3）: 12-14.

[3] 叶圣陶：叶圣陶语文教育论集 [M]. 教育科学出版社, 1980: 125.

[4] 叶圣陶：叶圣陶语文教育论集 [M]. 教育科学出版社, 1980: 261.

作者对话，通过对作品语言的咀嚼涵泳，走进作者的内心世界，攀登作者思想的高地，领略作者心灵的风景，欣赏作者艺术的魅力，感受作者独特的情怀。李震老师说："有人说写作是从语言出发朝向心灵的探寻。师生在分享文本的意义时，要通过语言，在特定的情境中寻找和发现作者那光明朗然的内心世界。"[1]

品味语言，犹如走进艺术森林的王国，让你美不胜收，能培养学生终生阅读的兴趣。"讲究语言的品味，无疑使课堂生成了令人铭记于心的永恒的甘甜之味。……语文学习的'含英咀华'，就是让心灵行走在语言与意义的世界。"[2]语文学习，从根本上来说就是对语言的学习，品读语言是领会作者思想、感受艺术魅力的必经途径。朱光潜先生说："在文字上推敲，骨子里实在是思想情感上的'推敲'。"[3]是的，品味语言，绝非是单纯的玩赏文字，而是与作者情感的交流，是对自己思想的锤炼。阅读文本，对文字表面的意思进行一番粗浅的解说并不难，而领略与感受文字背后深邃的思想和潜藏的情感却非易事，至于能够如古玩家鉴赏文物似的醉心其中，升华自己艺术品味与情操的境界就更加难以企及，非长时间的熏陶渐染不可。

三、深究

合作探究是新课程标准中提出的新的学习方式，目前已成为课堂教学中普遍设置的教学环节，但就笔者在课堂上的观察发现，流于形式、泛泛而论的很多，真正培养探究的思维能力、取得探究成果的并不多见。究其原因，约略如下几点：一是提出的问题过于简单，学生不"究"自明，不用深思，举手抢答，说的都是人人明白的公共见解。二是提出的问题难以"究"明，公说公有理，婆说婆有理，大家闹嚷嚷一阵，最后老师出面"和稀泥"，这

[1] 李震.语文课堂：享受语言文字的生命阳光 [J].中学语文教学，2011，375（3）：12-14.

[2] 杭群燕.含英咀华，品悟魅力 [J].江苏教育研究，2010，905（5）：44-45.

[3] 朱光潜.咬文嚼字 [M]//朱光潜.朱光潜全集：第四卷.安徽教育出版社，1988：216.

边有道理，那边也不错，学生懵懵懂懂、糊里糊涂下了课。三是把探究等同于联系生活实际，让学生谈谈感受，结果全是浅显正确的大白话。

我想，"探究"的问题应该符合以下两个要求：

1. 问题有一定的深度和难度，多数学生难以通过个人的阅读与思考解决，必须借助于和其他同学的切磋交流、思想碰撞，方能将阅读与思考逐步推向深入，然后获得答案。

比如《烛之武退秦师》这篇课文，有老师提出的探究问题是：烛之武是从哪些方面说明理由让秦国退师的？这个问题只要认真阅读一遍烛之武的话就能很容易得出答案，何劳众人探究？而另一位老师提出的问题是：古人说"春秋无义战"，从这篇文章中可以得到什么启示？这个问题就有了一定的深度和难度，不是靠阅读一两遍能够理解清楚的，必须靠深度阅读和共同探讨才能解决。"晋侯、秦伯围郑"的原因是什么？文中说"以其无礼于晋，且贰于楚也"，而真正的原因却是想瓜分郑国。秦伯为什么听了烛之武的一番话就撤军？因为烛之武三言两语说破了三个国家之间的利害关系。我们可以从烛之武的话中推测出"秦晋之盟"的中心内容，是秦晋联手瓜分郑国；可以从事情的结局中推测出"秦郑之盟"的要点，就是郑国成了秦国的附庸；进而推测出秦伯撤军的真正目的，那就是将来独吞郑国；最后晋侯不愿袭击秦军，也绝非什么感恩情、讲义气，而是审时度势、权衡利害的智慧选择。这样看来，国家之间的战与和，无不是利益驱动的选择，是"春秋无义战"这句话的详实注脚。这样的问题才是值得探究的问题。

2. 提出的问题靠单独阅读教材无法解决，必须借助于大量的知识积累，甚至查阅课外的有关资料。

这样的问题才有较大的探究价值，才能在探究的过程中更好地培养学生探究问题的思维品格和方法。这种问题的探究很难在课堂上展开、完成，必须充分利用课余时间，进行目标明确的阅读、交流之后才能解决。如朱自清《荷塘月色》的结尾"这令我到底惦着江南了"，笔者曾经设计这样一个探究题：请同学们阅读有关朱自清和《荷塘月色》的一些资料，把握这句话的丰富内涵，探究朱自清"到底惦着江南"的什么，他为什么以此作结。同学们通过课下的阅读与交流，最后形成了一些新颖的有价值的观点。比如说他惦记江南的好友和风景，依据是朱自清离开春晖中学到北京后的不少书信和日记，都流露出对以往同事、学生和江南山山水水的真挚的怀念；比如说他惦记留在扬州老家的孩子，依据是朱自清在其他文章中对离家北上和儿女分别时痛彻心肺的记述；比如说他以惦记江南作结，其实是想表达对自己来北京生活的种种不如意，依据是朱自清日记中经常记载教学和研究带给他的压力。学生最大的收获还不是得到这些结论，而是在探究的过程中读了很多书，锻炼了研究能力，提升了思维品质。

四、活用

一切学习的最终目的大都会指向"应用"二字，语文学习也不例外。王尚文先生说："抓住了'运用'，也就抓住了语文教学的牛鼻子。语文教学的奥秘几乎全在'运用'。"[1] 而现实中的语文教学对于"应用能力"的培养却存在着较严重的缺失。不少教师把教学目标局限于"理解内容主旨和赏析艺术手法"两个方面，甚至在凸显"情感态度价值观"的幌子下，完全忽略语文能力的培养。其实，语文课不能仅仅满足于让学生明白了一些什么，更重要的是学会了什么实际的应用能力，听说读写固然不可偏废，但特别重要的是"写"的能力。一个人写作能力的高低，是衡量其语文素养高低的主要指标。而绝大多数教师把学生写作能力的培养完全依赖两周一次的作文训练，造成阅读和写作的严重失衡。曹勇军老师说："不会上课，则阅读是阅读，写作是写作，彼此孤立，两不相干；会上课，每节阅读课都是写作课。"[2] 借助阅读教学培养学生的写作能力，特别是对于文本材料的移植

---

[1] 王尚文，王诗客. 语文课是语文实践活动课 [J]. 课程·教材·教法，2009，328（4）：26-30.

[2] 曹勇军. 新课程视野下的写作知识教学 [J]. 中学语文教学，2009，349（1）：26-29.

运用和语言的模仿创造能力，应该是每节课教学的重要目标。

不少教师把学生写作时的文思不畅、材料枯窘和语言干瘪完全归咎于课外阅读量的不足，这是有失公允的。一个中学生六年时间在课堂上学习了几百篇文章，这是多么丰富的语文矿藏。如果我们能引导学生"入乎其中"，在积累的基础上锻炼其应用的能力，再让学生"出乎其外"，那么，无论是写作的一般技巧还是素材的积累运用，基本上都能够满足一个中学生的写作需要。

你看，学生对《史记选读》中《刺客列传》和《项羽本纪》的材料运用得多么恰当：

凭借人性的光辉立人处事，虽败犹荣。荆轲刺秦王虽然失败了，但他反抗暴秦的壮烈行为，千百年来激励着无数仁人志士；楚汉战争中，项羽虽然失败了，但他在征战中所表现的英勇与豪迈震烁千古，他的剑胆琴心依然令后人倾慕不已。

（菏泽一中　牛淑文）

还有，学生借鉴张洁《我的四季》写的文章多么漂亮：

冬日，白雪皑皑，覆盖了我们的土地。

它沉寂着，思考着明年的春天。我也冷静地检点自己：我失败过吗？我做错过什么？我欠别人什么？……我渴盼着我思索的种子能够在来年春天，随着犁头种进这片土地。

我明白，一个生命走过四季，不可能再有这个四季。未来的四季将属于另一个生命。

（菏泽一中　李雅）

当然，这里并不是说每一节课都必须有这四个教学环节，而是说这些是语文教学中必须重视的内容，是备课和教学的基本要素。如果抓不住这些，而仅仅让学生在题海里扎猛子，或者一味在课堂的细枝末节上争奇斗胜，那就不仅不符合新的课程理念，而且违背了语文教学的基本规律。

（《现代语文》2011年10期）

② 语文备课"备"什么

　　这个问题盘桓于脑际很长时间了，是否提出来也经过了再三踌躇。我们老师每天都在备课、上课，难道还有谁不知道怎么备课吗？这样的问题有没有讨论的价值？但最终还是提了出来，因为许多专家和一线教师对课堂教学的诸多方面都有连篇累牍的论述，而对事实上决定着课堂教学质量的备课环节却没有给予应有的重视。我们常常评价"这节课上得好""那节课上得不好"，课堂上表现出来的"好"或"不好"，固然有诸多因素，但根源主要还是在于课"备"得"好"或"不好"。简单说吧，就是只有备好课，才能上好课。从这个意义上说，研究如何备课就和研究如何上课具有同样重要的意义，甚至有过之而无不及。

　　那么，语文课应该怎么"备"？主要"备"什么？笔者不揣谫陋，提出几点体会供方家指正。

一、反复阅读（包括诵读）文本——读出自己的感受和见解

　　要求教师读出"自己的感受和见解"，是不是悬鹄过高、有悖情理？在调研中，多数教师认为教学参考书上已经提供了足够的讲解资料，教师只要把这些资料转化为"教学设计"就可以了，为什么非要有自己的感受和见解？况且自己的感受和见解能保证全都正确吗？能超越参考书上的观点吗？教师有必要对教材反复阅读吗？

　　我想，这些教师误解了教师课前文本阅读的目的。教师的课前阅读，是为了走向讲台，和学生一起创造一个相互激发、丰富灵动、和谐共振的学习课堂，这里不是简单的材料倒卖和观点转述，因为在教师和学生对话当中，双方都有着浓郁的主观情感，师生之间通过文本发生的对话，是审美情趣的交流，是思想感情的碰撞，是心灵情感的共鸣，是双方阅读文本过程中所有收获的不断分享。这个目标，没有对教材的反复阅读、没有自己深刻的见解和独特的感受是无法达到的。潘新和先生说："不论是阅读教学还是写作教学，教师对言语的解读能力都不应该是照本宣科，决不能人云亦云。他得有自己对言语的独特感受。他是语言奥秘的探索者、解密者、思想者，是学生亲近语言、热爱语言的引领者。"[1]教学参考书上的资料当然要"参考"，但仅仅是参考，因为那是别人的阅读感受。阅读的最大收获在于阅读的过程，而不是阅读后的结论。没有自己的阅读经历，别人的阅读结论就会显得机械僵硬，缺乏生气和温度。陈日亮老师说："教师自己的读书方法，总是要在教学设计与教学实践中顽强地表现出来。所谓教学法，实际也就是教师自己的读书法、作文法。"[2]这话很有道理。教师的阅读见解固然未必能超越专家的研究结论，但阅读的感受和认识一定会打上鲜明的个人印记。这些印记的大小、深浅和明暗，体现着教师对文本感受的强度和理解的深度。从这个意义上说，强调教师对文本的反复阅读，根本的意义在于，使教师在与文本的反复"拥抱"中，不断点燃对文本的激情，膨胀向学生倾诉的欲望。反过来说，如果一位教师没有自己对文本的满腔热情和深刻的阅读体验，他就不会有强烈的倾诉欲望，也很难有精巧的教学设计和激情洋溢的教学话语，更不可能产生课堂上的丰富与灵动。于永正老师说："备课没有什么诀窍，就是那么翻来覆去地诵读、默想。当读出了自己的理解、情感，读出了文章的妙处（小到一个字、一个词、一个句子，大到一段文字、篇章

　　[1]潘新和.语文：表现与存在［M］.福建人民出版社，2009：119.

　　[2]陈日亮.名师授课录·高中语文［M］.上海教育出版社，1997：78.

结构、文章的立意），读出自己的惊喜时，我便敢走进课堂。每篇课文都有它的精妙之处，而且都可以从读中去发现。"[1]我们可以随便拿一些名家的优秀案例来印证，这些课堂之所以出类拔萃，最亮丽的地方往往都是来自教师独特的感受和见解。没有自己的感受就很难感染学生；没有自己的见解，也很难让学生有所发现和创造。因此，教师对文本的反复阅读，是备好一节课的第一步，而且是很关键的一步。一个负责任的教师，只有反复阅读课文，"读出自己的惊喜"，才"敢"走进课堂。

二、探索文本背景——力求解读的准确和深刻

上面说教师备课要反复地阅读教材，但仅仅阅读教材仍然不能备好一节课。储建明在《读懂作者与读省自我——阅读教学的文化命题》中说："语文教师在进行阅读教学之前，应花大量的精力去进行文本之外的背景探索，用一种历史的时代的社会的宏大眼光去审视文本所表现的文化内涵，继而帮助学生去感受真实的文本环境，让学生在有限的课内时间里产生对文章以外的无限空间的渴望，完成跨越时空的阅读活动。"[2]要在一节课中引领学生准确把握和深刻理解课文，备课的时候就要对课文进行立体式地研读探究。要研究作家的人生经历、思想倾向、精神品格、个人情感、创作风格乃至生活趣味，这些都可以归结为课文的"背景知识"。"背景知识是作者有感而发的触点，是情感深处的源泉。"[3]打个比喻说，一篇文章就像开放在田野的花朵，只看花朵也能给人观赏的美感，但要想全面了解这朵花的品种、了解其盛开的原理和动人的因素，就非要研究它的种子、根系和土壤不可。否则，得到的感受就容易流于简单、偏颇、肤浅甚至荒谬。

譬如对韩愈《师说》主旨的理解。文章开篇说"师者，所以传道受业解

[1]于永正.话说对话教育[J].小学青年教师，2003，534（6）：10.

[2]储建明.读懂作者与读省自我——阅读教学的文化命题[J].中学语文教学，2012，391（6）：22-24.

[3]钱柯.语文背景知识介绍策略浅谈[J].中学语文教学，2012，390（5）：18-19.

惑也"，然而对老师传什么"道"、授什么"业"、解什么"惑"却没有明确论述。许多教师在讲课中都是把"道"简单地解释为"道理"。刘凌在《韩愈〈师说〉主旨及其背景》中，通过大量的史实分析，得出这样的结论：

"传道"之"道"，不应望文生义，解释为"道理""真理""知识"等常用义，而是特指"古道"，也即韩愈《原道》所论由尧、舜、禹、汤、武、周公、孔、孟、荀、扬所倡导的"先王之道"。"师道之不传也久矣，欲人之无惑也难矣！"此句不是一般地慨叹人们不愿从师，而是抱怨时人尤其是士大夫权贵对儒家道统的冷漠与背离，失去了正确的指导思想。《师说》所谓"师"，并非泛指一般专业教师，而是特指学习、掌握并践行儒家道统的儒师。[1]

无可辩解，理解到这里，才算得上对文本准确的解读，才能使学生了解韩愈的思想主张及其所处的时代风尚，了解他写这篇文章的历史意义和今天学习的现实意义。

再譬如欧阳修的《秋声赋》。林忠港老师在分析课文中"如助余之叹息"这个句子时，为了深入探究这一叹息声里包含的情愫，适时地列出欧阳修的人生经历及本文的写作背景：

家庭方面：欧阳修4岁丧父；25岁，原配胥氏17岁产后病逝；28岁，续弦杨氏染病去世；30岁，胥氏遗子5岁染病夭折；31岁，娶薛氏。

身体方面：40岁，白发萧疏；42岁，患上眼疾。

仕途方面：24岁举进士；29岁因支持范仲淹被贬夷陵；39岁再度因参与"庆历新政"被贬滁州；48岁又被宦官诬陷，出知同州；53岁写《秋声赋》。[2]

学生了解这些后再读文章，对作者涌流在文字中的沉痛感情就有了深刻

---

[1]刘凌.韩愈《师说》主旨及其背景[J].中学语文教学，2012，389（4）：47-49.

[2]林忠港.贴着学生的心灵来教——《秋声赋》教学札记[J].语文月刊，2012，349（1）：34-36.

的理解和体悟，就容易使自己的心灵和作者的心灵产生碰撞，并在这种碰撞中感受作者人生的沧桑和精神的悲凉。如果不了解这些，学生对作者的叹息之声就会感到轻飘、浮泛，甚至认为只是一种文人"望秋而叹"的自然情绪的发泄而已。

从某种意义上说，教师备课也是在"做学问"，学问的大小决定着备课的质量。如果知之甚少，就成了"以其昏昏，使人昭昭"，那就不仅不能传授知识和真理，甚至会传授虚妄和谬误，更谈不到深刻的理解和独到的见解了。

三、精心设计问题——寻找解读文本的最佳通道

曹勇军老师说："圈内有句行话：看你问几个问题，就知道你水有多深。它是语文教师站在课堂上学业力量强大的具体表现，是语文教师的看家本领。"[1] 这的确是圈内的内行话，非有长期的教学经验难以道出，因为教师在课堂上提出的问题是其阅读深度和教学智慧的综合体现。没有深刻的感受和独到的见解，不可能上好一节课；有了深刻的感受和独到的见解，提不出内涵丰富的问题，也很难上好一节课。阅读教学不是"阅读"和"讲解"的简单叠加，而是教师引导学生为理解、鉴赏和体悟文本而进行的攀登和游览，优秀教师的功力就是常常表现在对攀登路径的指引和远近风景的解说上。好的问题是解读文本的最佳通道，它是引领学生走向风景深处的一条捷径，而且能以其新奇、巧妙激发学生寻微探幽的强烈欲望。它可能隐藏在一般读者不经意的地方，只有十分熟悉这片风景的人才能找出来，教师就应该是能够发现并指出那个最佳通道的人。

譬如《诗经·氓》的教学。一位老师在指导学生反复诵读之后，提出了这样的问题：请找出每一章节中女子对男子的不同称呼，并分析称呼背后所

---

[1] 曹勇军.略说语文课的设问与应答[J].中学语文教学，2011，377（5）：11-15.

包含的感情变化。

分析：氓——子——复关——尔——士——其

第一章开头称"氓"（"氓之蚩蚩，抱布贸丝"），意为有个"男子"，不含感情色彩，是平平淡淡的叙述；结束时称"子"（"将子无怒，秋以为期"），是古代汉语中的尊称，表明两人客客气气地道别。由这两个称呼，表明他们恋爱初期的情感——比较生疏，客客气气。第二章开头用"复关"代指男子（"乘彼垝垣，以望复关"），表示分别后女子对情人强烈的思念；结束时称"尔"（"以尔车来，以我贿迁"），表明两人关系亲密，已到"忘形尔汝"的地步了。第三、四章称"士"（"无与士耽""士也罔极"），又回到对男人一般的泛称，毫无感情色彩，表明两人婚后感情的破裂。第六章用代词"其"（"信誓旦旦，不思其反"），带有谴责的语气，表明女子对丈夫的恩断义绝，满怀哀怨。

这个问题设计得十分巧妙，入口很小，但新颖别致，可谓"小径通幽"，通过对几个人称变化的分析，使学生很快把握了故事的基本情节和人物的思想感情。

再譬如杜牧的《阿房宫赋》，老师引领学生疏通了词句之后，提出这样的问题：从文章中，你读到了一个怎样的阿房宫？

分析：同学们有的答"读到了阿房宫的巍峨高大，金碧辉煌"；有的答"读到了阿房宫的奇珍异宝，琳琅满目"；有的答"读到了阿房宫里面的美女如云，轻歌曼舞"；也有的答"读到了秦朝统治者的荒淫无度和六国君主家族的斑斑血泪"；……

之后老师适时提出另一个问题：根据你对文章的理解，在下面横线上填写句子。

很明显，杜牧借助《阿房宫赋》，向我们揭露了一个简单的事实：

＿＿＿＿＿＿＿＿＿＿其实是百姓们的＿＿＿＿＿＿＿＿＿＿；

＿＿＿＿＿＿＿＿＿＿其实是宫女们的＿＿＿＿＿＿＿＿＿＿。

________________的阿房宫，其实是统治阶级________________！

分析：逶迤百里的雕梁画栋、倚叠如山的奇珍异宝，其实是百姓们的累累白骨；余音袅袅的朝歌夜弦、缦立远视的寂寞背影，其实是宫女们的痛苦哀号。一座金碧辉煌的阿房宫，其实是统治阶级自掘的罪恶坟墓！

通过这两个问题，学生很快把握了文章的主旨，理解了杜牧写作《阿房宫赋》的目的所在，也深刻地感悟到学习这篇文章的历史意义与现实意义。

在阅读教学中，有时候设计一两个问题就能使整篇文章的阅读犹如庖丁解牛一般“砉然而解”，而且使学生思维的利刃游走于语言文字的“肯綮”之间，“恢恢乎若有余地焉”。

四、锤炼教学语言——让课堂弥漫文学的“芬芳”

备课的时候有没有必要“备”课堂上的教学语言？从理论上说没有必要，因为课堂对话重在生成，教师的语言存在很大的随机性，很难预先“备”出来；但从教学实践来看，45分钟的课堂，教师必须使自己的话语精准简洁、充满张力、富有文采，而对于一般教师而言，如果完全依赖课堂上的随机发言，这个要求很难达到。因此，对于一般的青年教师来说，锤炼教学语言仍然是备课的重要任务。

我们经常在听课的时候感叹一节语文课没有“语文味”，那么缺乏的这个“语文味”指的是什么呢？我想除了包括琅琅的读书声、精辟的解析语之外，还有一个很重要的方面，就是课堂语言的文学色彩。语文教师上课应该像作文一样，精心谋篇布局，反复锤炼语言，努力追求课堂生动的气韵和高雅的格调，使师生在对话之时齿颊生香，整个课堂氤氲着浓郁的文学气息。

当前的语文课堂上，普遍存在着教师词汇贫乏、教学语言干枯乏味的现象，这对学生的语言学习乃至语文素养的提高都产生很大的消极影响。事实上学生对语言的学习不仅依赖教材文本，还要依赖语文教师在课堂上的口语影响，所谓熏陶渐染就是这个意思。更多的时候，语文教学不是为了让学生明白什么道理，而是让他们体验作者的感情和品味语言的妙处，并由此逐步提高他们的审美能力和语言素养。如果一位教师在课堂上总是用粗糙乏味的日常话语去转述和讲解教材文本精致优美的文学语言，那就不仅不能感染学生，而且成了对文学作品的糟践与亵渎。

教师的课堂语言包括导入语、设问语、点拨语、讲解语、评价语、总结语等等。这些语言除了点拨语、评价语带有较强的随机性之外，其他都存在一定的预设性。导入语要有煽动性和感染力，能将学生带入优美的话语情境中；设问语要有明确的指向性，能激发起学生强烈的探究欲望；点拨语要循循善诱、富有启发性，让学生产生拨云见日、豁然开朗的感觉；讲解语要言简意赅，解析道理鞭辟入里，鉴赏艺术片言指要；评价语要言词得体、热情中肯；总结语要铿锵有力、余味绵长……总之，教师只有在备课的时候反复锤炼自己的教学语言，才能在讲台上挥洒自如，舌灿莲花，让课堂弥漫文学的"芬芳"。

当然，教师备课的内容不止这些，其中还包括教学目标、学情分析、学法指导、作业设计等，但上述四点却是备课工作的重中之重。抓住了这四个要素，就是抓住了备课的核心问题和关键环节。如果一位青年教师能够持之以恒地坚持下去，对其专业素养和教学水平的提高一定会起到重要的促进作用。

（《现代语文》2012年12期）

③ 谁伤害了语文教学的健康

中小学语文教学的不如人意几乎成了教育共识，连语文教师自己也唉声叹气，徒唤奈何。上个世纪吕叔湘先生指出的"少慢差费"的问题不仅没有得到解决，反倒每况愈下，一日不如一日了。语文这一最富有生气、情趣，最能滋养学生精神成长的课程，变得越来越枯燥乏味，机械僵化，成为学生认为可有可无、敷衍应付的学科。毫不夸张地说，大面积的中小学语文教学都是萎靡不振，呈现积重难返的病象。那么，究竟是谁侵害了语文教学的健康？病灶在哪里？笔者想就此问题谈一点粗浅的看法。

一、考试命题导向的偏失，给语文教学带来很大的负面影响

自上世纪70年代末恢复高考以来，语文试题的命制从形式到内容都有过几次调整（算不上改革），但总的原则与框架基本未变，考试对教育教学的指挥棒作用也愈来愈强。那么，考试试题在哪些方面影响着语文教学？我想举两个方面为例。第一表现在考试内容的烦琐、低幼，不符合语文学科的认知规律，也背离了语文学习的根本目的。比如汉字的读音、错别字的辨析、词语和标点符号的运用、病句的判断等题目，小学升初中考，初中升高中考，高中升大学还要考，实在是烦琐低幼，看似是对知识与能力的考查，其实是见枝叶而不见树林，根本考不出语文素养与能力，而且和后面的作文考查要求重复。既然作文中出现错别字扣分，标点符号使用错误扣分，用词不

当扣分，出现病句扣分，何必再命这些试题多此一举？对语言运用能力的考查同样如此，什么语言的简明、连贯、得体，语言的生动、形象、有文采，都在作文考查中有明确要求，何苦再专题考查？如果是为了强调这些知识与能力的重要性，提高作文在试卷中的分值不是一样吗？这种考题设置给语文教学造成的危害之大，恐怕是设计者所始料不及的。在这种命题模式的"指挥"下，老师和学生都抱定着一个信念：阅读难把握，作文靠运气，实实在在的只有这些"硬"题目。于是在教与学中强化再强化，突出再突出，大海里捞鱼虾，不仅网眼细密，而且必须到边到沿。语文教学至少三分之一的时间耗费在这些烦琐、低幼的习题训练上，铺天盖地的习题让人喘不过气来，老师和学生原有的一点文学性情全在这枯燥无味的练习中消失殆尽。文言文阅读能力的考查也是如此。本来文言文阅读的能力要求是"借助工具书阅读浅显的文言文"，教学的重点应该是"读懂文章，能够翻译"，可是试卷常常设置一些选择题考查实词、虚词的理解，这样一来，教师在文言文教学中就常常舍弃完整文章的阅读鉴赏，而用大量的时间归纳出一些实词、虚词的个别用法让学生死记硬背。记是记住了，但一到阅读陌生的文章，仍然模棱两可，不能准确理解。为什么呢？因为语言的理解与运用能力靠的是在阅读与写作中长期的实践积累，单单记住几个词语是没用的。这些试题的设置对语文教学的影响极大，使语文教学中大量的时间耗费在一些词义的记忆与辨析上，学生没有时间阅读鉴赏课外的文章。第二，考试内容与教学要求的不对榫也影响着语文教学。比如现代诗歌在教科书上占有相当的比重，却又被摒弃于考试之外，直接造成的后果是语文教学对现代诗歌的日渐弱化。尽管学生阅读现代诗歌的热情很高，但现代诗歌仍然处于语文教学的边沿，甚至被完全放弃。笔者并不是说一定要考查现代诗歌阅读，只不过想借此说明考试对教学的影响有多么重大。我想，如果将现代诗歌列入考试范围，和古典诗歌阅读并列为选做题，语文教学中的诗歌教学必将是另一个局面。

二、各学科整齐划一的教学模式，束缚着语文教学的自由开放，扼杀了语文教学的灵性

在升学率的压力下，学校对教师、教学的管理力度不断加大，从工作时间量化到教学成绩，这也罢了，工作管理总要看结果，俗话说"出水才看两腿泥"；但事情不是这么简单，为了保证结果令人满意，学校就不断加强对"过程"的管理。不少学校不管学科之间教学规律的固有差异，一律统一教学模式，从一节课"讲"与"学"的时间分配，到教学案、作业的编写形式，全都整齐划一。许多课改典型学校不是推出某个学科的教学改革经验，而是动辄推出全校统一的教学模式。就在这些统一规范的教学模式中，学科教学的特性逐渐泯没殆尽。在众多的学科教学中，语文教学所受到的伤害最深重。本来人文学科和科学学科的教学方式差异就非常大，语文和它们的差异尤其大。理科学科的教学方式相对程序化：讲清原理，演示例题，然后依照例题反复训练，熟能生巧，由浅入深；而文科教学特别是语文教学就灵活得多，也生动得多。诗歌、散文的教学重在诵读，在诵读中涵泳品味；小说、戏剧就要在情节与人物的分析上多下气力；实用文章呢，自然重视联系生活的实践活动……这还只是大体上不同侧重点的划分，如果具体到每一篇课文，那可真是变化万端，多姿多彩，岂能用一个模式"规范"它？对于语文教学而言，在课堂上的核心问题不过"讲""读"二字，学生读熟文章，读懂意思，读出自己的感受，读不懂处请老师给予讲解；教师讲得多一点少一点自是因人而异、因文而异，怎么能强求统一？又何损于课堂效率？一节课的收获如何能一下课就"称斤论两"？一位学识渊博的教师45分钟的讲课可能给学生留下终生的记忆，那种对心灵的熏陶感染，对思想认识的冲撞与震撼，是能够通过一张当堂检测的试卷判定高低的吗？为什么有个性的语文课堂越来越少，有个人风格的语文教师百不一见？大家想想看，在这样的教学管理机制中，能有个性张扬的空间吗？能有形成风格的环境吗？

三、花样百出的课堂教学"改革"，使普通的语文教师无所适从，逐渐放弃对规律的坚守

现在大家都在喊课堂改革，却往往忽视对规律的坚守。上世纪二三十年代的语文课堂什么样子？叶圣陶怎么上课？朱自清怎么上课？夏丏尊怎么上课？吕叔湘怎么上课？他们的课堂效率如何？他们的教学方式需要改革吗？事实是，他们的教学是成功的，不仅教出了一批批优秀的学生，而且基于自己的教学实践提出了一些朴实的教学理论，嘉惠后人，许多思想智慧今天读来仍然焕发着光彩。许多时候我是百思不得其解，为"提高课堂效率"改革了这么些年，究竟有多大成效？笔者认为，教学这种工作是没有那么多技术可探索的，教师的教学水平只是建立在工作态度和学识修养上，"进乎技矣，至乎道也"。技术上的翻新不过"朝三暮四"而已，学生吃到"橡子"的数量是没有变化的。最令人感到痛心的是，许多学校"提高课堂教学效率"的唯一目的不过是提高升学率，于是课程改革与教学改革两相背离，越改革语文课堂越枯燥乏味。老师们无所适从，只好虚于应付，逐渐放弃了对教学规律的坚守，课堂教学离扎扎实实的"读写"越来越远。成尚荣先生说："语文必然有自己成长、发展的规律和特点，它需要安静，需要'轻轻的'安抚，需要'静静的'滋养。可我们常常对它大声喧哗、吵嚷，动辄大刀阔斧地'改革'，让语文伤筋动骨、遍体鳞伤。这样的语文还是语文吗？这样的语文还能像清晨的露珠、雨中的花朵、天上的彩霞、小河上的一叶扁舟吗？对语文应当敬畏，认识、把握、遵循它的规律，静心倾听它的呼吸，'轻轻的'触摸它的脉动。"[1]

四、无限夸大课堂教学的作用，忽视、排斥课堂外的阅读和各种语文实践活动，使语文学习严重贫血，有气无力

罗庸先生在《国文教学与人格陶冶》（1938年8月在云南省中等学校教

---

[1] 成尚荣.语文要"轻轻的来，轻轻的走"[J].考试:高考文科版,2015,88（26）:13.

职员暑期讲习会上的讲演）中说："文学本来是极活泼的东西，其所寄托在文字，而本身却散在生活的各方面。假如上堂就有国文，下堂就没国文，那就失去了国文的目的。""国文教学对于学生课外的生活要能随时启导，如能做到以教材证实生活，自然最好；即不然，也要因时因地予以文学的陶熔。"我说有些人"无限夸大课堂教学在学生学习语文中的作用"并非夸大其词，耸人听闻，在很多研讨会上"聚焦课堂""向课堂要效率"的口号不绝于耳。声明一下，我绝不是反对"聚焦课堂"，反对"向课堂要效率"，我所反对的是隐藏在这些话语背后的潜台词——语文教学只要抓住课堂就够了，其他都是浪费时间和精力。有些管理者甚至刻薄地指责那些开展课外语文活动的老师说："有功夫用在课堂上，课外活动算什么本事？"这真是让人欲辩无词，哭笑不得。笔者曾就自己的教学体会打过一个比方：如果说理科教学是炒热菜的话，语文教学就是泡咸菜。热菜明火加温，短时见效，而泡咸菜必须把菜扔进盐水坛子慢慢浸泡，久之乃咸。这是学科的认知规律所决定的。前些年韩军老师提出阅读教学要"举三反一"，也正是基于语文学习规律而提出的真知灼见。我再来引用几段名人的话作佐证。胡适先生在《中学国文的教授》一文中说："我可以武断现在中学毕业生能通中文的，都是自己看小说看杂志看书得来的，绝不是靠课堂上几本古文选本得来的。""每周三小时，每年至多不过四十周，合起来不过一百二十点钟，若全靠课堂上的讲读，一年能讲得几篇文章？"蒋伯潜先生在《〈字与词〉自序》中说："我以为中学生国文程度低落的主要原因，还在于中学本身六年内的国文教学，只重在教师的教而不重在学生的学，只重在课内的受教，而不重在课外的自学！""要提高中学生的国文程度非提高他们自学不可，非养成他们课外阅读的能力兴趣和习惯不可！"这些大家的肺腑之言，今天读来仍然振聋发聩，让我们在反思自己的教学实践时感到惭愧。

所以，我说无限夸大课堂教学在学生学习语文中的作用，忽视、排斥课堂外的阅读和各种语文实践活动，是侵害语文教学健康的病毒理念，它直接导致语文教学的贫血症。我们必须建起一个立体的学习课堂，把课堂教学与课外阅读、课外文学活动有机地结合在一起，为学生搭建一座座形式多样、内容丰富的学习平台。

当然，影响语文教学健康的因素可能还有很多，但以上四点，应该是重要的因素。因此，加快考试命题改革的步伐，弱化学校整齐划一的教学管理，远离花里胡哨的所谓"课堂改革"，加强课外阅读与语文实践活动，是语文教学肌体健康的重要保障。

④ 好问题是高效课堂的重要支撑

研究教材、设计教学，核心的内容是问题设计。西方学者德加默曾提出这样一个观点："提问提得好即教得好。"[1] 课堂提问固然有随机性，但一节课的主要问题，必须是备课预设的。没有科学的"预设"，课堂生成就会凌乱肤浅，既不能深度阅读，也没有思维含量。那么，问题设计的标准是什么？什么问题才能算得上是好问题呢？

一、初读课文，提出的问题要能抓住文本内容的核心，用一两个问题带动对整篇文章的阅读理解，达到牵一发而动全身的效果。有人称之为"核心问题"，并解释说："核心问题，就是能够实现一篇课文阅读教学目标的载体和抓手，是达到教学目标的桥梁。"[2]

譬如欧·亨利的小说《最后的常春藤叶》，有老师提出这样的问题：

1. 谁是小说的主人公？是贝尔曼，苏艾，还是琼珊？谈谈你选择的理由。

2. 有人说欧·亨利的小说是"含泪的微笑"，那么从这篇小说来看，"含泪"指的是什么？"微笑"指的是什么？

再譬如汪曾祺先生的《金岳霖先生》，有老师提出的问题是：

1. 初读课文，你读出了一个怎样的金岳霖先生？你是从哪些文字中感受

[1] 潘海霞.课堂教学提问应厘清三种关系 [J].中学语文教学参考，2015，516（12）：49–51.
[2] 薛颖颖.阅读教学核心问题的优化设计 [J].中学语文教学参考，2015，516（12）：34.

到金先生这些特点的？

2. 有人说汪曾祺的作品"初读似水，再读如酒"，请谈谈你的感受。

在研究教学的时候，我们经常会提到一个词——整体感知。整体感知不是简单地看一遍课文算完，而是要让学生通过对全文的阅读，整体把握文本的思想内容和艺术特色，为下面进一步分析探究做好积累与铺垫。因此，整体阅读不能是随意盲目地浏览一遍，必须有问题的引导，有明确的阅读目的。而这样的问题必须关联全文，不能纠结于细小的局部；也要有一定的难度，不能过于简单浅显。上面四个问题都合乎这样的要求。

二、再读课文，提出的问题要引导学生深度阅读和思考，使之在深度和广度两个方面探究文本的深层意义。

譬如《最后的常春藤叶》，有老师这样提问：

这篇小说的英文标题是《The last Leaf》，上海译文出版社黄源深翻译为《最后一片叶子》，上海三联书店牛振华译为《最后一片藤叶》，教材采用人民文学出版社王永年翻译的《最后的常春藤叶》，你认为哪个最好？

再譬如《金岳霖先生》，有老师提出的问题是：

汪曾祺在《沈从文的寂寞》一文里引用了沈从文的一段话："你们能欣赏我故事的清新，照例那作品背后蕴藏的热情却忽略了；你们能欣赏我文学的朴实，照例那作品背后隐伏的悲痛也忽略了。"那么在汪先生这些朴实的文字背后，这些精彩的细节背后，有没有隐藏的情感被我们忽略了呢？我们再细读文本，从这些朴实的文字背后还能读出金岳霖的什么呢？

这两个问题都有相当的难度。回答这样的问题，不仅需要精读、细读，而且需要知识的拓展和延伸。这样的问题适宜于同学间的合作探究，让他们在交流碰撞中分享思想的成果。

回答第一个问题，读者必须知道这个题目的英文是什么意思，还要了解常春藤在希腊神话中的意义。在课堂讨论中，有的同学赞同课文的翻译，因为在希腊神话中，常春藤代表酒神，有欢乐与活力的象征意义；它同时也象征着不朽与永恒的青春、忠诚和友谊。也有的同学认为小说题目原文并不具有中文"常春"的文化内涵，翻译为"最后一片叶子"更符合原文的表达主旨。但不管什么观点，这个问题都推动了同学们的深入思考。

第二个问题是要读者透过文字的表面内容，深刻理解作者寄寓文中的思想感情。这篇文章通篇都是描写金岳霖先生的生活趣事，但作者写作的动机绝不是简单地表现金先生的"有趣"，而是表现他率真的性情和光辉的人格，同时隐含着对那一代学人成为绝响的惋惜和悲叹，也就是所谓"作品背后隐伏的悲痛"。

三、预设的问题不可过于浅显。有些老师提出的问题简单到不需学生思考，在一片喧闹的回答中，学生丧失了思辨的机会和能力。譬如有老师在教《最后的常春藤叶》时提出的问题是：

1. 快速阅读课文，看看小说中写了哪几个人物？

2. 再读课文并思考，贝尔曼用自己的死换来别人的生，值吗？

还有位老师教孙犁的《亡人逸事》时提出：

1. 妻子一生给作者带来了什么帮助？作者对妻子的感情又是怎样的？

2. "我"为什么把布寄到妻子娘家去？直接寄到自己的家里不是更方便吗？妻子对这段婚姻有过索取吗？

这些问题基本上用不着思考，只要简单地翻阅一下文本，张口就能回答。如果一个老师经常性地在课堂上提出这样的问题，就会败坏学生的阅读口味，使语文学习变得枯淡无味，甚至无聊可笑。

四、提出的问题要有明确的答题指向，不能含混不清，让学生不知所云。譬如有老师在教《最后的常春藤叶》时提出的问题：

1. 故事的结局是贝尔曼画了一片叶子挽救了琼珊的生命，这个结局有什么特点？

2. 最后一片叶子和琼珊有怎样的联系？琼珊的遭遇给你怎样的人生启示？

3. 如果贝尔曼不画那片叶子，琼珊会死吗？

这样的问题，问得学生晕头转向。第1题学生怎么回答都不合乎老师的标准，最后老师只好自己回答"出乎意料之外，又在情理之中"。第2题学生完全失语，不知道老师想要自己说什么，最后还是老师说出自己预设的答案：叶子挽救了琼珊的生命；琼珊的遭遇告诉我们，一定要珍惜生命，唯有生命最可贵。第3题则连老师自己也完全说不出个所以然来。

还有的老师在教《亡人逸事》时提出这样的问题：

你能从课本上的照片中看出妻子对丈夫或者婚姻的感受吗？

学生对着课本上孙犁的照片看了又看，实在不明白老师想让他们说什么。最后老师说："当然很满意啊，你瞧孙犁多帅气！"

还有位老师在教《荷塘月色》时提问：

作者为什么选取"荷塘"与"月色"来抒情？

学生答"因为他看到的就是这些啊"，老师说："不对。荷塘是月下之荷塘，月色是塘上之月色，二者相通之处是月、荷之高洁，这是托物言志；荷、月之高洁恰恰是作者那高尚纯洁、朴实无华的品格象征。"完全是牵强附会，强为说理。

五、预设的问题不可过于零碎。一个接一个的细小问题，既浪费时间，也影响学生对文章核心内容的把握。在阅读教学中，要用尽可能少的关键性的提问或问题引发学生对课文内容更集中更深入的阅读思考和讨论探究。

六、提出的问题要紧扣文本内容，学生能通过深入阅读作出回答，不能脱离文本，扯得过远。譬如有老师在教《荷塘月色》时提问：

1. 阅读全文，谈谈朱自清先生是一个怎样的人。

2. 在生活中，如果碰到郁闷的事情，你会如何排遣？

第1题问的内容过于宽泛，第2题则完全离开了语文学习，变成了随意聊天。

当然，教学设计包括方方面面的内容，不是单靠提出一两个问题就万事大吉；但提出好的问题，是提高课堂效率的核心因素，不可马虎了事。

⑤ 高中学段应适当加强应用文教学

前段时间，笔者到几个学校进行教学调研，发现这样一种现象：中学生语文学习的主要内容都是文学作品，甚至个别教师的教学内容全部是文学作品。可见，尽管《普通高中语文课程标准》明确要求"高中语文课程，应注重应用，加强与社会发展、科技进步的联系，加强与其他课程的沟通，以适应现实生活和学生自我发展的需要"，但在实际的教学过程中，这个要求没有得到很好的贯彻落实。

首先从教材内容来看，应用类文章占的比例就很小。以江苏凤凰教育出版社高中语文教材为例，五本必修教材，选文百余篇，应用类文章不过五六篇。这五六篇文章包括新闻、演讲和自然科学小品，有些还算不上严格意义上的应用文。其他版本的教材不再列举，所占的比例相差无几，文章体裁也都大同小异。肖川教授说："好的教科书应该是非常准确地把握住该学习领域中最基本、最核心、最具有迁移价值的学习主题。"[1]如果按这个标准衡量，当前语文教材的内容编排是有失偏颇的，因为语文学习中"最基本、最核心、最具有迁移价值"的能力培养显然应该是生活与工作中的应用能力。

再从实际的教学情况来看，就连这5%的应用文教学内容也难以有教学

---

[1]肖川. 教育的使命与责任［M］. 岳麓书社，2007：39.

时间与教学质量的保证。笔者曾在多所高中学校对学生进行问卷调查，85%的学生反映，当教学进行到这些课文的时候，老师都是让学生自由阅读，或者做几道练习题完事。至于写作方面的训练与指导，更是百不有一，绝大多数学生从初中到高中六年的作文课，没有写过一篇应用文。

造成这种现象的原因可能有以下几个：

一是语文学习的传统。在传统的语文教学中，"读书、作文"基本上是指读文学之书、作文学之文。即便是应用文体的学习，也偏重于文学的操练。除了一些固定的体裁特征之外，文章优劣的评判全在文学含量之多寡与文学水平之高低。这个传统对语文学习的影响本来就很深，到今天发展到极致，应用语文的教学简直名存实亡了。

二是教材的编写者多是文学工作者或文学爱好者。单一的文学群体非常容易局限在自己的专业视野内，很难"加强与社会发展、科技进步的联系"，更难以"加强与其他课程的沟通"。我想，语文教材的编写，不应该全都是文学方面的工作者，而应该有多种人选。比如有语文方面的专家学者，有作家，还应该有文化学者，有科学家，大家从多种角度探讨中学生应该掌握哪些语文知识和技能，这样编写出来的教材会更适合中学生的学习实际和发展需求。

三是迎合学生的学习兴趣。相对于应用文的阅读学习，学生对文学作品的学习兴趣比较浓厚。文学以其丰富的思想内涵、动人的情感魅力和独特的语言艺术滋润着学生精神的成长，这是毋庸置疑的，在这种情况下，学生似乎理所当然地会把语文学习变成文学学习。课堂上不用说了，就是课外的语文活动，也主要是文学活动。笔者曾浏览过十几所中学的校园报刊，几乎清一色都是文学作品，很难见到一篇通讯报道、调查报告、工作总结、科技小品等类的文章。这些报刊多数是学生中的一些文学爱好者自发创办的，于此可见中学生语文学习与活动的侧重。多数语文教师本来就喜欢文学作品，于是顺水推舟，进一步迎合学生的阅读口味，将应用文的教学弃之不顾。

四是升学考试的内容偏重文学。虽然多年来科技说明文和社科类论文阅读都是高考必考题目，近几年又增设了一篇实用文阅读，但试卷的重头戏仍然在文学作品，60分的作文基本上不涉及应用文。

这种教学造成的直接后果是学生应用语文的能力越来越差。不少学生直到高中毕业，仍然不能写一篇像样的调查报告、学习总结，不能写一篇中规中矩的通讯报道，甚至不会写规范的说明书、介绍信，不会填写合同书。更有甚者，不管写什么文体，一律拼凑文学语言，追求语言的华美，或虚张声势空洞无物，或矫揉造作面目可憎，都不合文体的基本要求。笔者对50多位走上工作岗位的大学生进行问卷调查，72%的调查对象认为，中学阶段接受的语文教育不能满足工作需要，许多文体的写作都要从头学起。

因此，笔者认为，在高中语文教学中，文学作品不应该成为语文学习的全部内容，甚至不应该超过70%的比重。因为从受教育的对象来说，在所有受教育的学生中，有很大一部分学生升入大学后学习的是理工科，他们需要在应用语文方面有扎实的基础，比如对自然科技论文的阅读、写作能力，调研报告、实验报告、工作总结的写作能力等等，这是他们工作中必须具备的语文能力。即使对于其他学生来说，文学也不能过分强化。因为将来从事文学创作或编辑工作的人只是极少数，绝大多数学生将来要从事的是行政管理和文秘等工作。因此，对于高中生来说，学习文学的主要目的是获得人文性教育，通过对文学作品的阅读，涵养性情，提升精神境界和生活品位，塑造高尚完美的人格。如果小学、初中的语文教学应该突出文学教学的话，而高中阶段则应该适当加强应用语文的教学，为学生将来的工作需要打下坚实的语文基础。这就要求我们语文教材的编写要适当加大应用类文章的比重；教师在实际教学中要依照《课程标准》实施教学活动，不能一味迎合学生的学习兴趣；高考试卷中也要适当增加对语文应用能力的考查内容。这样才能真正全面提高中学生的语文素养。

6 语言品味 "品" 什么

海德格尔说:"语言是存在之家。"[1]套用这句话的句式,我们也可以说:语言是语文之家。从这个意义上说,语文学习就是对语言的学习;离开了语言,其他的学习目标都会变成无船可渡的"彼岸"而难以到达。有人说:"作为语文教学,品味语言,训练语言能力,这是确保语文姓'语'的底线,换言之,什么都可以'忍痛割爱',唯有语言训练不可缺失。"[2]因此,品味学习语言,就成为阅读教学的重要内容,很多教师把它当做课堂教学中必不可少的环节进行精心设计。那么,品味语言具体应该从哪些角度切入呢?品味语言,应该"品"什么?下面笔者从五个方面谈谈自己的认识和体会。

一、品字词。咬文嚼字一直是写作者恪守的语言法则,他们总是从海量的文字、词汇中不辞艰辛地寻找、选用那些最能充分表达自己意思和感情的某一个字、某一个词,所谓"吟安一个字,捻断数茎须",所谓"两句三年得,一吟双泪流",都是此中甘苦的形象描述。那么,在阅读教学中引导学生进入文本,对语言涵泳玩味,领悟其妙处,就成为训练学生语感,培养其赏析语言、运用语言能力的重要途径。

如余光中《听听那冷雨》中的文字:

---

[1]马丁·海德格尔.路标[M].商务印书馆,2000:366.

[2]明学圣.浅文深教与深文浅教[J].中学语文教学,2014,494(2):21–23.

听听，那冷雨。看看，那冷雨。嗅嗅闻闻，那冷雨。舔舔吧，那冷雨。

这段话中的五个动词，层层递进，将作者的情绪一步步推向高潮。"嗅嗅"和"闻闻"是两个近义词，这里并列一起，既加强了语言的节奏感，又浓化了作者的感情；"舔舔吧"中的"吧"字虽是一个虚词，却成为感情抒发的高潮。大家试将"嗅嗅闻闻"两个词删除一个，再把"舔舔吧"中的"吧"去掉重新读读看，不仅音乐般的节奏感没有了，而且句中的感情也会干枯许多。

再如孙犁的《亡人逸事》：

她弯下腰，挎好筐系猛一立，因为北瓜太重，把她弄了个后仰，粘了满身土，北瓜也滚了满地。她站起来哭了。母亲倒笑了，自己把北瓜一个个捡起来，背到家里去了。

这段话中的"猛"字用得很准确。新媳妇在娘家没干过这样的重活儿，不懂得背筐的要领，又想在婆婆面前好好表现一下，所以才会"猛一立"；后面"把她弄了个后仰""北瓜也滚了满地"都是对前面"猛"字的照应。"哭"和"笑"不加修饰语，语言简练而意味深长，将新媳妇的羞愧、委屈和婆婆的宽容、善意都写出来了。

再看鲁迅《祝福》中的一段文字：

后来大家又都知道了她的脾气，只要有孩子在眼前，便似笑非笑的先问她，道："祥林嫂，你们的阿毛如果还在，不是也就有这么大了么？"

这段话中的"似笑非笑"真是入木三分，将这些人的冷漠乃至世态的炎凉全写出来了，每次读到这里，都感到透骨的寒冷。

二、品修辞。如果从宽泛的角度说，一切为了提高语言表现力而进行的语言锤炼和技巧应用都是修辞，这里要谈的主要是修辞格的运用。从我们的阅读经验看，一句（或一段）好的语言，多半会有修辞的运用；有时候甚至可以这样说，有些句子之所以被称为"好"，主要就是好在修辞。但从课堂教学的表现来看，不少教师对语言中修辞的分析停留在简单的辨析上，能够让学生指出运用了什么修辞方式就草草了事，而对语言中修辞运用的妙处很少深入地分析和鉴赏。久而久之，阅读的效果反映在作文中，学生往往是会用修辞格，但只是陈陈相因，缺乏创新与突破。

我们看老舍《想北平》中的句子：

至于青菜、白菜、扁豆、毛豆角、黄瓜、菠菜等等，大多数是直接由城外担来送到家门口的。雨后，韭菜叶子上还往往带着雨时溅起的泥点。青菜摊子上的红红绿绿几乎有诗一般的美丽。

《想北平》全文的语言风格是娓娓道来，质朴如话，文中突然来这么一句比喻，说"青菜摊子上的红红绿绿几乎有诗一般的美丽"，犹如在碧绿的田野中突然开放的花朵，特别鲜亮、耀眼。说是作者的神来之笔当不为过。

再如史铁生的《我与地坛》：

蜂儿如同一朵小雾稳稳地停在半空；蚂蚁摇头晃脑捋着触须，猛然间想透了什么，转身疾行而去；瓢虫爬得不耐烦了，累了，祈祷一会儿便支开翅膀，忽悠一下升空了；树干上留着一只蝉蜕，寂寞如同一间空屋；露水在草叶上滚动，聚集，压弯了草叶，轰然坠地，摔开万道金光。

这段文字运用拟人、比喻、夸张等手法，写出自然界中微弱之物的生命活力。用"疾行而去"形容蚂蚁，用"忽悠一下升空了"形容瓢虫，用"轰然坠地，摔开万道金光"形容露水，都有明显的夸张色彩。但惟其如此，才能恰切地表达作者此时此地对生命细腻的感受和深刻的憬悟。

三、品含义。在阅读的时候，我们会发现，很多文章中总是会有一些句子让我们必须停下来耐心咀嚼、反复品味，才能理解句中所包含的思想内容，这样的句子就是含义丰富的的句子。这些句子大多简洁凝练，既高度浓缩了作者的思想，又充分展示出作者非凡的语言功力。对这些句子的理解，往往会影响到对整篇文章内容的把握，如果品读不到位，就会影响对整个文本理解的深度和认识的高度。

如老舍《想北平》的结尾：

好，不再说了吧，要落泪了。真想念北平呀！

这篇散文写于1936年，作者当时不在北平。那时日本帝国主义已经加紧了对中国的侵略，丧权辱国的"何梅协定"的签订，适应日本侵略需要的"冀察政务委员会"的成立，都说明华北危急，北平危急。作者忧心如焚，思念家乡之情较平日更为强烈，这一声呼唤就更加震人心弦。

再如余光中《听听那冷雨》中的文字：

杏花。春雨。江南。六个方块字，或许那片土就在那里面。而无论赤县也好神州也好中国也好，变来变去，只要仓颉的灵感不灭美丽的中文不老，那形象，那磁石一般的向心力当必然长在。

这段文字中所蕴含的对祖国的深情，感人肺腑。我们似乎能听到作者写作时心率的跳动，甚至看到他眼眶的泪水。"杏花。春雨。江南。"这三个词已不是地域风物，而是祖国的象征。不明了这个含义，就无法体会作者的感情。

四、品情感。王广杰在《涵情味道品"裂帛"》中说："每一个字都是一个生命的细节，它都承载着千钧的情感重量。这样一个一个的生命细节，使我们在特定的语境中领悟到了作者内在丰富的心境。"[1]文章不是无情物，可以说一切文学作品都是抒情的文字。抒情分直接抒情和间接抒情两种，但作家的笔下很少有直接抒情的文字，他们大多把感情隐藏在叙述、描写和议论的文字中，让读者自己去发掘和品味，而一经品读，读者就会觉得那些文字中的感情比直接写出来更浓厚、更感人，这叫间接抒情。

如归有光《项脊轩志》的结尾：

庭有枇杷树，吾妻死之年所手植也，今已亭亭如盖矣。

作者对亡妻的怀念，凝聚在庭院的这棵枇杷树上，睹物思人，正是"物是人非事事休"，绵绵哀思无尽期。古人说的"语不涉己，若不堪忧"[2]，就是这种境界。

再如《红楼梦》中的一段文字：

---

[1] 王广杰.涵情味道品"裂帛"——琵琶行教学设计［J］.中学语文教学，2014，493（1）：67-69.

[2] 司空图.诗品集解［M］.人民文学出版社，1963：21.

一时进入正室，早有许多盛装丽服之姬妾丫鬟迎着，那夫人让黛玉坐了，一面命人到外面书房去请贾赦。一时人来回话说："老爷说了：'连日身上不好，见了姑娘彼此倒伤心，暂且不忍相见。……'"

我们细品一下贾赦的回话。林黛玉是他的亲外甥女，丧母以后千里迢迢投奔外祖母家，在外祖母处稍作逗留就来看望这个大舅舅；而贾赦就在书房，却不肯出来见一面，反说什么"暂且不忍相见"，其内心之冷漠，不要说林黛玉这个当事人，就是读者都会感到心里发凉。曹雪芹真是大手笔，平平淡淡的一句话中，包含了对贾赦强烈的指责。

五、品风格。海明威说："要寻找属于自己的句子。"一位作家能形成自己的语言风格是很高的境界，是作家语言个性的体现，也是他们千锤百炼的结果。高行健在《现代小说技巧初探》中指出，语言风格是作家的个性、气质、文化修养、美学趣味的总和，是超乎语法和修辞学之上的语言艺术。张中行先生曾说，拿鲁迅的文章和周作人的文章放在一起，不用署名，一看就分得出哪是鲁迅的，哪是周作人的。[1]的确如此，不同的作家，表达同样的意思和感情，会有不同的语言风格。或质朴，或绮丽；或直白，或含蓄；或精警老辣，或娓娓道来。引导学生赏析不同的语言风格，不仅能让学生领略作家的语言风光，也使学生逐渐对自己作文的语言个性形成一种自觉的追求。

举孙犁《亡人逸事》中的一段文字为例（括号中的话是老师有意加的，目的是让学生通过比较，体悟孙犁的语言风格）：

临终之前，她（深深地吸了口气，很吃力地）问道："你那时为什么把布寄到我娘家去啊？"我（强忍着悲痛，哽咽着）说："为的是叫你做衣服方便啊！"她闭上眼睛，久病的脸上，展现了一丝幸福的笑容。（她在即将告别人世时，心中挂念的居然是这样一件于我来说不值一提的小事，这让我不能抑制住悲伤，泪水噙满了眼眶。）

---

[1] 张中行. 负暄续话 [M]. 黑龙江人民出版社，1990：76.

原文的语言平实、简洁而饱含深情，明显表现出孙犁的风格；加上括号中的文字，就显得拖沓冗赘，两者的高低优劣，判若云泥。

品味语言，应该成为学生阅读时的自觉行为，这样久而久之，就能形成我们常说的所谓"语感"，从而提高鉴赏和写作水平。

⑦ 阅读经典：语文学习的必修课程

　　《普通高中语文课程标准（实验）》在"必修课程"实施要求中明确提出：要使学生"具有广泛的阅读兴趣，努力扩大阅读视野。学会正确、自主地选择阅读材料，读好书，读整本书，丰富自己的精神世界，提高文化品位。课外自读文学名著（五部以上）及其他读物，总量不少于150万字"。如今很多年过去了，高中语文教学对这项要求落实如何？据笔者了解，不仅没有有效落实，而且离这个要求距离愈来愈远。笔者曾到一所重点高中调研，就《普通高中语文课程标准（实验）》推荐的书目对1300名高三学生进行问卷调查，结果是：读过其中10本以上的3%，读过5本以上的6%，读过3本以上的11%，一本未读的18%。对未读原因（多项选择）的问卷调查结果是：

读书少的原因	人数	所占比例
作业多，没时间	760	58%
老师指导不够	900	69%
读书无益于成绩	210	16%
没有读书习惯	460	35%

　　由于先前对中学生的阅读状况已经有所了解，因此看了这些数字，并没有感到触目惊心，但学生不读书的原因，却应该引起我们深刻的反思。学生不读书，并非单单因为学业太重，其中还有一个重要的原因是教师在教学中

缺乏引领与指导。在座谈中，几乎所有语文教师都明白，提高学生的语文素养必须重视课外阅读。事实上他们也会给学生提供一些课外读物，但查阅一下他们印制的阅读材料，多是各种"优秀作文选"和流行报刊上的短小"美文"，很少有古今中外的经典作品，甚至连指导性的书目也没有提供过。

这种教学对高中生阅读习惯的培养、语文能力的提高乃至思想和人格的成长都将造成难以挽回的损失。阅读经典，对学生有百利而无一害。"利"在何处？笔者从以下几个方面作简要分析。

一、阅读经典，才能培养学生良好的阅读习惯。从阅读习惯的培养来看，中学阶段读什么书特别重要，因为阅读物的品质直接影响着读者的阅读品质。随意地滥读或是因受宣传的蛊惑而进行媚俗性阅读，将会养成一种低下的阅读趣味和阅读习惯。中学时代的阅读是基础性阅读，应该如朱光潜先生所说培养"纯正的阅读趣味"[1]，为今后的阅读建立健康的起点。如果中学阶段每天都是读一些报刊上浅薄的"快餐读物"，久而久之就会对大部头书籍望而生畏，甚至有意无意地排斥严肃读物，排斥思想深奥的经典著作。这样看似每天都阅读，其实没什么大的收获。台湾学者徐复观先生形象地说："看惯了小册子或教科书这类的东西，要再向上追求一步时，因为已经横亘了许多庸俗浅薄之见，反觉得特别困难；并且常常等于乡下女人，戴满许多镀金的铜镯子，自以为华贵，其实一钱不值；倒不如戴一只真金的小戒指，还算得一点积蓄。这就是情愿少读，但必须读第一流著作的道理。"[2]徐先生的话是他多年读书经验的总结，我想，这些话对青年人的读书选择有着深刻的告诫意义。

二、阅读经典，才能切实提高学生的读写能力。经典之所以能成为经典，是因为它无论思想还是艺术都达到了卓越超群的境界。读者在阅读那些经典书籍的时候，才可能真正潜入思想与艺术的大海，探骊得珠，获取各种

[1]朱光潜.文学的趣味［M］//朱光潜.朱光潜全集：第四卷.安徽教育出版社，1988：172.
[2]徐复观.中国人的生命精神［M］.华东师范大学出版社，1996：30.

语文营养，全面提高读写能力。事实证明，阅读能力的培养不能完全凭借阅读数量的增加，还要注重阅读的质量，特别是阅读作品的质量。当前语文教学提倡"深度阅读"，目的就是匡正那些简单肤浅的阅读作风，引领学生多元解读、个性解读。但"深度阅读"有个前提，那就是阅读的作品必须思想精深、艺术高妙。倘若作品本身思想浅薄平庸、艺术水准不高，那就不但培养不了"深度阅读"能力，而且会误入阅读的歧途，对作品作出无中生有、牵强附会的歪说曲解。鉴赏能力的训练更要依赖于对经典作品的阅读，各种艺术手段，只有在经典作品中才能得到完美的体现。朱光潜先生说："你与其读千卷万卷的诗集，不如读一部《国风》或《古诗十九首》。"[1]为什么这么说？因为《国风》和《古诗十九首》这样的诗歌，已经占领了古代诗歌的艺术高地，成为后人难以企及的艺术巅峰，阅读它们才会有登高望远、一览众山小的艺术胸襟。文学艺术的其他体裁也是如此，要想炼就一双艺术鉴赏的火眼金睛，就必须跳进太上老君的"炼丹炉"经受七七四十九天的"真火"烧烤，农家做饭的小灶是炼不出来的。还有写作能力的培养，学生在一些所谓"优秀作文"的阅读上花费了不少时间，读后却收益甚微；因为那些所谓的"优秀作文"，不少是空洞浮夸的应试之作，内容远离生活，感情虚假苍白，说理不讲逻辑，语言矫揉造作。学生们读着这样的文章，也模仿着这样的文章，可以说连文学艺术的门槛都没有踏进，更不用说登堂入室了。一切艺术的创造，"取法乎上，仅得乎中"，如果取法乎下，还能希望写出什么优秀的文章吗？

三、阅读经典，才能促进学生思想人格的健康成长。从调研情况来看，学生每天阅读的那些所谓"荟萃"的时文，多半来自一些半消遣读物，文章弥漫了小情趣，在精巧雅致的叙述中将读者引入世俗精神的"象牙塔"内，消解了对社会现实的关注和批判，也消解了人们的阳刚与正气。可以毫

[1]朱光潜.谈读书[M]//朱光潜.朱光潜全集：第一卷.安徽教育出版社，1987：7.

不夸张地说，当前的许多学生读物都是含有"三聚氰胺"的奶粉，喝多了会成为可怕的"大头娃娃"。朱永新有句名言：一个人的精神发育史就是他的阅读史。每个人所阅读的书籍，都在滋养着他的精神成长，塑造着他的心灵与品格。在人类文化发展的长河中，经过时间的大浪淘沙，积淀了无数被人称为"经典"的艺术作品，这些作品哺育了一代又一代的优秀人物，使人类逐步脱离蒙昧而走向光明。因此，高尚的人格与伟大的心灵都离不开文化经典的滋养。当前中学生阅读状况令人忧虑的原因就在这里。曹文轩说："阅读必须是一个以经典阅读为基础的阅读，才可能是一个理想的阅读。""一个孩子如果不能使他回到经典性的文字，而长期沉落于这些轻飘的、快乐的、不能让人感动的文字，我怀疑这种阅读在建构孩子的精神世界和培养孩子优良的心理素质方面，它将起到一个怎么样的作用？"[1]因此，我们必须加强对学生阅读经典的指导，让他们在经典作品所展现的宏大、高尚、开阔的精神境界中获得个人精神的成长。这就要求语文教师必须跳出应试教育的圈子，站在学生终身发展的高度去看待语文教学。正如朱自清先生在《经典常谈》的序言中所强调的："在中等以上的教育里，经典训练应该是一个必要的项目。经典训练的价值不在实用，而在文化。"[2]语文教学如果不能很好地引导学生阅读经典，无疑是"小学而大遗"。阅读经典，才能更好地汲取文化营养，从而滋养精神，提升品位，升华人格。如果一个民族让文化经典在中学校园里都布满灰尘，你还能企盼这个民族未来肌体的健康与文明发展的生机吗？阅读经典，应该成为校园的常态风景，成为学生的日常功课。

阅读经典，需要语文教师的有效指导与管理。调研数字显示，69%的学生把不阅读经典的原因归结于教师指导的缺失。笔者认为，即使学生在回答问题时对这方面的原因有所夸大，但仍然可以明显反映出语文教学中教师对

---

［1］曹文轩.阅读是一种宗教［M］.安徽教育出版社，2011：51-52.

［2］朱自清.经典常谈［M］.北京出版社，2004：1.

学生阅读经典的疏离与漠视。作为语文教师，有责任找到适当的应对策略，按照"课标"要求指导学生阅读经典名著。这样，才能使语文教学进入更加宽阔的视野，让学生领略思想和艺术最美妙的风景；才能更有效地培养学生的阅读能力和写作能力，使他们具有丰富的语文素养；才能使孩子们沐浴着人类优秀文化的阳光雨露健康成长，不仅有健壮的身体，还有健壮的精神和崇高的心灵。

（《读与写》2012年12期）

8 让语文课堂安静下来

特级教师严华银说："让语文课堂安静。让学生真正自主并成为主体，静静地看书，静静地读书，静静地思考，接着与同学、与老师静静地研讨，悄悄地对话，正是在这一神圣的殿堂里，静谧的'情境'下，语文的营养如随风潜入的春夜细雨，在有无之间缓缓注入，于是，语文能力和素养的芽儿在无声无息中潜滋暗长。"[1] 而当前的很多语文课堂却恰恰相反，浮躁喧闹，一节课难得几分钟的安静。学生在老师的唠叨和同学的喧嚷中头昏脑胀，既无思维训练，也无情感体验。

课堂的喧闹主要表现在以下几个方面：

一、唠唠叨叨的提醒

让学生阅读文本，是重要的教学环节。阅读是提出问题、解读文本的前奏，是其他教学环节必不可少的铺垫；离开了阅读，几乎所有的教学活动都无法很好地落实。教师们都明白这一点，也都会在课堂上给予充分的重视。问题在于，不少教师在安排学生阅读文本的时候，却不甘于片刻的安静，在学生中间走来走去，一会儿指点着"要动笔啊，俗话说不动笔墨不读书"，一会儿又说"好脑子不如烂笔头"，一会儿站在一位学生身边大声吆喝"你看，某某同学读得多认真，字写得多好！写字一定要工整，高考书写很重

---

[1] 严华银. 让语文安静 [M]. 华东师大出版社, 2011.

要！"，一会儿又站在另一位学生身边说"瞧，你怎么没有写一个字啊？"等等，本来安排5分钟的读书时间，实际上连3分钟的阅读效率也达不到。有时候一节课上完，学生读不了几段文字。

二、废话连篇的讲解

在许多教师的潜意识里，上课就是"讲课"；如果一节课不讲，就认为没有尽到老师的职责。于是，再浅显的课文也要大讲一通，讲解的内容绝大多数是学生自读两遍就能理解的。有人嘲笑说："学生已经看懂的，大讲特讲；学生没有读懂的，一点不讲。"还有一种情况是"浅文深讲"，就是本来课文比较浅显，老师却硬要"深刻挖掘"，牵强附会地向深处和广处演绎，云山雾罩，就像人们常说的"你不说我还明白，你越说我越糊涂了"。不少教师缺乏语言简洁的自觉性，教学语言混同于生活语言，止于讲清道理，忽视语言本身的感染力，在很大程度上造成语文课的枯燥与空乏，削减了语文所固有的艺术魅力。

三、零零碎碎的提问

有些教师在10分钟内连续提问10个学生，每分钟提问一个。只要听到学生发言有不满意的地方，就不假思索地打断学生的发言："是这样吗？"如果这位学生略有迟疑，就马上转向另一位学生："你同意他（她）的看法吗？如果不同意，怎么认识呢？"然后依次问下去。由于每位同学都是仓促之间"被提问"，所以在回答的时候多是敷衍应付，回答的话中没有多少思维含量。而课堂几十分钟的学习时间，就在这些零零碎碎的提问中过去了。

四、毫无实效的讨论

李敏在《让语文课堂静一会儿》中说："新课改并非就一定要让课堂'闹'起来，不管什么问题，不管问题简单与否，一定得有'讨论'，似乎若不如此，就不足以彰显新课改之精神，若不如此，就走了'反革命'之道路。"[1]我想，这是缘于许多教师对"合作学习"理解得过于狭隘和偏颇，认为"合作学习"就是课堂讨论，没有"讨论"就等于没有落实"课标"精神。而实际上，学生的自主阅读、潜心涵泳比讨论更重要。"独学而无友，则孤陋而寡闻"应该是指的整个学习过程，特别是课下的学习活动，并非是对课堂环节的硬性规定。既然是讨论，就必然是一个由浅入深、相互激发的过程。这个学习目标，不是三五分钟就能达到的，需要同学们在课下分头查阅资料作支撑。否则，讨论就只能在浅层次上敷衍了事。因此，表面上的热烈讨论，不仅不能提高学习效率，反倒可能对学习造成负面影响。

五、滥情作秀的鼓掌

有些课堂，凡有学生展示或回答问题，教师就号召全体同学鼓掌给予鼓励，一节课鼓掌三五次，使整个课堂陷入浮躁的氛围中，影响了学生的静心阅读与思考。

六、包办一切的屏幕

多媒体在语文教学中的过度使用已经受到许多专家诟病，但收效甚微（至少在各种比赛课和公开课中）。一些教师简直是把自己的教案整个展示在屏幕上，一节课有三分之一的时间是在引导学生看屏幕。这种声光对课堂学习氛围和学生学习情绪的干扰实在不可低估。

张琳在《语文课堂中不可缺少的"静"》一文中说："课堂的'静'是'动'的储备、延伸、沉淀和吸收，如果说课堂上的'动'能让学生获得学习的趣味、思考的快乐、合作的成就的话，那'静'能够营造自由的空间，让学生得到独立思考、涵泳体会、激发潜能的机会。"[2]真诚地希望语文课堂能够多一份安静，让学生在安安静静的环境中自由朗读、潜心思考和纵笔挥洒；否则，提高课堂效率就只能是一句空话。

---

[1]李敏.让语文课堂静一会儿[J].中学语文教学参考，2014，493（1）：1-2.

[2]张琳.语文课堂中不可缺少的"静"[J].中学语文教学参考，2012，394（10）：22-23.

⑨ 谈谈课堂导入语

上课导入，算不上课堂教学的重要环节。有的老师不大讲究，说一句"这节课我们学习什么什么"就完了，然后立即进入教学。这也没什么不可以，导入教学没有固定的模式。也有的老师很注意课堂的导入，反复锤炼语言，追求"转轴拨弦三两声，未成曲调先有情"的效果。这当然很好，但要达到这种效果并不容易。好的导入语不仅需要有文采，而且要贴近文本内容，感情真挚，不露煽情的痕迹，更不能生拉硬扯。

近日到外地参加研讨会，听了几堂老师的同课异构观摩课，对几位老师的导入语谈一点看法。

亡人逸事（孙犁）

1. 执子之手，与子偕老。这是每一对夫妻共同的愿望，但是人间多有遗憾，当妻子过早地离开人世时，作家孙犁先生的心情是怎样的呢？时隔多年，他又会寻找妻子怎样的过去呢？今天我们一起走进孙犁的情感世界。

2. 在动荡的年代里，有这样一位女子，只是因为在人群中多看了他一眼，便与之一生厮守；在贫穷的年代里，有这样一位女子，只是因为自己是妻子、母亲，硬是用自己柔弱的双肩撑起一片天空……今天我们就走近这位女子，走进孙犁的《亡人逸事》。

3. 在上个世纪初的某一天，河北省一个偏僻的村落里，一个男婴应运而生。上中学时，他做了两件大事：一是发表了两篇短篇小说；二是娶了一位大他三岁的媳妇。高中毕业后，在朋友的帮助下，在白洋淀地区当了教员。他是谁呢？大家能猜得到吗？

比较上面三段导入语，笔者认为第一个很好，另外两个都存在问题。第一段文字每一句都紧扣文本，"执子之手，与子偕老"切合本文怀念亡妻的主题；"时隔多年，他又会寻找妻子怎样的过去呢？"这句话切合文章的内容；"一起走进孙犁的情感世界"切合教学目标。整段导入语言简意赅，而且感情饱满。第二段文字过于煽情，文字矫揉造作。两次说"有这样一位女子"，好像主人公有什么非凡的行为与业绩；"只是因为在人群中多看了他一眼……"显得轻佻而不庄重。第三段文字过于拔高。"在上个世纪初的某一天，河北省一个偏僻的村落里，一个男婴应运而生。""上个世纪初的某一天"是哪一天？"一个男婴应运而生"，应的什么"运"啊？好像孙犁是一位影响了国家前途命运的伟大人物，这既不合乎孙犁本人实际，也远离了文本内容。

荷塘月色（朱自清）

1. 我们每个人都有心灵疲惫的时候，那就停下你匆忙的脚步，留心周围的点点美丽，到户外去看看秋菊披霜、冬梅绽雪，去月下独步，感受心灵的轻松。朱自清先生在"心里颇不宁静"时，月夜漫步荷塘，使精神的苦闷和人生的感伤，在宁静的月色下得到了片刻的抚慰。今天让我们踏着先生的足迹，去寻觅他笔下的荷塘月色，去感悟先生的情怀。

2. 这是一个印第安人的故事，说是一个西方的考察队到神秘的原始森林里考察，请了当地的土著印第安人做向导。在辛苦地赶了三天路之后，印第安人要求停下来休息一天，问其原因，印第安人严肃回答：我们走得太快了，我们的灵魂赶不上我们的脚步了，我们必须停下来，等等灵魂！对于一篇优美的散文，我们更需要慢慢欣赏。今天，我们就来欣赏朱自清先生的

《荷塘月色》。

3. 在我们的传统文化中，花和月是有着不解之缘的，人们常用含有花和月的词语描述人生美好的时刻，你能想到几个这样的词语吗？如春花秋月、风花雪月、花好月圆、花前月下等等。现在我们有缘聚在一起，这一刻就是一个美好的时刻，让我们走到美丽的荷花前，走在淡淡的月光下，一起来欣赏朱自清先生的《荷塘月色》。

比较上面三段文字，笔者认为第一段是好的，另外两段都有问题。第一段共三句话，第一句从生活实际入题引出作者和文本，第二句话概括了《荷塘月色》的主要内容，第三句话隐含了本文的学习目标。语言优美，富有感染力。第二段文字讲的故事和本节课学习的内容没有紧密的关联，让人觉得牵强附会。第三段文字扯得太远，扣不住文本，而且"春花秋月、风花雪月、花好月圆、花前月下"这些词语和朱自清《荷塘月色》表达的主旨不吻合。

金岳霖先生（汪曾祺）

1. 那些匆匆的过往，那些似水流年，早已被装裱，挂在记忆的展厅。生命中最美的景致有时并不是浓墨重彩描绘而成，它也许是一串淡淡的足迹，也许是一抹纯美的笑容，但却深藏在我们心灵最柔软的地方。今天我们要认识一个人，他一生没有轰轰烈烈，没有大悲大喜，而是凭着满腹学问，一颗童心，一份守候，收获他丰盈的人生。他就是金岳霖先生。

2. 我看见他戴着黑布小帽，穿着黑布大马褂，……我的泪很快地流下来了。同学们，你们还记得这是哪篇文章中的文字吗？（学生答"朱自清的《背影》"）对，这是朱自清先生《背影》中的一段文字。下面让我们学习著名作家汪曾祺的名篇《金岳霖先生》。

3. 上课前咱们先做个小游戏"猜猜他是谁"。

身长九尺，髯长二尺，面如重枣，唇如涂脂，丹凤眼，卧蚕眉，相貌堂堂，威风凛凛。

尖嘴猴腮，金睛火眼，手举金棒，声响如钟，金棒身毛随心应变，刀枪斧剑无法伤身。

这三段文字和上面两个例子一样，第一段是好的，另外两个都有问题。第一段切合文本内容（叙述了金岳霖先生一件件生活琐事），也切合汪曾祺先生的为文风格，而且语言优美，极富感染力。第二段引朱自清《背影》中的文字，和《金岳霖先生》没有什么关联，绕了一个大弯子，没有说明引文的意义是什么。第三段话绕得更远，学生笑闹一通，很大程度上冲淡了学习《金岳霖先生》应有的严肃气氛。

总的来说，还是开头说的那句话，好的导入语不仅要有文采，而且要贴近文本内容，切忌像有人嘲笑的那样："两个黄鹂鸣翠柳"——不知所云；"一行白鹭上青天"——离题万里。

⑩ 追求朴素的教学

朴素的教学追求的是简单与平实，自由与生成。它的教学设计是简单的，不复杂，不玄奥，不故意挖陷阱、绕弯子；它不弄巧，不造作，平平淡淡，实实在在，以素面示人，以本真为高境界。

这是教学的常态，是生活中的家常便饭，萝卜白菜，米饭馒头，吃得熨帖，营养丰富。就语文教学来说，核心的问题还是读书。阅读教学，无非是让学生读懂、读透，在此基础上多读书、读好书。如何让学生读懂、读透？一是把读书的时间实实在在地还给学生，没有读的时间，何来读懂、读透？二是教师讲得深刻一点、精辟一点，能搔到学生思想的痒处，唤醒学生休眠的思维，使学生主动进入"深度阅读"的状态。如何多读书、读好书？一是教师要读书，教师不读书，学生怎么能爱读书？天生不愿读书的孩子不多，多数情况是，读书的种子潜埋于孩子内心的深处，等待着催生的阳光雨露。教师的阅读气象，就是洒向学生的阳光雨露，能催开学生阅读的花朵。二是开展丰富多彩的阅读活动，有计划、有目标地陪伴学生读几本经典，为他们的精神成长打下坚实的基础。这些工作没有多少技巧可言，要的是出笨力，下苦功。

朴素的反面是浮华。一个人穿上光鲜的衣服，戴上珍贵的首饰，画眉毛、修指甲，就会显出华丽之气象，炫人眼目，摇人心旌。反映在语文教学上，就是丢弃扎扎实实的阅读，将大量的时间、精力放在读书和思考之外的行为上，真正是"有哗众取宠之意，无实事求是之心"。譬如满嘴精美浮华的言辞，学生却不知所云；譬如高频率使用多媒体，又是影像又是音乐，学生一节课读不了几分钟文章，大部分时间看屏幕；譬如设计花里胡哨的教学环节，一会儿男生如何，一会儿女生如何，学生成了演员……

浮华则失去本真，失去本真则背离事物的本质。北京十一学校的刘伟老师在一次演讲中说："我觉得我们语文老师应该有一种能力，敢于朴素的能力。"这话很好，值得我们认真思考。

⑪ 文中"闲笔"耐品味

"'闲笔'多是主要情节以外的'非情节'因素,它们或表现为'节外生枝'的琐碎之事,或表现为可'忽略不计'的细小花絮,总之去掉它们几乎不影响情节的完整性。"[1]之所以要"品"闲笔,正是因为它很容易被读者忽略过去,而严格地说,优秀的文学作品是没有什么闲笔的,所谓"闲笔"不过是作者语言智慧的巧妙表达。因此,看似不经意处,也许正是作者极具匠心之处,需要读者独具慧眼、精心品读,方能领略其高超的表达艺术。

下面举两个例子作简要赏析。

一、汪曾祺《金岳霖先生》节选

他身材相当高大,经常穿一件烟草黄色的麂皮夹克,天冷了就在里面围一条很长的驼色的羊绒围巾。联大的教授穿衣服是各色各样的。闻一多先生有一阵穿一件式样过时的灰色旧夹袍,是一个亲戚送给他的,领子很高,袖口极窄。联大有一次在龙云的长子、蒋介石的干儿子龙绳武家里开校友会,——龙云的长媳是清华校友,闻先生在会上大骂"蒋介石,王八蛋!混蛋!"那天穿的就是这件高领窄袖的旧夹袍。朱自清先生有一阵披着一件云

---

[1]陈才训."闲笔"不闲——论古典小说中"闲笔"的审美功能[J].内蒙古社会科学,2007,162(6):145-149.

南赶马人穿的蓝色毡子的一口钟。

这是文章第二段的部分文字。本来是描写金岳霖先生的外貌特点，可是作者旁逸斜出，写到了联大其他教授的穿着；这还不算，笔触又滑到了闻一多先生在蒋介石的干儿子龙绳武家里大骂蒋介石，这简直是"闲笔"中的"闲笔"了。但这段文字删不得，它特别提神。它不仅表现出联大教授们生活的清苦，而且表现出他们的正直与进步；更进一层说，还表现了当时的政治形势和时代激荡的浪潮。"闲笔"不仅不"闲"，而且有深意存焉。

二、鲁迅《故乡》节选

我和母亲也都有些惘然，于是又提起闰土来。母亲说，那豆腐西施的杨二嫂，自从我家收拾行李以来，本是每日必到的，前天伊在灰堆里，掏出十多个碗碟来，议论之后，便定说是闰土埋着的，他可以在运灰的时候，一齐搬回家里去；杨二嫂发见了这件事，自己很以为功，便拿了那狗气杀（这是我们这里养鸡的器具，木盘上面有着栅栏，内盛食料，鸡可以伸进颈子去啄，狗却不能，只能看着气死），飞也似的跑了，亏伊装着这么高底的小脚，竟跑得这样快。

笔者初读这篇小说，想不通作者何以写这个情节。前文对杨二嫂和闰土都有了细致的描写，可以说是浓墨重彩，两个人物的思想性格很鲜明，形象很饱满，为什么临到结尾，又添上杨二嫂从灰堆里掏出碗碟来这一情节？而且是个悬念，说不清到底是谁埋的，认为这个情节完全是冗赘。后来反复阅读，才觉得不是作者故意卖什么关子，更不是赘余，而是精心的安排。杨二嫂和闰土是两类人物的典型，一个是势利刻薄、庸俗不堪的市侩，一个是淳朴木讷、辛苦麻木的农夫。作者褒贬的感情很明显，对杨二嫂笔笔都是嘲讽和厌恶，对闰土字里行间都是同情与敬重。那么，如果用简单贴标签的思维，偷偷把碗碟埋进灰堆里的一定是杨二嫂。有的老师也是这样讲的。但这里有个问题，既然是杨二嫂自己埋的，那她干嘛还要当众掏出来议论一番呢？这实在是违背常情。而且从文中母亲叙述此事的口气中，也没有怀疑杨二嫂的意思。那么，是闰土埋的吗？如果是闰土埋的，和他的思想性格吻合吗？合乎情理吗？我们深入地分析一下闰土的处境和性格。前面说他淳朴木讷、辛苦麻木，很对，但也正因为此，他才有可能做出将碗碟埋进灰堆里的行为。理由是，以他生活的困境，他确实想要；但是，以他老实善良的性格，他必定不会"大张口"。事实也是如此，尽管"凡是不必搬走的东西，尽可以送他，可以听他自己去拣择"，但他最终拣了什么呢？两条长凳，四个椅子，一副香炉和烛台，一杆台秤，另外加上草灰。为什么只拣这么一点东西呢？他不愿多拿，他不愿让人说他贪心，他要在幼时的玩伴、今日的老爷面前保留一点尊严，或者说保留一点面子。如果照应前面杨二嫂说的"阿呀阿呀，真是愈有钱，便愈是一毫不肯放松……"，在闰土身上表现出来的就是"愈穷困，愈怕别人看不起"。在这样的心理支配下，将几只碗碟埋进灰堆里，趁运灰的时候搬走，是完全合乎情理、也符合闰土性格的。为什么是杨二嫂发现的呢？有两种可能：一是闰土埋的时候有破绽，被她发现后有意揭露；二是以小人之心度君子之腹，知道把草灰送给闰土，偏要扒开搜一搜。总之，这个情节使她的市侩嘴脸表现得更充分。

那么，回到开始的话题上，为什么到了结尾又要扯出这样一件小事呢？笔者认为有两个目的：一是使闰土人物形象内涵更加丰富；二是为下面一段话作铺垫。"老屋离我愈远了；故乡的山水也都渐渐远离了我，但我却并不感到怎样的留恋。我只觉得我四面有看不见的高墙，将我隔成孤身，使我非常气闷；那西瓜地上的银项圈的小英雄的影像，我本来十分清楚，现在却忽地模糊了，又使我非常的悲哀。"杨二嫂的行为不用说了，毫无疑问，她是让"我"对故乡不再留恋的一个因素；为什么说闰土"本来十分清楚，现在却忽地模糊了"？也许是"我"在和母亲对话的时候，对闰土这个人又有了更多的认识吧。总之，这两个人都没有给"我"留下什么好的印象，倒是拉大了"我"和故乡的感情距离。这一"闲笔"，给读者提供了广阔的想象空间，值得反复品读。

⑫ 王熙凤为何称"辣子"

《林黛玉进贾府》中，贾母向林黛玉介绍王熙凤的时候说："他是我们这里有名的一个泼皮破落户，南省俗谓作'辣子'，你只叫他'凤辣子'就是了。"

听几位老师讲《林黛玉进贾府》，谈到这个问题的时候，每每引用流行歌曲《辣妹子》的歌词作证明。歌词曰"辣妹子辣，辣妹子辣，辣妹子辣妹子不怕辣"，这里的"辣"显然是"泼辣"之意，歌词是称赞女孩子风风火火、泼辣能干。那么，贾母为什么称王熙凤"辣子"呢？"辣子"在这里什么意思？"辣"是"泼辣"的意思吗？

杨绛在《小癞子》的《译后记》中有一段话："我国残唐五代时的口语就有'赖子'这个名称，指'无赖'而说；还有古典小说《儒林外史》和《红楼梦》里的泼皮无赖，每叫做'喇子'或'辣子'，跟'癞子'是一音之转。"[1] 吴敬梓《儒林外史》第二十一回沈天孚说布政司胡家的女儿"可是个有名的泼妇，都叫她胡七喇子"。按照杨绛的说法，"辣子"应该同"赖子"和"癞子"，是由于读音相近造成的。

清代唐训方《里语徵实》有"无赖"条，引《史记·高祖本纪》上的"始大人常以臣无赖"，解释说："赖，利也；无利入于家也。"又解释说：

---

[1] 杨绛.杨绛译文集：第三卷[M].译林出版社，1994：1653.

"或曰江湖之间，谓小儿多诈而狡猾为'无赖'。"[1]

按照第一种解释，"无赖"明显是贬义词，"无利入于家"，意思是不干正事，等同于我们常说的"败家子"。第二种解释，虽然也是贬义，但程度有了变化。"小儿多诈而狡猾"，因为对象是"小儿"，这里就多多少少含了一点欣赏的味道。小儿的"诈"和"狡猾"不是大奸大恶，而是在生活琐事中的聪明、黠慧；"诈"和"狡猾"固然可恨、可气，但也表现出"小儿"的聪慧可爱的一面。以至于在后来的应用中，词的感情色彩逐渐发生变化，由原来的完全贬斥变成了"恨爱交加"的中性。杨绛先生翻译小说时，给主人公取名为"小赖子"，用的正是此义。

唐朝徐凝在《忆扬州》中写到："萧娘脸薄难胜泪，桃叶眉尖易得愁。天下三分明月夜，二分无赖是扬州。"月光怎么会"无赖"呢？作者是用比拟的手法写扬州月光的可爱，如"多诈而狡猾"的小儿一样，调皮聪慧，可恼可气，逗人怜爱。这种用法在古代诗词中很多，如杜甫《奉陪郑驸马韦曲二首》中的句子："韦曲花无赖，家家恼杀人。"这里"无赖"就完全是褒义了。

再回过头来看《林黛玉进贾府》中贾母对王熙凤的称呼，准确地说应该是"凤癫子"或"凤赖子"。"凤辣子"不是说王熙凤风风火火、泼辣能干，而是说她聪明、慧黠，是个让人又爱又恨的小字辈。这个称呼既有贾母对王熙凤的戏谑、调侃，又包含着对她的喜爱与赞美，而且后者的因素远远大于前者。

（《中学语文教学参考·中旬刊》，2017年5期）

---

[1] 唐训方.里语徵实[M].岳麓书社，1986：111.

⑬ 怎样辨别错别字

正确书写汉字，是语言操作的基本功，在中考和高考中都是必考内容。除了列为作文评分因素之外，还要单独命题。虽是考查识记能力，但试卷正答率并不高。有些教师干脆放弃此项复习，认为茫无边际，教而无效。其实，如果抓住了汉字自身的某些特点，是有规律可寻的。掌握这些规律，能提高辨识能力。下面谈几种方法，供大家参考。

一、利用形声字知识

汉字中约有90%的字都是形声字，正确辨识形声字的形旁与声旁，根据形旁的意义推断字义，能帮助辨识错别字。如：

拭目以待，意思是擦亮眼睛等着瞧。"擦"这个动作用手才能发出，所以"拭目以待"的"拭"不能写成"试"，"试"从"讠"，是试验或考试的意思。

众口铄金，意思是大众的话能把金属熔化，形容人多口杂，能混淆是非。"铄"是熔化的意思，不能写成"烁"。"烁"从"火"，是闪亮的意思。

欢度节日，"度"是过的意思，专指度过时间。"欢度节日"的"度"不能写成"渡"。"渡"从"氵"，是从这岸到那岸的意思。

以此类推，再举若干例子（括号里是容易相混的字）。如：

容光焕发（涣）　　　趋之若鹜（骛）　　　瑕瑜互见（暇）

掉以轻心（调）　　　针砭（贬）　　　　寒暄（喧）

二、利用词语的结构特点

在一些联合式的四字短语中，前后两部分的意义或相同、相近，或相反、相对。执其一端常可推断出另一端的正确书写。如：

唉声叹气，后部分是"叹气"，与之相对应的是"唉声"，而不能写成悲哀的"哀"。"唉"指叹息的声音，与"叹"意相近，而"哀"指悲伤。

惹是生非，后部分是"生非"，与之相对应的就是"惹是"，而不能写成事情的"事"。"是非"指口舌，因说话而引起的误会或纠纷。如果写成"事非"就不好理解了。

山清水秀，后部分是"水秀"，与之相对应的是"山清"，合起来是说山水很清秀。如果写成"山青"，就变成了描写山的颜色，和后面的"秀"字构不成对应关系了。

以此类推，再举若干例子（括号里是容易相混的字）。如：

卑躬屈膝（恭）　　文过饰非（是）

越俎代庖（祖）　　心驰神往（弛）

三、根据词语的整体意义推断

例如：

元气大伤，意思是人的生命力受到大的损伤。"元气"指人的生命力。明白这个词的大体意思，就不会写成"原气"了。

英雄辈出，意思是英雄人物一批一批地连续出现。如果写成加倍的"倍"就错了。

任劳任怨，意思是做事不辞劳苦，不怕别人埋怨。"任"是听凭的意思，故不能写成"忍"。"忍"是忍受，是被动地承受，不合乎词意。

以此类推，再举若干例子（括号里是容易相混的字）。如：

惨绝人寰（残）　　感人肺腑（腹）

心灰意懒（恢）　　枉费心机（妄）

四、个别形成习惯写法的词语强化记忆

例如：

流言蜚语的"蜚"，匪夷所思的"匪"，这些古汉语中的通假字，已约定俗成，在成语中不能改写。还有一些词语中两个字通用。这两类词数量不大，只要简单归类便容易记住了。

附：修改下列词语中的错别字

① 安祥　　② 板画　　③ 拌脚石　　④ 撕打　　⑤ 纯厚

⑥ 函养　　⑦ 宏篇巨制　　⑧溶会贯通　　⑨ 营私舞蔽

⑩ 贪脏枉法

（参考答案：①详　②版　③绊　④厮　⑤淳　⑥涵　⑦鸿　⑧融　⑨弊　⑩赃）

（《语文月刊》1998年8期）

⑭ 《再别康桥》教学中的几个问题

徐志摩的《再别康桥》是现代文学史上的名篇，在高中语文教学中受到很多老师的青睐，笔者也有幸多次在各级各类教学大赛中观摩过这首诗歌的教学。下面就课堂上具有共性的几个问题，谈谈感受和看法。

问题一：为什么把"金柳"比喻为"新娘"？

学习这首诗歌，多数教师会把品读意象作为教学的重点；而品读诗中"金柳"这一意象，又是重点中的重点。本来这是一个很容易理解的问题。为什么把金柳比喻为新娘？因为柳树的枝叶在夕阳照射下泛着金黄的光彩，富丽华贵而又婀娜动人，就像穿着礼服的新娘一样，庄重而又美丽。这里主要是取其外在形象的相似性。有些教师在课堂上引领学生深度解读，从不同的角度赏析其妙处，这本来无可非议，但问题在于，这个本来并不复杂的问题一经过度"复杂化"，就会出现令人啼笑皆非的答案。譬如有老师启发学生："'那河畔的金柳，是夕阳中的新娘'，那么，徐志摩是谁呢？"答案是"新郎"。于是老师接着问："能不能把'新娘'换成'姑娘'？"答曰"不能。"老师又问："为什么不能？"答曰："只有新娘的艳影才能让他心头荡漾。"老师总结："是的。诗人看着那河畔的金柳，就像面对自己的新娘，禁不住含情脉脉，心旌摇荡……"听到这里，学生们笑了。笔者认为，这简直就是人们常说的"恶搞"，是低级趣味。

问题二："梦"的含义是什么？

诗的第四节：

> 那榆荫下的一潭，
>
> 不是清泉，是天上虹
>
> 揉碎在浮藻间，
>
> 沉淀着彩虹似的梦。

这几句诗写潭水的美丽。作者用比喻的修辞方法，先把潭水比成"揉碎在浮藻间"的"虹"。那么，潭水和虹有何相似之处？这里的比喻和上面的"金柳"一样，都是夕阳的光照所形成的景致。夕阳的光辉透过榆树的枝叶，洒在清澈的潭水上，潭水泛起金色的微光，正像"揉碎在浮藻间"的虹。这个比喻真是形象贴切、生动传神，达到了"状难写之景如在目前"的修辞效果。到这里已经很美了，可是作者意犹未尽，接着又来一个比喻"沉淀着彩虹似的梦"。这就构成了两层比喻：潭水如揉碎在浮藻间的虹，潭水如沉淀着彩虹似的梦。潭水和梦之间有何相似之处？清澈的潭水在夕阳的照射下，金光粼粼，给人以梦幻般的感觉。其实这种以虚喻实的手法在诗词中很常见，如秦观的词"自在飞花轻似梦，无边丝雨细如愁"，用梦比喻飞花的轻盈之态，给人丰富的想象。《再别康桥》中的"梦"就是用来表现潭水的清澈幽深、金光粼粼、如梦似幻，未必有什么深意；但许多老师在解读文本的时候都在这个"梦"字上进行深度挖掘，大作文章，什么爱情之梦，什么救国之梦等等。有些老师大量介绍徐志摩创作此诗的社会背景，什么怀揣救国之梦出国留学，回到祖国壮志难酬；什么虽然祖国积贫积弱，但作者仍然满怀彩虹般的梦想……这样的深度解读，毫无根据，完全是主观臆测。

问题三：这首诗和林徽因有无必然的联系？

笔者观摩过十几位老师执教《再别康桥》，没有一位老师不在课堂上联系徐志摩和林徽因的爱情故事的，都认为徐志摩是触景生情，回忆自己和林徽因在英国的恋情而创作此诗。那么，这首诗和林徽因有必然的联系吗？

如果说有，根据是什么？是作者徐志摩的说明，还是当事者林徽因的说明？笔者翻阅两人的文集，没看到有关的文字记载。那些课堂上幽婉动人的爱情故事，不过是讲课者的想象罢了。笔者认为，这首诗是不是很美，能否成为经典，和林徽因没有什么关系；学习这首诗，学生是不是感受到诗中的意境美、格律美，能否领略徐志摩高超的诗歌艺术，也和林徽因没有什么关系。这种毫无根据的深度探究，不仅无助于对本诗的理解，而且唐突前贤。

　　当前，深度解读在语文教学中越来越受到重视，这对矫正肤浅的阅读教学有着重要的意义；但深度解读也要从文本出发，有理有据，不可漫无边际地联系，强加给文本一些没有根据的背景故事或者深层意义，更不能有低级趣味。

⑮ 也谈"像少妇拖着的裙幅"

——兼与毛波老师商榷

朱自清先生的《绿》中有一句比喻："她松松的皱缬着，像少妇拖着的裙幅。"对此，毛波老师分析说："五四运动刚刚过去的1924年，经过革命洗礼的中国知识分子中的一部分，虽有正义感和同情心，但对革命不理解，既没有投入革命阵营，也没有与反动派为伍，而是处于中间状态。朱自清正是这样的知识分子。少妇那不浓不淡的美，既不像少女那么热烈，也不似老妇那么深沉，正与他此时的心情相契合，他当然要用少妇的裙幅作比了。"[1]

对这种理解，笔者不敢苟同，拙见如下：

一、《绿》编入教材时已经删改。原文是"她松松的皱缬着，像少妇拖着的裙幅；她轻轻的摆弄着，像跳动的初恋的处女的心……"编入教材时第二个比喻被删掉了。且文章第二段结尾是："我舍不得你；我怎舍得你呢？我用手拍着你，抚摩着你，如同一个十二三岁的小姑娘。我又掬你入口，便是吻着她了。我送你一个名字，我从此叫你'女儿绿'，好么？"上下文连在一起，如果按照毛波老师的分析，岂不自相矛盾？

二、从全文的感情基调看，作者在赞美自然奇景的同时，字里行间洋溢

---

[1] 林敏. 课堂美育的探索者——四川省优秀青年教师毛波访谈录 [J] . 语文教学通讯，1999，244（4）：10-13.

着生活的激情，色彩浓丽，格调明朗，表现了昂扬进取的精神。哪里可以看出作者处于所谓的"中间状态"？

三、从朱自清先生发表《绿》前后的作品看：《绿》写于1924年2月，当时作者任教于温州的浙江省立第十中学。1923年发表长诗《毁灭》，要毁灭那些"缠缠绵绵"的情感，"渺渺如轻纱"的憧憬，"迷迷恋恋"的蛊惑，以及"死之国"的威胁，表现出对人生的积极肯定和对生活的积极探索；1924年4月，作者在宁波写了《生命的价格——七毛钱》，对黑暗社会进行了强烈的控诉；1925年"五卅"以后，连续写了两首战斗诗篇《血歌》和《给死者》，沸腾着火一般的战斗激情。而毛波老师分析，却给朱自清涂上了浓重的灰色，不知有何根据？

笔者认为，用"少妇的裙幅"作比，并无什么深刻含义。这个句子是比喻潭水泛起涟漪的动态美，潭水动荡轻微，与少妇温雅婉淑的性情相合，而少女则活泼好动，多穿短裙，很少穿要拖着走路的裙幅，这里有表达的需要，也有生活的常识，这个比喻和后文的两个比喻从不同角度描绘了绿的醉人之美。

（《语文教学通讯》1999年10期）

⑯ 《烛之武退秦师》中的几个问题

听一位青年教师的课，学习《烛之武退秦师》。学生在课堂上提出的四个问题，教师都没有清楚地回答。笔者一边听课，一边思考，下面就这几个问题谈一点个人的看法。

一、学生问：郑伯为什么这么爽快地接受了佚之狐的推荐？

老师思忖片刻回答说："我认为有两个原因：一是因为《左传》行文简洁，即使当时郑伯有所犹豫，作者却忽略未记；二是因为佚之狐是郑伯宠信的大臣，郑伯对他言听计从。"学生满脸疑惑，还想继续问，老师却示意让他坐下，学生欲言又止。

笔者认为，这位老师的解答是不能让人信服的。第一，《左传》行文简洁，但不能影响文意的表达，如果涉及国君在重大问题上的态度，作者绝不会为了行文简洁而省略重要的词语；"简洁"是言简义丰，不是"言简义无"。第二，说"佚之狐是郑伯宠信的大臣，郑伯对他言听计从"没有根据，应该是这位老师情急之下糊弄学生的话。笔者认为这个问题应该分析上下文语境，才能得出合理的推断。一是郑国当时已处于危在旦夕之时，郑伯在仓皇之间无计可施，佚之狐的建议犹如救命的稻草，很容易让他接受；二是从烛之武和郑伯的对话中可以看出，烛之武作为郑国的大夫，应该是当时的著名人士，先前已经有人（包括佚之狐）不止一次向郑伯推荐过他，但由于种种原因没有得到重用。虽然没有重用，但郑伯对他的能力有一定程度的了解，所以才有这样精彩的对话："臣之壮也，犹不如人；今老也，无能为也已。""吾不能早用子，今急而求子，是寡人之过也。"烛之武的牢骚和郑伯的道歉都是意有所指，二人心照不宣；如果郑伯根本不了解烛之武这个人，烛之武的牢骚就是无理强词，故意摆谱。从另一方面说，如果郑伯不了解烛之武这个人，他的道歉也就无从谈起。

二、教师在讲到烛之武"夜缒而出"的时候，让学生发挥想象，写一段文字描述当时的情景，以表现烛之武为纾国难冒险出使的英勇行为。这时候有位学生问：当时的形势是"晋军函陵，秦军氾南"，函陵和氾南离郑国的国都还有很远的距离，烛之武为什么不走城门，而是"夜缒而出"？

"夜缒而出"这个细节，几乎所有的教师都很关注，让学生发挥想象写成文字也成为课堂的亮点之一，但笔者还没有听到过哪位教师对"夜缒而出"的原因进行过探讨。当时，老师一时语塞，说"同学们课下讨论吧"。

这的确是个值得讨论的问题。笔者认为合乎情理的推断有二：一、当时晋、秦两国的大军虽然驻扎在距离郑国国都较远的函陵、氾南，但晋国的先遣士兵已经到了郑国国都的城门外，烛之武离开国都去秦军大营，只能在黑夜从城墙潜出以躲避晋军的耳目，否则，很可能一出城门就被晋军俘获。二、烛之武去秦军大营是只有很少人参与谋划的国家机密，如果从城门走出，很可能他还没有见到秦伯，消息就传到了晋侯的耳朵。所以，他才选择深夜从城墙潜出。

三、"子犯请击之"的"之"指的谁？

学生问："子犯请击之"这句话的注释是"子犯请求袭击秦军"，这个注释不错，但不具体；因为这个时候秦军已经分为两部分，一是留下戍守的杞子、逢子和杨孙，一是还师秦国的秦伯。这里子犯要攻打的是谁呢？

教师回答：“你只记住‘之’是个代词，代指秦军就行了。”学生好不容易提出一个问题，被老师轻易地枪毙了。

笔者认为，从当时的形势和上下文语境来看，应该指的是秦伯。首先看当时的形势。晋、秦两军联盟前来围攻郑国，现在秦伯背信弃义，单独撤军，而且为了防备晋军单方攻打郑国，留下三员大将戍守。这个时候，如果晋军攻打秦国的留守人员，就势必遭受秦、郑的合力还击，基本上没有胜利的希望。而另一方面，秦伯率军回国的途中，必须经过晋国的地盘，这就给晋军留下了伏击的机会。因此，“子犯请击之”的“之”只能是秦伯率领的军队。再从上下文语境来看，“子犯请击之”的上句话是“秦伯……乃还”，按照主语省略的语法结构分析，“之”也应该指的是秦伯。

四、“以乱易整，不武”中“武”什么意思？

教材（苏教版）上对这句话的注释是“用混乱相攻取代联合一致，是不勇武的”。学生问：“为什么说这样不勇武？”老师回答说：“教材上注释不太准确，鲁人版教材上解释为‘不合乎武德’。”学生不再追问，但还是不大明白。

说苏教版教材注释不准确，未免有些武断。《古文鉴赏辞典》（江苏文艺出版社1987年版）将“武”解释为“威武”，和“勇武”大致相同。《说文解字》释“武”为“止戈”，意思是停止战争。《古汉语词典》（商务印书馆）解释为“在使用武力时应具有的道义准则”，举了课文中的这个例子，另外还举了《国语》中的一个例子。其实《左传》中还有这样的例子，如《左传·襄公十年》“城小而固，胜之不武”，“胜之不武”是现在广泛使用的成语。综合来看，不管注释“勇武”“威武”还是“武德”，都不很明确；准确的理解还需借助于课文内容。本来晋、秦联盟来攻打郑国，现在却转过头来向盟军开火，造成内部分裂，成了“窝里斗”，这就完全违背了发动战争的初衷，不仅得不到郑国这块肥肉，而且与有恩于自己的强秦结怨，同时在国际上遭到非议和耻笑。因此，这里的"以乱易整"，无论利益上还是道义上都会使自己受到严重的损害。这里晋公说的"不武"，具体说就是不合乎发动战争的规则，达不到战争的目的。

我想，为什么教师喜欢"满堂灌""满堂问"而不愿意放手让学生自主学习？其中一个重要原因就是：一放手，学生的思维就超出了老师的备课预设，使老师难以回答，无法掌控，造成尴尬的局面，影响自己的权威和在学生中的形象。而开放的课堂，需要更加优秀的教师，需要教师有充分的准备，对文本有透彻的解读。

（《中学语文教学参考》2014年3期）

⑰ 《陈情表》何以能感人至深

提到李密的《陈情表》，人们常常援引古人的一句话："读李密《陈情表》而不堕泪者，其人必不孝。"那么，这种感人至深的原因是什么？为什么说读此文"不堕泪者，其人必不孝"？

全文描写自己为祖母尽孝的文字只有一句："而刘夙婴疾病，常在床蓐，臣侍汤药，未曾废离。"这不过人之常情，老人卧病在床，做子女的岂有不侍奉在侧之理？显然，这不是感人"堕泪"的主要因素。笔者以为，这篇文章之所以感人肺腑，有以下几个原因。

一、作者悲苦的身世和祖母山高海深的养育之恩，深深地打动读者的心灵。"臣以险衅，夙遭闵凶。""险衅""闵凶"两个令读者触目惊心的字眼放在全文的开篇，形成悲伤、凄恻的感情基调，一下子就把读者引入沉重压抑的情绪之中。下面具体写自己遭遇的悲苦："生孩六月，慈父见背"——出生六个月就失去了父亲；"行年四岁，舅夺母志"——四岁又失去了母亲；"少多疾病，九岁不行"——自幼多病，长到九岁尚不能行走；"既无伯叔，终鲜兄弟"——祖母之外，无依无靠。在如此艰难困苦的情况下，是祖母"躬亲抚养"，使自己长大成人。这是一个怎样悲伤酸苦的成长经历？日渐衰老的祖母为孙子的成长付出了怎样的艰辛？日渐懂事的李密在成长的过程中又会滋生怎样浓厚的反哺报答之情？祖孙两人深厚的感情已经远远超过了一般意义上的血缘关系。这种悲苦之情，读之催人泪下。

二、作者进退狼狈的处境，引起读者深深的同情。李密是蜀汉的臣子，且有"名士"之称。现在蜀汉被灭，他成了亡国之臣。即便李密对蜀汉王朝没有多少割舍不断的君臣大恩，但对于一个饱受儒家思想教养的知识分子来说，要他立即转向投靠敌国也会有巨大的精神压力，何况是一个"名士"？但是，问题的死结正在于"名士"二字。晋武帝如此软硬兼施地逼迫他，并非仅仅看中他出众的才能，更是因为他是当世的"名士"。名士的合作与否，关系到新朝的人心向背，关系到晋武帝的德望声誉，甚至关系到这个朝代的国运兴衰。对新朝而言，身为"名士"而不合作，就是潜在的危险。正因如此，晋武帝才会恩威并加，必欲使之就范而后止。"前太守臣逵察臣孝廉，后刺史臣荣举臣秀才""诏书特下，拜臣郎中，寻蒙国恩，除臣洗马"，如此厚遇，一再拒之则有自高身价、不识抬举之嫌疑；"诏书切峻，责臣逋慢。郡县逼迫，催臣上道；州司临门，急于星火"，这是什么架势？刀架在了脖子上，稍一不慎，家破人亡。"臣之进退，实为狼狈"，痛哉斯言！在文章中，有些话真让人心酸不忍卒读。"生孩六月，慈父见背。行年四岁，舅夺母志"，按照常理，奏表中怎能写这样的文字？特别是"舅夺母志"，这是多大的个人隐情？写出这样的文字，不仅是自揭伤疤，而且是自曝其丑，若非至于绝境，岂能随意写出？"逮奉圣朝，沐浴清化。""且臣少仕伪朝，历职郎署，本图宦达，不矜名节。"我们想想看，对于李密这样的人来说，写出这样的话语，需要克服多大的精神阻力？谦卑的言辞背后，是他的斑斑血泪。人生至此，实在是令人唏嘘浩叹。

三、在尽孝还是尽"忠"的艰难选择中，作者所表现出来的人格力量引起读者深深的感佩。上面我们分析了他"进退狼狈"的危难处境，那么，愈是处境危难，就愈能显示出选择者人格的高低优劣。面对晋武帝的利诱和威逼，李密仍然坚定地选择了"孝情"，这是人生的勇气，也是人格的光芒。我们可以想象，作者每一次的"辞不赴命"，都面临着怎样的危机？"乌鸟私情，愿乞终养。"这一个"愿"字，写出来是何其艰难！设身处地一想，就能感到其沉重的分量，读起来才觉得掷地有声。有人认为，李密之所以拒绝出仕，主要原因是对蜀汉故国的眷恋，写这篇表是他要用对祖母的孝，来掩饰对已经被晋王朝灭亡了的蜀国的"忠"和不能去为这个被视为篡夺了正统王位的晋王朝尽"忠"的表现，笔者认为这种说法是很牵强的。既然已经在文中称蜀汉为"伪朝"而颂对方为"圣朝"，则服从新朝的态度已经昭然，何况最后还发了"生当陨首，死当结草"的誓愿？而且以后的事实也证明，李密此言不虚，祖母病逝后，他便出仕。因此，说李密借"陈"孝情而拒绝仕晋是站不住脚的。李密所"陈"之情，核心还是一个"孝"字；而这种为了亲情而拒绝出仕的行为，也许比为了所谓的"名节"更加可贵，也更加让人敬佩。

四、文章情真意切，句句拨动读者的心弦。清代林云铭在《古文析义》中评说该文："纯是一片至性语，不事雕饰，惟见天真烂漫。"清代吴楚材在《古文观止》中说："历叙情事，俱从天真写出，无一字虚言驾饰。"什么是"天真"？在这里就是指文字的平实素朴和感情的至真至诚。"臣无祖母，无以至今日；祖母无臣，无以终余年。""臣密今年四十有四，祖母刘今年九十有六，是臣尽节于陛下之日长，报养刘之日短也。乌鸟私情，愿乞终养。"这些话确实是真情勃发，声泪俱下。据吴楚材、吴调候《古文观止》上说："晋侯览表，嘉其诚款。赐奴婢二人，使郡县供祖母奉膳。"当然，我们也很难相信晋武帝的行为真的是被李密的"诚款"所感动，真实的情况可能是，李密在文中对悲情、孝情、怖情以及对新朝表达的"忠"情，把他逼到了不得不接受其乞哀告怜的死胡同。拒绝李密，无疑是公布自己的刻薄寡恩，而且亲手扯掉了自己以孝治国的政治旗帜，给天下人留下口实；而接受李密的请求，既达到了让李密这样的名士表示臣服的目的，又能显示自己的宽宏大度。两相比较，晋武帝做出了明智的选择。而后世的读者，逐渐略过这篇文章的历史背景，单单从李密的文字中，就会被深深地感动，以至于下了读此文"而不堕泪者，必不孝"的断语，《陈情表》也成为文学史上写孝情的巅峰之作。

⑱ 两个"醉"字耐咀嚼

——柳宗元从西山宴游中得到了什么？

　　顾随先生在分析柳宗元的游记时说："《水经注》是自然而然，如生于旷野沃土之树木。柳氏游记是受压迫的，是生于石罅瘠土中的树木，不自然的，臃肿蜷曲，如生于严厉暴虐父母膝下的子女。《水经注》条达畅茂，即生于慈爱贤明父母之下的子女。"[1]这段话形象地说出了柳宗元游记的整体风格：选材多取幽僻荒远之景，语言凝练峭拔，字里行间涌流着难以言表的压抑愤懑之情。《始得西山宴游记》作于作者被贬永州的第五年，是著名的《永州八记》中的第一篇。在学习过程中，让学生领略作者笔下的景物之奇异怪特并不难，但要让学生与作者的思想感情产生共振却非易事。

　　笔者认为，文章前后两个"醉"字是走进柳宗元精神世界的入口，值得认真品味。

　　先看第一处：

　　自余为僇人，居是州，恒惴栗。其隙也，则施施而行，漫漫而游。日与其徒上高山，入深林，穷回溪，幽泉怪石，无远不到。到则披草而坐，倾壶而醉；醉则更相枕以卧，卧而梦。意有所极，梦亦同趣。觉而起，起而归。

　　作者为何而"醉"？我们梳理一下这段文字内容的逻辑关系：因为自己

---

　　[1]顾随.驼庵文话[M]//顾随全集：讲录卷.河北教育出版社，2014：342.

是"僇人"，所以"恒惴栗"；因为"恒惴栗"，所以"漫漫而游"；因为是"漫漫而游"，所以"到则披草而坐，倾壶而醉"。这就清楚地告诉了读者，作者的"漫漫而游"是为了远离人群而避祸，"倾壶而醉"是为了麻醉自己，借酒浇愁。这一个"醉"字，实在是和泪吞声，沉痛之极。

开篇第一句话就表明"余为僇人"，可以想象其心情糟糕到何种程度。屈辱、忧伤、悲愤、绝望，真是百味杂陈，难以言表。柳宗元出身宦门，曾伯祖柳奭是高祖时期的宰相，父亲柳镇官至侍御史。这种家庭背景必然会滋养出儒家士子兼济天下的伟大抱负，何况柳宗元少年得志，年纪轻轻就中进士，做了监察御史，受到王叔文重视，很快升为礼部员外郎。这个时候的柳宗元自然是踌躇满志，意欲在王叔文集团发起的改革中大展宏图，建立一个政治家梦寐以求的宏伟事业。然而，王叔文很快在权力斗争中失败，八位参与改革的官员同时被贬。柳宗元被贬到永州，从人生的巅峰一下子跌入痛苦的深渊。他在写给友人的信中述说自己当时的处境："以罪大摈废，居小州，与囚徒为朋，行则若带缠索，处则若关桎梏。亻丁而无所趋，拳拘而不能肆。"（《答周君巢饵药久寿书》）在这样的处境中，他唯一的选择就是"恒得与是山水为伍"（《陪永州崔使君游宴南池亭》），但徜徉山水也未能消解他的忧愤和郁闷。"披草而坐，倾壶而醉；醉则更相枕以卧，卧而梦。"梦到什么呢？作者没有说明，只是说"意有所极，梦亦同趣"。那么，"意"指的什么？应该就是此时的心情和精神状态——惶恐、屈辱、愤恨、无奈、绝望等等。这时的"醉"不过是"举杯消愁愁更愁"。

我们再看第二个"醉"。作者是在什么情况下"醉"的呢？是在他登上西山之后，"悠悠乎与颢气俱，而莫得其涯；洋洋乎与造物者游，而不知其所穷。引觞满酌，颓然就醉，不知日之入"。如果说前面的"醉"是借酒浇愁、自我麻醉的话，那么，这里的"醉"就是乐以忘忧、陶醉其中了。从前面的"醉"到后面的"醉"，是一百八十度的大转弯，从痛苦的深渊一下子升到快乐的巅峰。那么，促使作者精神变化的原因是什么呢？很显然，是登上西山后的所见所感，改变了他的精神世界和人生观念。

作者"攀援而登，箕踞而遨"，看到"凡数州之土壤，皆在衽席之下。……萦青缭白，外与天际，四望如一"；感到"是山之特立，不与培塿为类"；于是"悠悠乎与颢气俱，而莫得其涯；洋洋乎与造物者游，而不知其所穷"。在这段文字中，我们可以清楚地看到作者精神变化的脉络：登高望远，西山的卓然特立，解开了他的心结，开阔了他的胸襟，使他的屈辱、忧伤、悲愤等苦痛瞬间化解，进入了一个宠辱偕忘、超凡入圣的崇高的精神境界。"是山之特立，不与培塿为类"这句话，既是对西山的赞美，也是对自我价值的委婉陈述。这时的柳宗元，已与西山合而为一，卓然独立于天地之间，表现出大丈夫的浩然之气；而那些猖猖攻评他的政敌，不过是一些"培塿"而已。这时作者"引觞满酌，颓然就醉，不知日之入"，就不仅是醉于酒，而且是醉于景、醉于心，正如乐晓峰在《柳宗元的漫步暇思》中所说："西山的独立特性、卓然不群，天性灵秀、洞察万物，与世无争、隐而不显，才是柳宗元真正看清楚想明白的地方！高贵而谦和的生命体验终于化解了他心中巨大的忧愤和哀伤，是西山教会了他应该如何看待生活，如何处于逆旅不倒的要诀！他终于实现了自己的一次心灵的救赎，也完成了他生命的翻转。"

当然，西山之上的顿悟并不能使作者真正从痛苦中得到彻底的解脱，走下山来，他仍然还要置身于残酷的现实环境中。当时曾有朋友以"无忧自得"称贺柳宗元，柳宗元回答说："嬉笑之怒，甚乎裂眦；长歌之哀，过乎恸哭。庸讵知吾之浩浩非戚戚之尤者乎？"（《对贺者》）从这个角度来说，他心灵的陶醉是一时的，而苦痛之中的自我麻醉却是永久的。

⑲ 鲁迅的引用是败笔吗

——与童洪星老师商榷

鲁迅先生在《记念刘和珍君》中有这样一段话：

然而既然有了血痕了，当然不觉要扩大。至少，也当浸渍了亲族，师友，爱人的心，纵使时光流驶，洗成绯红，也会在微漠的悲哀中永存微笑的和蔼的旧影。陶潜说过，"亲戚或余悲，他人亦已歌，死去何所道，托体同山阿。"倘能如此，这也就够了。

童洪星老师认为，引用的这四句诗本意"表达了陶渊明洞悉人情冷暖之后对生死的达观"，因此用在这里"上下文无法贯通"，认为用"向来相送人，各自还其家。亲戚或余悲，他人亦已歌"似乎更合适些，最后断定"此乃鲁迅先生的一处败笔"。[1]

笔者认为，童老师的论述未免简单，现不揣谫陋，与童老师商榷如下：

童老师认为这四句诗用在这里"上下文无法贯通"的理由是：

细玩鲁迅的这段话，"如此"应该是指"在微漠的悲哀中永存微笑的和蔼的旧影"。而在陶潜的这四句诗中，也许只有"亲戚或余悲"这一句可与这个意思挂上钩，其他三句则基本不沾边。所以，如果一定要在这里引用陶潜的四句诗，愚以为用"向来相送人，各自还其家。亲戚或余悲，他人亦已

---

[1] 童洪星.《记念刘和珍君》若干问题探讨 [J].语文月刊，2012，352（4）：67-69.

歌"似乎会更合适些。

童老师对"如此"的理解是正确的，但认为"这四句诗中，也许只有'亲戚或余悲'这一句可与这个意思挂上钩，其他三句则基本不沾边"，应该是犯了断章取义的毛病。这段文字包含三层意思：从开头到"和蔼的旧影"是一层，评论死者流血的影响；引用陶潜的诗句是第二层，表明陶潜的生死观；最后一句是总结，意思是按照陶潜对死亡的看法，能够这样也就够了。这三层意思环环相扣，如果依照童老师的说法换成另外四句诗，中间的一层意思就基本掏空，最后一句话也随之变得轻飘，失去了沉郁顿挫之感。如若不信，大家换过来读读就会感觉出来。鲁迅在这里引用陶潜的这四句诗，并非借以表达自己的生死观，也不是用"亲戚或余悲"和前面相照应，而是为了推出最后一句"倘能如此，这也就够了"。这句话表面看来是自慰并慰人之词，实际上饱含着难以遏制的悲愤和无可奈何的凄凉。陶潜大概是历史上最著名的隐士，而鲁迅可谓是现代文学史上最著名的斗士，二者思想差异何止十万八千里。因此，鲁迅无论如何不会认同陶潜的生死观，更何况是针对英勇悲壮的烈士！而这里鲁迅不得不借陶潜的诗句来聊以自慰、慰人，就更加深刻地反映了鲁迅作文时心境的悲凉乃至悲哀。

再就全篇文章来看，鲁迅对死者"徒手情愿"的斗争方式是持否定态度的，对因请愿而流血的意义评价也是低调的。我们看这些话：

然而造化又常常为庸人设计，以时间的流驶，来洗涤旧迹，仅使留下淡红的血色和微漠的悲哀。在这淡红的血色和微漠的悲哀中，又给人暂得偷生，维持着这似人非人的世界。

时间永是流驶，街市依旧太平，有限的几个生命，在中国是不算什么的，至多，不过供无恶意的闲人以饭后的谈资，或者给有恶意的闲人作"流言"的种子。至于此外的深的意义，我总觉得很寥寥，因为这实在不过是徒手的请愿。

在一个统治者杀人如刈草、庸众又麻木冷漠的社会里，烈士的热血很快就会褪去它鲜红的色彩，四十多个鲜活的生命的逝去几乎是无谓的牺牲，真是"死去何所道，托体同山阿"。这两句诗用在这里和前面的议论相呼应，尤显得突兀奇崛，读来倍感沉痛。通篇读下来就会发现，"倘能如此"这句话不仅承接本段的前两层内容，也承接了全篇的思想感情。鲁迅引用陶潜的四句诗就不仅上下文贯通，而且在表达感情上有着重要的意义。童老师之所以认为"上下文不贯通"，是因为胶着于诗句中字面意义和与上文的对应，而忽视了整段乃至全篇文字的内容和感情。

20 朱自清 "到底惦着江南" 的什么

《荷塘月色》是中学语文教学的经典篇目。它的确是一篇经典美文，作者通过对荷塘月色的细致描写，隐约流露出自己微妙的心境。开头一句"这几天心里颇不宁静"是文眼，是探究这篇文章思想奥秘的入口处。朱自清为何心里"颇不宁静"？先前的教科书认为是蒋介石叛变革命的黑暗现实，引起作者心灵的震动，他愤慨而又困惑，想斗争却又无所适从，彷徨苦闷，心绪难宁。如果联系当时的社会背景，这种理解有一定的道理，但文学创作是个性化的事情，有时作家心里的郁闷也并非一定全是社会的原因。即便政治清明，也有心里不宁静的时候。如果过于简单化地解释，就会犯贴标签的毛病。现在的教学参考书不再如此解释，却附了一篇钱理群先生的《关于朱自清的"不宁静"》，文中引朱自清1928年2月的《哪里去》一文，对朱先生的思想多角度探讨，但仍然没有超出社会环境这一因素。

分析一篇文章隐含的思想感情和时代信息，主要来源有两个：一是作品本身的文字，二是作者自己的说明。从现存的资料看，找不到朱先生自己的说明材料，唯一的根据是作品本身的内容。文章开头说"心里颇不宁静"，与之照应的句子应该是结尾处"这令我到底惦着江南了"。"到底"在这里有无可奈何的意思，想忘记江南而不得，终于还是记起来了。显然，先前的"不宁静"应该和江南有关。如果说"心里颇不宁静"是这篇文章的文眼，那么，"这令我到底惦着江南了"就是破解朱自清内心情感的一把钥匙。

只有弄清了他为什么"到底惦着江南",才能了解他为什么"心里颇不宁静"。明确地说,作者对"江南"的牵挂,正是造成他"心里颇不宁静"的原因。那么,"江南"在文中代指的是什么呢?笔者认为,除了社会环境这个因素外,还可以从三个方面理解。

一、对家庭的牵挂。朱自清1925年秋天离开白马湖春晖中学受聘于清华大学。当时,他把一家五口人留在白马湖,一个人匆匆赶到北京。直到1927年1月,他才回到白马湖接家眷。当时他已有四个儿女,因经济问题,不能把他们都带到北京,只好把阿九和转儿留在扬州老家让母亲抚养,只带了阿菜和闰生两个孩子。家人分别时心情凄伤至于泪下。当时父母年高,家境衰败(可参看1925年初到北京时写的《背影》)。至北京两年有余,尚不能把两个孩子接到身边,内心的牵挂与忧伤可想而知。况且朱自清的妻子又极其疼爱孩子(可参看《与妻书》),这件事一定成为他们两人的心病,而且是家庭经常谈到的话题。因此,说这里惦记的"江南"包含扬州家中的老人和孩子当不算牵强。

二、对朋友的思念。朱自清1920年毕业于北京大学哲学系,随后去杭州、台州、温州、宁波等地任教。在这五年的时光里,他广结文友,友谊成为他生命中最亮丽的一抹色彩。俞平伯、叶圣陶、夏丏尊、刘延陵等是他最亲密的朋友。他们或结伴游山逛水,或写诗作文探讨人生,真是其乐融融。1925年到了北京以后,他孤身一人,很少与朋友往来,心里十分寂寞。他在《一封信》中说:"不知怎的,总是想在那儿过了五六年转徙无常的生活的地方。转徙无常,诚然算不得好日子;但要说到人生味,怕倒比平平常常时候容易深切的感着。"他曾写了一首小诗《我的南方》:

> 我的南方,
>
> 我的南方,
>
> 那儿是山乡水乡!
>
> 那儿是醉乡梦乡!

五年来的彷徨，

羽毛般地飞扬！

　　这首诗中蕴含着作者对江南家乡亲人友人绵绵的思念，也透出此时此地内心的寂寞与无奈。由此可见，这"到底""惦着的江南"，还应该有对南方朋友的深情思念。

　　三、对江南山水的眷恋。文章结尾一段说："今晚若有采莲人，这儿的莲花也算是'过人头'了；只是不见一些流水的影子，是不行的。"江南的山水之美不待我来饶舌。《荷塘月色》中描写的只是清华园中一个小小的水塘而已，一池清荷与皎洁的月色，在作者眼中已是如此美不胜收，更何况"莲叶何田田"的江南呢？作者因眼前的一池清荷，自然联想到江南的胜景美事，甚至想到了江南古代的采莲盛况，称之为"一个热闹的季节，也是一个风流的季节"，读来令人神往不已。这一段描写中，浸透了作者对家乡山水风情的眷恋之情，所以说"这令我到底惦着江南了"。

　　历年的教科书上都说这篇文章流露出作者"淡淡的喜悦和哀愁"，那么，如果说作者心里"颇不宁静"的原因是由于蒋介石的反革命政变，这哀愁就未免显得过于轻淡了。其实，何必非要让这篇词采飞扬的美文承担其如此沉重的主题呢？

作文小讲

21 题好一半文

俗话说"题好一半文"，意思是说写文章拟题很重要，题目拟得好，很靓，吸引眼球，能激发读者的阅读欲望，那么文章就成功一半了。

古人写文章，不需要在拟题上大动脑筋，文章题目基本上有固定的表现方式。清代的姚鼐编了一部《古文辞类纂》，把文章分成十三类：论辩、序跋、奏议、书说、赠序、诏令、传状、碑志、杂记、箴铭、颂赞、辞赋、哀祭。这样，题目就是文章内容的纲领，明确、具体。元明时代，小说、戏剧兴起，文学作品的题目开始"文学化"，如戏剧《墙头马上》《西厢记》《牡丹亭》，小说《红楼梦》等等，但还没有引起普遍的重视，大家看看《聊斋志异》就会知道，蒲松龄写了四百多篇小说，题目基本上都是一个人名完事。

新文化运动以后，诗歌、散文、小说、戏剧各类文学体裁蓬勃发展，文学进入一个全新的创作时代。为作品拟一个漂亮的题目也就成了创作中的应有之义。

譬如鲁迅先生的小说《药》《明天》《风波》《故乡》《祝福》《伤逝》《在酒楼上》《孤独者》等题目都富有匠心，值得玩味；《呐喊》和《彷徨》这两个小说集的名字也有丰富的含义；散文集名《朝花夕拾》《野草》都非常富有诗意。

可是这只限于作家的文学创作，学生作文或考试大多还是命题作文，作者不用在拟题上花费心思，如1933年国立清华大学的入学考试，作文题目给出了5个简单的词语："苦热""晓行""灯""路""夜"，要求考生选择其中一个写作。新中国成立至改革开放初期，历年高考都是命题作文：1953年的命题是"写一个你所熟悉的革命干部"，1958年是"大跃进中激动人心的一幕"，1960年是"我在劳动中受到了锻炼"和"大跃进中的新事物"，1961年是"我学习了毛主席著作以后"和"一位革命前辈的事迹鼓舞了我"，1965年是"给越南人民的一封信"和"谈革命与学习"，1977年恢复高考，各省也都是命题作文。进入九十年代，出现了材料作文、话题作文，都要求考生自拟题目。于是，拟题就成了写作能力考查的一项内容。

那么，好题目的标准是什么呢？怎样才能拟出亮丽的题目？

笔者认为，一个好的题目。大致上应具备下列因素：

一、准确。老师批阅作文的时候常说"文不对题"，意思是文章内容和题目不吻合。好的题目应该和文章内容相一致，内容对题目要有所照应，人们常说的"点题"就是这个意思。譬如鲁迅先生的《从百草园到三味书屋》，郁达夫的《江南的冬景》《故都的秋》，朱自清的《荷塘月色》，刘白羽的《长江三峡》，老舍的《想北平》《济南的冬天》，史铁生的《我与地坛》等等，这些文章题目都能准确地传达出文章内容的信息。

考场作文命题中，2007年山东高考作文题是以"时间不会使记忆风化"为话题写一篇文章。有考生写母亲的勤劳质朴，命题为"母亲手中的稻草绳"；有考生回忆故乡的美景，命题为"蔷薇·故乡"；还有考生写二战时期纳粹的罪行，命题为"当记忆流经奥斯维辛"等，这些作文题目都是直接点明写作对象，明确告诉了读者写作的内容。

二、有文学性。文学性是个很宽泛的概念，包括有文采、含蓄、优美等等。下面举几个例子稍作说明：

鲁迅先生的散文集《朝花夕拾》，原来拟的题目是"旧事重提"，两者一比较，就可看出"朝花夕拾"比"旧事重提"靓了很多，运用比喻的修辞，生动形象，有诗意。

陆文夫的散文《一滴何曾到九泉》，副标题是"悼一凡同志"。如果去掉正标题，题目也很明确，但减少了文学的意味；"一滴何曾到九泉"用古人诗句，内涵丰富，形式典雅，而且饱含感情。

杜忠书的散文《乡村一树寂寞红》，描写故乡柿子树在时代变迁中的繁荣与落寞。如果把题目改为"故乡的柿子树"，和文章内容也很吻合，但显得俗气；"乡村一树寂寞红"既生动形象，又暗含了主旨，耐人品味。

卢隐写给某朋友的一封信，命题为"愁情一缕付征鸿"；叶嘉莹怀念老师顾随先生的文章命名为"如烟如梦不分明"；余英时悼念老师钱穆先生的文章命名为"犹记风吹水上鳞"；2007年山东省一篇高考满分作文的题目"贝壳·划痕·记忆"，也都属于这一类。

三、有丰富的意蕴和深刻的内涵。如鲁迅先生的小说《祝福》，题目为"祝福"，内容却是写祥林嫂悲剧的人生，这里的"祝福"就具有了强烈的反讽与批判色彩；如果改成"祥林嫂的故事"，感情色彩就淡了，题目所包含的深刻的内涵也随之消失。再比如他的《药》，题目具有丰富的象征意义，读者可以从不同的角度去理解和演绎。

举一篇外国小说为例：

德军剩下的东西

战争结束了。他回到了从德军手里夺回来的故乡。他匆匆忙忙地在路灯昏黄的街上走着。一个女人捉住他的手，用吃醉了酒似的口气和他讲："到哪儿去？是不是上我那里？"

他笑笑，说："不。不上你那里——我找我曾经的恋人。"他回看了女人一下。他们两人走到路灯下。

女人突然嚷了起来："啊！"

他也不由抓住了女人的肩头，迎着灯光。他的手指嵌进了女人的肉里。他们的眼睛闪着光，他喊着："约安！"把女人抱起来了。

这是法国作家哈巴特·霍利的一篇小说。乍一读，觉得题目有些费解。小说描写一位军人从战场回来后与昔日恋人街头巧遇的一个小片段。题目"德军剩下的东西"是什么意思？什么是德军剩下的东西？再一读，明白了：昔日的恋人在战争中成了娼妓了。是自甘堕落，还是被迫落难？没有说。总之，是战争造成的灾难。这个题目使小说的主题更鲜明，对战争的控诉更强烈。

四、立论鲜明，感情丰沛。傅雷先生评论张爱玲的小说，题目为"才华最爱出卖人"。这题目真好，真抓眼球，有观点，有感情，有智慧，一下子就将读者的阅读欲望吊起来了。2013年山东省高考作文题是以"《咬文嚼字》给著名作家挑错"为话题，考生作文中也出现很多好题目，如"腹有雅量气自华""闻过则喜真君子""拿什么拯救你，我的方块字？"等等。

题目是文章的"眼睛"，眼睛是否清澈明亮，是否深情妩媚，是否散发出高雅优美的气质，会影响到读者的第一印象。好的题目能让读者一见钟情，迫不及待地去阅读。

㉒ 转轴拨弦三两声

——文章的开头

好的文章开头，应该像白居易诗中写的："转轴拨弦三两声，未成曲调先有情。"开头好，能激发读者阅读的欲望，所以，一般情况下，作者在开头部分会很用力。有时候看似平平常常，却隐含着作者的匠心和苦心。

汪曾祺先生讲述小说《徙》的创作体会时说：

我写《徙》，原来是这样开头的：世界上原来有过很多歌，都已经消失了。

出去散了一会步，改成了：很多歌消失了。

我牺牲了一些字，赢得的是文体的峻洁。[1]

不比较感觉不出来，作家本人一道破，还真是这么回事。改后的开头确实比原来峭拔了许多。汪曾祺先生的文章潇洒从容，真正如苏轼在《文说》中所言："吾文如万斛泉源，不择地而出，在平地滔滔汩汩，虽一日千里无难。……常行于所当行，常止于不可不止。"但这种潇洒从容的气质是经过长期修炼、苦心经营出来的。我们再举两个例子，品味他看似随意其实极富匠心的文章开头。

他的散文《昆明的雨》是这样开头的：

---

［1］汪曾祺. 晚翠文谈［M］. 浙江文艺出版社，1988：118.

宁坤要我给他画一张画，要有昆明的特点。我想了一些时候，画了一幅：右上角画了一片倒挂着的浓绿的仙人掌，末端开出一朵金黄色的花；右下画了几朵青头菌和牛肝菌。题了这样几行字：

"昆明人家常常于门头挂仙人掌一片以辟邪，仙人掌悬空倒挂，尚能存活开花。于此可见仙人掌生命之顽强，亦可见昆明雨季空气之湿润。雨季则有青头菌、牛肝菌，味极鲜腴。"

我想念昆明的雨。

文章写"昆明的雨"，开头的文字可谓离题万里；但你一琢磨，却笔笔都很扣题。不仅扣题，而且极富张力，有故事，有形象，有意境，有韵味，有情感。友人索画，还有条件，画"要有昆明的特点"。昆明的特点是什么？作者不说，却详细地说明画的内容："右上角画了一片倒挂着的浓绿的仙人掌，末端开出一朵金黄色的花；右下画了几朵青头菌和牛肝菌。"倒挂着的仙人掌不仅浓绿，而且开着花，这足以说明昆明的雨水之多。从文脉上说，下面可以写到雨了，但作者却又"啰里啰嗦"地写画上的题字。为什么呢？因为作者不仅要写昆明的雨水多，而且更主要的是要写青年时代在昆明求学时富有诗意的生活。"雨季则有青头菌、牛肝菌，味极鲜腴"这句话很重要，作者是要从这句话引出"我想念昆明的雨"。

再看他的散文《跑警报》，开头是这样写的：

西南联大有一位历史系的教授，——听说是雷海宗先生，他开的一门课因为教授多年，已经背得很熟，上课前无需准备；下课了，讲到哪里算哪里，他自己也不记得。每回上课，都要先问学生："我上次讲到哪里了？"然后就滔滔不绝地接着讲下去。班上有个女同学，笔记记得最详细，一句不落。雷先生有一次问她："我上一课最后说的是什么？"这位女同学打开笔记夹，看了看，说："您上次最后说'现在已经有空袭警报，我们下课。'"

这个故事说明昆明警报之多。……

这篇文章的开头和上篇有异曲同工之妙，也是在看似随意闲谈中隐含着作家的匠心。"跑警报",这不是一个轻松的话题,但作者下笔却是这样轻松而且幽默,紧张的情绪一下子消失了,读者可能会开心地笑出声来。更重要的是,作者看似在写跑警报,其实是在写人。教授的博学、风度、情怀和学生的认真、风趣全都表现出来了。

这是汪曾祺的艺术风格,也可以看成是一类文章开头的特点:从看似和内容无关的人和事入手,引出主体内容;或者描写一个场景(片段)引起对往事的回忆。概括起来说,可以称作"间接入题"。

有"间接入题",当然还应该有"直接入题"。这又有两种情况:

一种是"描写入题",通过描写直接进入作文内容的主体。如下面两篇高考作文:

母亲手中的稻草绳(山东考生)

就在昨晚我还伸手摸了摸枕下的稻草绳,胸中的热血流遍全身。

母亲啊,您可曾知您坐在门前编制稻草绳,那蓝布褂,那双敏捷而勤快的手将稻草一颤一颤地编成草绳——那幅画面伴随了我十几个春秋啊,母亲,那是永不褪色的记忆,伴我一年又一年……

时间使记忆开花(山东考生)

草长莺飞的季节,淙淙流水傍势而下,抚摸过我的脚丫。回头看看她,阳光把温柔慈祥倾泻在她折有皱纹的脸上,银色的白发在光下闪闪发亮,我飞奔过去,溅起一片浪花。她却微笑着摆手,离去。醒来,梦中的记忆和幻觉,让我禁不住泪如雨下。

这位离开的老人,是我的奶奶。……

还有一种是"抒情入题",作者开篇就置于感情的高潮,使下面的文字都浸泡在感情的潮水中,真正是"未成曲调先有情"。

如野夫的《江上的母亲》:

这是一篇萦怀于心而又一直不敢动笔的文章。是心中绷得太紧以至于怕轻轻一抚就霎然断裂的弦丝。却又恍若巨石在喉，耿耿于无数个不眠之夜，在黑暗中撕心裂肺，似乎只需默默一念，便足以砸碎我寄命尘世这一点点虚妄的满足。

又是江南飞霜的季节了，秋水生凉，寒气渐沉。整整十年了，身寄北国的我仍是不敢重回那一段冰冷的水域，不敢也不欲想象我投江失踪的母亲，至今仍暴尸于哪一片月光下……

真是一字一泪，字字揪心。开篇即为全文定下了感情基调，撕心裂肺，哀痛欲绝。这样，读者的心一下子就被卷入作者感情的波涛。

再如鲁迅先生的《二十四孝图》：

我总要上下四方寻求，得到一种最黑，最黑，最黑的咒文，先来诅咒一切反对白话，妨害白话者，即使人死了真有灵魂，因这最恶的心，应该堕入地狱，也将决不悔改，总要先来诅咒一切反对白话，妨害白话者。

还有他的小说《伤逝》：

如果我能够，我要写下我的悔恨和悲哀，为子君，为自己。

鲁迅先生的文章，无论叙事还是说理，笔下总是涌流着滂沛的感情，读者会不自觉地走进他精神的原野，倾听来自他心灵深处的呐喊，并随着他的呐喊而激动、沸腾，从而使自己的精神境界得到升华……

总之，文章的开头很重要，写得精彩，就会达到先声夺人的效果。虽然只是一两个段落，却隐含着作者的功力与匠心，甚至体现了作者的风格与才情。

㉓　如何构思故事

写好记叙文（叙事散文、小小说）有三个要素：人物、故事和细节。莫言在发表诺贝尔奖获奖感言的时候说自己是一个讲故事的人，他用很长的篇幅讲他母亲的故事，讲自己少年时代经历饥饿的故事。这些故事隐含着他文学创作的思想来源。

"故事"对于作家创作有着十分重要的意义。不会构思故事，很难成为优秀的小说家。

怎样构思故事呢？下面谈几种方法供参考。

一、先有一个人物和一些片段，然后围绕这个人物的思想、性格将这些片段抻长、扩展、补充、虚构，让人物在故事中不断地生动、鲜明、丰满，从而深刻地表现主旨。

譬如鲁迅先生的《药》，作者先有了秋瑾烈士这个人物和群众愚昧麻木的主旨，然后虚构出华、夏两家的故事。

《祝福》是先有一个生活悲惨的妇女形象和礼教吃人的主旨，然后虚构出祥林嫂的悲剧故事。

《阿Q正传》是先有一个生活在底层受尽屈辱的农民形象和精神胜利法的主旨，然后虚构出阿Q的一个个故事。

汪曾祺先生的《受戒》是先有一个熟悉的小和尚和一位勤劳善良的农家

女孩，然后虚构出纯洁美好的爱情故事。

据沈从文先生自己说，《边城》的构思过程是这样的：他少年时代认识的家乡绒线铺的一个女孩子，后来在青岛崂山看到的一个女孩子，再加上他新婚的妻子，三个女人的形象合在一起，形成了翠翠的形象；有了这个人物，然后构思发生在边城的故事。

总之，采用这种方法，就是先选择一个自己熟悉的人物，然后围绕要表现的主题记录、演绎这个人物的故事而连缀成篇。

二、先有一个小故事，然后从这个故事中生发人物，抻长故事，以深化小说的主题思想。

譬如莫言的《牛》，写的是一个发生在上世纪六十年代农村捶牛的小故事，在故事中写到队长假公济私吃牛蛋，写"我"去兽医站给牛治疗，牛死后公社干部分吃牛肉等情节。整篇小说反映特殊时期农村的贫困、落后和干部腐败。笔者读后的感觉是，作者早年在农村经历（或听说）过兽医捶牛、队长吃牛蛋的小故事，后面的情节都是从这个小故事生发虚构而成的。

鲁迅的《铸剑》是根据《搜神记》中"三王墓"的故事改编而成，小说中的人物和情节都是在原故事的基础上虚构出来的。从小说形成的过程看，可以说是先有了一个小故事，然后才虚构扩展成一篇情节曲折、主题深刻的小说。

三、从某一个东西（譬如一棵树、一朵花、一本书、一把伞、一个包裹等）引发灵感，以此为故事的关键（也可以成为"道具"）设计人物，构思故事，从而表现文章的主题。

如2016年北京高考题"神奇的书签"，可以围绕书签构思无数个故事：

书签可以是一片叶子，可以是一朵干花，可以是一根羽毛，可以是一枚邮票，可以是一张相片……无论是什么，都可围绕它构思一个感人的故事。

四、以某个地方（医院门口、校园角落、公园里、小桥边等）或某个时间（某个节日、黄昏时分等）为出发点，展开想象，设置人物，构思故事。

如2009年湖北高考优秀作文《站在车站门口》，作者选取一个特殊地点——车站，细致描写人们在车站的离别情景，表现普通百姓家庭中的挚爱和温暖。

鲁迅先生的小说《示众》，全篇没有复杂的情节，只描写了发生在"首善之区"西城一条马路上来来去去的过路人汇集一起看"示众"的场面。前后出场的人物不下十来个，充分展示了"看"与"被看"的关系，对看客的无聊、冷漠、麻木进行了辛辣的嘲讽。

五、也可以撷取一个片段，或定格一幅画面，或捕捉一个瞬间，通过层层铺垫、渲染，从而表达文章主题。如下面这篇小说：

在柏林

（美）奥莱尔

一列火车缓慢地驶出柏林，车厢里尽是妇女和孩子，几乎看不到一个健壮的男子。在一节车厢里，坐着一位头发灰白的战时后备役老兵，坐在他身旁的是个身体虚弱而多病的老妇人。显然她在独自沉思，旅客们听到她在数着"一，二，三"，声音盖过了车轮的"喀嚓喀嚓"声。停顿了一会儿，她又不时重复起来。两个小姑娘看到这种奇特的举动，指手画脚，不假思索地嗤笑起来。一个老头狠狠扫了她们一眼，随即车厢里平静了。

"一，二，三"，这个神志不清的老妇人又重复数着。两个小姑娘再次傻笑起来。这时那位灰白头发的战时后备役老兵挺了挺身板，开口了。

"小姐，"他说，"当我告诉你们这位可怜的夫人就是我的妻子时，你们大概不会再笑了。我们刚刚失去了三个儿子，他们是在战争中死去的。现在轮到我自己上前线了。在我走之前，我总得把他们的母亲送往疯人院啊。"

车厢里一片寂静，静得可怕。

这篇小说就是描写战时德国柏林火车上的一个小小的片段。一个神志不清的老妇人重复地数着"一、二、三"，两个小姑娘不断地嗤笑，最后说明这是一位刚刚在战争中失去了三个儿子的母亲。就这么简单，简直算不上什么故事，但是这个小小的片段却撞击读者的心灵。这个片段是战争的一角，是整个德国的缩影。没有战火硝烟，没有血泪，但读者受到的震撼是巨大的。

六、写记叙文要适当运用讲故事的技巧，如铺垫、误会、巧合、悬念、抑扬、照应等等。

例文（1）

两地书

唐训华

一

亲爱的弟弟：

你好！

此次来信，要请你原谅我的罪过：我对你撒了五年的谎。

这五年中，我时刻都在愧疚。每次写信都想向你吐露真情，但穷困的生活，你的瘫痪在床的嫂嫂，不得不使我一次次向你谎报家情，骗取你的孝心，我真不配当你的哥哥呀！

你每月都给父亲寄来十元赡养费，可是你知道吗？父亲早在五年前就去世了！

现在，由于你知道的原因，我们翻身了，你嫂嫂也得到了彻底治疗，该是对你们披露真情的时候了！

五年中，我用说谎的手段，以死人的名义，索取了你们省吃俭用的六百元血汗钱，现一并寄还给你们，谢谢你们的深情大恩。

你能原谅我吗？没见面的弟媳能原谅我吗？

即颂

近安！

兄上

84年1月1日

二

尊敬的兄长：

您好！

读了您的信，我很悲痛。公公早已去世，我做儿媳的未能尽一点孝心，真是愧对公公九泉之下的魂灵。

您是为生活所逼撒了谎，我完全能谅解。可是，您能原谅我的撒谎吗？为了使老人不致过度悲伤，为了让您一家人愉快地生活，我隐瞒了您弟弟在对越自卫反击战中牺牲的消息。

寄给你们的钱是您弟弟的抚恤金。现在我手头很宽裕，这六百元钱仍退还给您，请接受。

也请兄长原谅我的罪过。祝贺嫂嫂病体康复！

致

礼！

弟媳

84年1月7日

这是一个感人肺腑的故事，之所以感人，除了故事本身所含蕴的人性的质朴、善良、高贵之外，讲故事的形式也是重要因素。前一封信当然也是一个感人的故事，但又是对后一封信的铺垫。两个善意的谎言，用这样两封信的形式呈现，有铺垫，有悬念，有照应，但又不着痕迹，十分自然，技巧的运用真是"变化之妙，存乎一心"，令人叹绝。

例文（2）

好奇心

在那个不寻常的中午，在她坚定地迈出每一步时，阳光碎了。

很喜欢这样一句话，每个女孩都是天使。但当我第一次看到她时，我觉得她不是。

她是那个坐在教室角落里的女生，不美，而且她只有一条腿。也许正是因为这，我的好奇心才会像雨后的小草一样"嗖嗖"地长了出来。

那天的阳光好像格外刺眼，中午放学后我走得迟了点，刚好看见她挂着拐杖缓缓地走向楼梯。这时，我的好奇心告诉我：为什么不跟过去看看她怎么下楼梯呢？于是，我悄悄地跟了上去。

只见她挂着拐杖艰难地下楼。楼梯并不高，但对于她来说每一步都是一次挑战。她先将拐杖挂在下一级台阶上，再用腋下顶住拐杖，用力地将那条独腿挪到下一级台阶。我看到她的双手紧紧抓住拐杖，手上的青筋清楚可见。

这时，我的好奇心不但没有减退，反而更加强烈了。不知是谁将吃剩的香蕉皮随手扔在了楼梯上，大概是想恶作剧吧！不知道她会不会注意到，我屏住呼吸看着她艰难地一步一步走下去。近了，近了……

她要做什么？只见她一手抱着栏杆，一手将拐杖放下来，接着，她蹲下身……她，竟将香蕉皮捡了起来。我的好奇心仿佛一下子被击碎了。我觉得自己好像是一个恶魔，站在这个角落，阴险地看着这样一个天使走进危险。

阳光透过窗射进来，我仿佛一下子被照亮了。我不再好奇她会怎样走下楼梯，而是思考怎样去弥补我的好奇犯下的错误。

于是，我飞快地朝她走去。她正努力着站起来。也许是因为太累了，她怎样努力都没有用。这时，我伸出手想把她拉起来。她抬起头，用疑惑的眼神望着我。我轻轻地对她微笑，她便也微笑着将手递给我。于是，我就这样扶着她走下了楼梯。虽然，我们没有说一句话，但我却从她手心的温度中感受到了来自她内心深处的温暖。这温暖慢慢地将我融化，将我的好奇心融成了一颗有爱、有温暖的心。

走出教学楼，她微笑着对我说："谢谢。再见。"接着便向路边的垃圾桶走去。她小心翼翼地将香蕉皮扔进垃圾桶，然后又迈着坚定的步伐走出校门。耀眼的阳光洒在她瘦小的身上，我仿佛看到她变成了一个天使，只不过她是一个单翼的天使。她头顶上的隐形的光环温暖了我的心。

我站在大树下，将那颗好奇心小心翼翼地放进心中的角落，用她给我的充满爱的心温暖自己。

（2008年江苏省高考优秀作文）

这篇文章综合运用了几个构思技巧，有抑扬，有铺垫，有渲染，有误会，有照应，虽然略有斧凿之痕，但仍然表现出作者较高的构思和组织能力，不失为一篇优秀的考场作文。

（在此说明，文中谈到的一些作品的构思方式，只是本人的阅读感受，未必符合作者的写作实际，这里的举例不过是为了方便学生对不同构思方法的理解而已。）

24 写形写意写精神

——如何刻画人物

文学就是人学，表现人物是文学创作的第一要义，作家、学者对这个问题探讨与论述的文字读不胜读。我们在学习课文的时候，也欣赏过许多人物形象，接触了不少刻画人物形象的方法技巧。

那么，怎样才算成功塑造了一个人物形象呢？我想是否可以这样表述：这个人物给读者以鲜明、深刻的印象，对读者产生强烈的感染力，能引起读者或热爱或憎恨、或同情或鄙视等等感情，并激发其对人生和社会有更深入的思考。许多文学经典中的人物形象成了一类人的代名词，似乎从作品中走向了我们的生活，虚构的形象和真实的人物合成一体。看到多愁善感的女性，我们就叫她"林黛玉"；看到粗鲁莽撞的男人，我们就叫他"莽李逵"；遇到非常吝啬的人，我们就叫他"葛朗台"；遇到极端虚荣的人，我们就叫她"马蒂尔德"……

这些经典形象的塑造，固然是作家对社会与人生深刻认识和提炼的结晶，但也和他们出神入化地运用刻画人物的艺术手法密切相关。刻画人物的手法可谓林林总总，下面谈几种常见的。

一、画像传神

肖像描写是最常见的手法，但要想写得精妙传神绝非易事。工笔细描多为名家不取，一位优秀的作者，总是一下子抓住最能表现人物精神世界的部分，用凝练的笔墨勾勒、皴染，为这个人物"立此存照"。《历代名画记》上说，顾恺之画人物，数年不点睛，曰："传神写照，正在阿堵之中。"[1]我们常说"眼睛是心灵的窗户"，刻画人物眼睛，是作家们常用的塑造人物的手段。鲁迅先生在《祝福》中对祥林嫂的刻画已成为经典之笔，大家耳熟能详。我们看高尔泰《寻找家园》中的一段描写：

> 我环顾四周，都是冷冷的眼睛，段文杰那淡眉毛下的三角眼睛，周德雄那浓眉毛下深眼窝里鹰一般锐利的眼睛，霍熙亮那拥在肉里的小眼睛，史韦湘那白净面孔上眼圈微微发紫的大眼睛……也都似乎在幽幽地发光。

文革期间，斗争波诡云谲，相互揭发，人人自危。这里寥寥几笔，就勾勒出各怀鬼胎的众生相。我们读了，不仅对这些人产生憎恶，而且犹如掉进冰窖一般，周身发冷。几个人的眼睛，折射出一个时代的绝望与悲哀。

杨绛的《老王》选入苏教版高中教材，我们看文中一段对老王的描写：

> 有一天，我在家听到打门，开门看见老王直僵僵地镶嵌在门框里。往常他坐在蹬三轮的座上，或抱着冰伛着身子进我家来，不显得那么高。也许他平时不那么瘦，也不那么直僵僵的。他面色死灰，两只眼上都结着一层翳，分不清哪一只瞎，哪一只不瞎。说得可笑些，他简直像棺材里倒出来的，就像我想象里的僵尸，骷髅上绷着一层枯黄的干皮，打上一棍就会散成一堆白骨。

"直僵僵地镶嵌在门框里"——形体僵硬，毫无灵动之态；"面色死灰，两只眼上都结着一层翳，分不清哪一只瞎，哪一只不瞎"——比祥林嫂的"间或一轮，才知道她还是个活物"更甚，已经完全丧失了活人的精气神；"简直像棺材里倒出来的，就像我想象里的僵尸，骷髅上绷着一层枯黄的干皮，打上一棍就会散成一堆白骨"——从形体到精神都接近了死亡的边

---

[1] 张彦远.历代名画记[M].上海人民美术出版社，1964：98.

缘。真是字字千钧，笔笔传神。

二、突出细节

著名作家林斤澜说，"细节决定着作品的好坏、高低""作品的灵魂不在情节而在细节"。[1]细节描写在刻画人物方面有着出奇制胜的效果，有时候多少笔墨表述不清的思想、性格，一个细节就能生动形象地呈现出来。我们随便从《世说新语》中举个例子：

王蓝田性急。尝食鸡子，以箸刺之，不得，便大怒，举以掷地。鸡子于地圆转未止，仍下地以屐齿蹍之，又不得。瞋甚，复于地取内口中，啮破即吐之。

这段文字通过描写王蓝田吃鸡蛋的细节，将他急躁的性格表现得淋漓尽致。

我们再看沈从文《边城》中对翠翠的描写：

翠翠在风日里长养着，把皮肤变得黑黑的，触目为青山绿水，一对眸子清明如水晶。自然既长养她且教育她，为人天真活泼，处处俨然如一只小动物。人又那么乖，如山头黄麂一样，从不想到残忍事情，从不发愁，从不动气。平时在渡船上遇陌生人对她有所注意时，便把光光的眼睛瞅着那陌生人，作成随时皆可举步逃入深山的神气，但明白了人无机心后，就又从从容容地在水边玩耍了。

这段文字通过描写翠翠与陌生人相遇时的细节，将一个少女的天真、淳朴、善良、活泼表现得极其充分。

鲁迅《从百草园到三味书屋》描绘了一位方正、质朴而又有些迂腐的私塾先生的形象。他"高而瘦""须发都花白了""戴着大眼镜"，在读书入神时，"总是微笑起来，而且将头仰起，摇着，向后面拗过去，拗过去"。

---

[1]林斤澜.小说说小[M].春风文艺出版社，1985：160.

这些，都抓住了旧时代老学究的突出特征，表现了他独特的精神气质。

萧红的《回忆鲁迅先生》之所以在回忆鲁迅的文章中备受赞誉，就在于她生动地记录了鲁迅先生工作和生活中的许多细节。这些细节连在一起，就成了生动、丰满的人物塑像。我们看开头两段：

鲁迅先生的笑声是明朗的，是从心里的欢喜。若有人说了什么可笑的话，鲁迅先生笑得连烟卷都拿不住了，常常笑得咳嗽起来。

鲁迅先生走路很轻捷，尤其使人记得清楚的，是他刚抓起帽子来往头上一扣，同时左腿就伸出去了，仿佛不顾一切的走去。

第一段写鲁迅先生明朗的笑声，表现出他心灵的纯净、性格的淳朴和他光辉人格中散发的无限善意；第二段写鲁迅先生的干练，并在干练中透出他勇猛精进的精神气质。在读者的眼里，鲁迅有着广阔的胸襟、超人的智慧、冷峻的思想和锋利的文笔。萧红的文字则表现了鲁迅的另一面，这些细节使他的形象变得丰满了。

舒芜在《红楼说梦》中说："一个典型人物的形象，总是由许多细节和情节塑造起来的，而其中往往有一个细节或情节，最集中地表现出人物性格的最突出的特征，给读者和观众以最突出的印象。一提到诸葛亮，就想到他借东风。一提到武松，就想到他打虎。一提到马二先生，就想到他游西湖。一提到孙悟空，就想到他大闹天宫。一提到杜丽娘，就想到'游园'。一提到崔莺莺，就想到'待月'……《红楼梦》更是这样：宝钗的扑蝶，湘云的眠石，鸳鸯的剪发，晴雯的倾箱，惜春的作画，尤三姐自刎，探春打王善保家的，迎春看《太上感应篇》……"

三、烘云托月

刻画人物，正面描写有一定的局限性，有时过分追求形象的具体，反倒失去感染的力量；间接描写虽然没有"具象"，却通过侧面烘托，达到"具象"达不到的效果。如汉乐府《陌上桑》中的句子：

行者见罗敷，下担捋髭须。

少年见罗敷，脱帽著帩头。

耕者忘其犁，锄者忘其锄。

来归相怨怒，但坐观罗敷。

诗中通过"行者""少年""老者""耕者""锄者"的行为，衬托罗敷的美丽动人。汪曾祺先生在小说《大淖记事》中用了同样的方法：

巧云十五岁，长成了一朵花。身材、脸盘都像妈。瓜子脸，一边有个很深的酒窝。眉毛黑如鸦翅，长入鬓角。眼角有点吊，是一双凤眼。睫毛很长，因此显得眼睛经常是眯缝着；忽然回头，睁得大大的，带点吃惊而专注的神情，好像听到远处有人叫她似的。她在门外的两棵树杈之间结网，在淖边平地上织席，就有一些少年人装着有事的样子来来去去。她上街买东西，甭管是买肉、买菜，打油、打酒，撕布、量头绳，买梳头油、雪花膏，买石碱、浆块，同样的钱，她买回来，分量都比别人多，东西都比别人的好。这个奥秘早被大娘、大婶们发现，她们都托她买东西。只要巧云一上街，都挎了好几个竹篮，回来时压得两个胳臂酸疼酸疼。泰山庙唱戏，人家都自己扛了板凳去。巧云散着手就去了。一去了，总有人给她找一个得看的好座。台上的戏唱得正热闹，但是没有多少人叫好。因为好些人不是在看戏，是看她。

文章通过巧云在门外结网、上街买东西和泰山庙看戏时其他人的表现，烘托她的漂亮动人，给人无限的想象。

四、对比描写

对比有很多角度、很多层面。可以是同一个人在不同时期、不同场景中的不同表现，如鲁迅小说《故乡》中的闰土，少年和中年的形象就构成强烈的对比。也可以是同一个人对待不同人、不同事物时的不同表现，如契诃夫小说《变色龙》中的奥楚蔑洛夫，对待将军和对待平民的态度构成强烈的对比。还可以是不同人对待同一人、同一事物时的不同表现，如《红楼梦》第七十四回"惑奸谗抄检大观园"中，面对凤姐和王善保家的抄检，大观园的小姐、丫头表现各异，每一种表现都体现出人物的思想性格，如晴雯的性情刚烈、探春的正气凛然、惜春的胆小怕事、司棋的坚强不屈等等，每个人的性格都得到充分的表现，给读者留下鲜明的印象。

　　总之，刻画人物的目的不是简单地为一个人画像，是为了揭示"这一个"人物的精神世界。作者无论用何种方法去表现，最终的目的指向是一致的。一个成功的文学形象，久而久之就会抽象为一类人的代名词，成为一个符号、一个概念。

㉕ 我命作文题

[题目设计与要求]

以"我学会了尊重人"为题，写一篇不少于800字的记叙文。

[构思纲要]

先谈审题。"我学会了尊重人"是一个简单的主谓句。"学会了"隐含着记叙的故事，"尊重人"体现了表达的中心。"学会了"就意味着先前不会，从不会到会，中间必须有个过程。这样，就可以把题目扩展为"我通过……学会了尊重人"，把句子中所隐含的内容补充出来，题意就明确了。

再谈构思。题目中省略的应该是自己亲自经历并促使自己思想转变的一件事。那么，写这篇文章的基本思路应该是这样的：

先前我不懂得尊重人→我伤害了别人的自尊心→但我却得到了别人（最好是我曾经伤害过的人）的尊重→我从此学会了尊重人。

[题目设计说明]

① 实施素质教育，把作文和做人结合起来，引导学生认识自我，完善自我。

② 从1998年高考作文题来看，作文题目应着眼于学生的生活实际，让学生有事可叙，有情可抒，有感可发。

[例文]

我学会了尊重人

菏泽一中　管方圆

那是小学时候的事了。

那时候我七八岁，正处于不懂事的年纪，总是任着自己的性子说笑吵闹，冒失而又蛮横。

5月的一天，班里插进了一个男孩子，看起来瘦小羸弱，更好笑的是他那颗嵌着两只大眼睛的脑袋，竟然光秃秃的没长一根头发！他提一个笨重的书包走进教室，我就那么不可遏制地笑了起来，而且那么响亮。全班同学也哄地笑了，那可怜的男孩子被淹没在嗤笑的潮水里，垂头坐在位上没一声言语。许久，我看见一颗晶亮的泪珠坠落。我有些不安了。班里很静。

但没过几天，时间就将我们这些"闹将"一时的愧怍冲刷殆尽。我们见了那男孩子总是响亮地喊一声"小秃子"，然后飞快地跑开去。起初他还总是白了脸怔怔地看我们笑，后来干脆见了我们就早早躲起来。而我们竟从自己的行为里感到了快意，更放肆地喊着"小秃子"，并想象着那男孩苍白的脸色。

在我拿别人的痛苦肆意玩笑时，厄运却降临到我的头上了。

我崴了脚，只好一跛一跛地去上学，心里充满了懊丧。还没进校门，正碰上"小秃子"迎面走来。我吓坏了，像只羔羊等着"小秃子"用复仇的眼光和嘲笑的话语将我宰割。他果然没有躲开我，径直向我走来。但他只是看了我一眼，眼里有怨艾也有同情，我的心被震撼了。我迷迷糊糊往前走，直到被一阵哄笑打断了我纷乱的思绪。我很快意识到那笑声是冲着我来的。我明白他们一定认为我走路时一瘸一拐的样子很滑稽。我的心里满是委屈和羞辱。我愤怒地瞪着他们，继续往教室里走，却忘了前面的讲台，啪的一声，我被绊倒在地，笑声却更响亮了。我的心被屈辱撕成了碎片，我真恨……突然一条细弱的手臂伸向了我，是"小秃子"！他正涨红了脸用尽力气向他们吼着："你们笑什么，谁没有尊严！"

尊严？这个词对当时的我来说还是陌生的，但他却好像早已熟稔。今天，我才真正明白了尊严的含义。谁没有尊严？我想起"小秃子"含泪的眼睛和他那苍白的脸色，我意识到自己曾多么残忍地撕碎了他那一颗用自尊层层包裹着的心。而他收拾起被践踏成碎片的心灵，反过来维护我的尊严，一颗多么敏感自尊而又高尚的心！

我再也不喊他"小秃子"，我再也没有恶意讥讽过别人的不足与缺陷。是那个曾被我喊作"小秃子"的男孩教我在心里为每个人竖起一座晶莹高洁的尊严的丰碑，我不敢轻碰，因为每个人的尊严都像玻璃做的，稍碰即碎。

我学会了尊重人。

（《中学生阅读》1999年10期）

26 古画画意不画形
——谈景物描写

　　一个作家，不仅能够深刻地体验人生、认识社会，而且常常对自然抱有浓厚的兴趣，有着精细的观察和独特的感受。精细的观察和独特的感受，两者相互支撑、相辅相成：精细的观察是手段，表达感受是目的。景物描写也和刻画人物一样，不是为了"画像"，而是为了"传神"，就像欧阳修所说的"古画画意不画形"[1]。精彩的景物描写，一定是表现出了景物的神韵与内涵，并通过这景物的神韵与内涵隐隐透露出作者的思想与情怀。

　　我们看朱自清笔下的春天：

　　一切都像刚睡醒的样子，欣欣然张开了眼。山朗润起来了，水涨起来了，太阳的脸红起来了。

　　小草偷偷地从土里钻出来，嫩嫩的，绿绿的。园子里，田野里，瞧去，一大片一大片满是的。坐着，躺着，打两个滚，踢几脚球，赛几趟跑，捉几回迷藏。风轻悄悄的，草软绵绵的。

　　桃树、杏树、梨树，你不让我，我不让你，都开满了花赶趟儿。红的像火，粉的像霞，白的像雪。花里带着甜味儿；闭了眼，树上仿佛已经满是桃儿、杏儿、梨儿。花下成千成百的蜜蜂嗡嗡地闹着，大小的蝴蝶飞来飞去。

---

　　[1]欧阳修.盘车图［M］.//欧阳修.欧阳修选集.上海古籍出版社，1986：163.

野花遍地是：杂样儿，有名字的，没名字的，散在草丛里，像眼睛，像星星，还眨呀眨的。

——《春》

我们读这段文字，最大的感受是什么？是生机，是春天蓬蓬勃勃的生命的气息。"一切都像刚睡醒的样子""太阳的脸红起来了""小草偷偷地从土里钻出来""桃树、杏树、梨树，你不让我，我不让你，都开满了花赶趟儿"……这些文字既写出了景物的状态，更写出了作者的感受。读着这样的文字，我们看到的不仅是春天的蓬勃生机，而且会感到作者心率的跳动。朱自清先生写这些文字的时候，心境是明朗的。

郁达夫这样表现北平的秋天：

在北平即使不出门去罢，就是在皇城人海之中，租人家一椽破屋来住着，早晨起来，泡一碗浓茶，向院子一坐，你也能看得到很高很高的碧绿的天色，听得到青天下驯鸽的飞声。从槐树叶底，朝东细数着一丝一丝漏下来的日光，或在破壁腰中，静对着像喇叭似的牵牛花（朝荣）的蓝朵，自然而然地也能够感觉到十分的秋意。说到了牵牛花，我以为以蓝色或白色者为佳，紫黑色次之，淡红色最下。最好，还要在牵牛花底，教长着几根疏疏落落的尖细且长的秋草，使作陪衬。

北国的槐树，也是一种能使人联想起秋来的点缀。像花而又不是花的那一种落蕊，早晨起来，会铺得满地。脚踏上去，声音也没有，气味也没有，只能感出一点点极微细极柔软的触觉。扫街的在树影下一阵扫后，灰土上留下来的一条条扫帚的丝纹，看起来既觉得细腻，又觉得清闲，潜意识下并且还觉得有点儿落寞，古人所说的梧桐一叶而天下知秋的遥想，大约也就在这些深沉的地方。

——《故都的秋》

作者写这些文字想表达什么？想表达故都的秋意。故都的秋意是什么？是清、静、悲凉。"一椽破屋""一杯浓茶"，看"很高很高碧绿的天色"，听"青天下驯鸽的飞声"，清静不清静？从树叶底下细数"一丝一丝漏下来的日光"，在破壁腰中静对"牵牛花的蓝朵"，清静不清静？槐树的落蕊铺得满地，"脚踏上去，声音也没有，气味也没有，只能感出一点点极微细极柔软的触觉"，清静不清静？在如此的环境下，你是否感到一丝一丝的悲凉？写"清"、写"静"，归根结蒂是要传达出内心的一丝一丝的"悲凉"。作者虽然是写景，但笔笔都是写意，字字都是传情。这"故都的秋天"是郁达夫一个人的；这个秋天的气质，就是郁达夫的气质。

我们再看鲁迅先生笔下的雪：

但是，朔方的雪花在纷飞之后，却永远如粉，如沙，他们决不粘连，撒在屋上，地上，枯草上，就是这样。屋上的雪是早已就有消化了的，因为屋里居人的火的温热。别的，在晴天之下，旋风忽来，便蓬勃地奋飞，在日光中灿灿地生光，如包藏火焰的大雾，旋转而且升腾，弥漫太空，使太空旋转而且升腾地闪烁。

在无边的旷野上，在凛冽的天宇下，闪闪地旋转升腾着的是雨的精魂……

是的，那是孤独的雪，是死掉的雨，是雨的精魂。

——《雪》

这是写景还是写人？我们从这段文字中读到的是什么？是单纯的雪景吗？不是，我们读到的是作者激昂的感情、高蹈的灵魂和光风霁月的人格……

散文家鲁彦这样描写大海：

海在我们的脚下沉吟着，诗人一般。那声音像是朦胧的月光和玫瑰花间的晨雾那样的温柔，像是情人的蜜语那样的甜美。低低地，轻轻地，像微风拂过琴弦，像落花飘到水上。

海睡熟了。

大小的岛屿拥抱着，偎依着，也静静地朦胧地入了睡乡。

…… ……

不晓得过了多少时候，远处一个寺院的钟声突然惊醒了海的沉睡。它现在激起了海水的兴奋，渐渐向我们脚下的岩石推了过来，发出哺哺的声音，仿佛谁在海里吐着气。海面的银光跟着翻动起来，银龙似的。接着我们脚下的岩石里就像铃子、铙钹、钟鼓在响着，愈响愈大了。

没有风。海自己醒了，动着。它转侧着，打着哈欠，伸着腰和脚，抹着眼睛。因为岛屿挡住了它的转动。它在用脚踢着，用手拍着，用牙咬着。它一刻比一刻兴奋，一刻比一刻用力。岩石渐渐起了战栗，发出抵抗的叫声，打碎了海的鳞片。

海受了创伤，愤怒了。

它叫吼着，猛烈地往岸边袭击了过来，冲进了岩石的每一个罅隙里，扰乱岩石的后方，接着又来了止面的攻击，刺打着岩石的壁垒。

声音越来越大了。战鼓声，金锣声，枪炮声，呐喊声，叫号声，哭泣声，马蹄声，车轮声，飞机的机翼声，火车的汽笛声，都掺杂在一起，千军万马混战了起来。

——《听潮的故事》

上中学的时候读这段文字，惊讶于作者何以能把大海描写得如此惊心动魄，后来明白了，作者不是为大海绘"形"，而是为大海画"魂"；或者说作者不是在写大海，而是在写人，写人的胸怀和精神。看起来作者是在描写海潮，实际上是在展示自己心灵的波涛……

我们再看苏雪林笔下的小溪：

几番秋雨之后，溪水长了几篙；早凋的梧楸，飞尽了翠叶；黄金色的晓霞，从权枒树隙里，泻入溪中；泼靛的波面，便泛出彩虹似的光。

现在，水恢复从前的活泼和快乐了。她一面疾忙地向前走着，一面还要和沿途遇见的落叶、枯枝……淘气。

一张小小的红叶儿，听了狡猾的西风劝告，私下离开母枝出去玩耍，走到半路上，风偷偷地溜走了，他便一跤跌在溪水里。

水是怎样的开心啊，她将那可怜的失路的小红叶儿，推推挤挤地，直推到一个漩涡里，使他滴滴溜溜地打着旋转。那叶儿向前不得，向后不能，急得几乎哭出来。水笑嘻嘻地将手一松，他才一溜烟地逃走了。

水是这样欢喜捉弄人的，但流到坝塘边，她自己的磨难也来了。你记得么，坝下边不是有许多大石头，阻住水的去路？

水初流到石边时，还是不经意地涎着脸撒娇撒痴地要求石头放行，但石头却像没有耳朵似的，板着冷静的面孔，一点儿不理。于是水开始娇嗔起来了，她拼命向石头冲突过去，意欲夺路而过。冲突激烈时，她的浅碧的衣裳袒开了，露出雪白的胸臂，肺叶收放，呼吸极其急促，发出怒吼的声音来，缕缕银丝头发，四散飞起。劈劈啪啪，温柔的巴掌，尽打在石头的颊边，她这回不再与石头闹着玩，却真的恼怒了。谁说石头是始终顽固的呢？巴掌来得狠了，也不得不低头躲避，于是水得以安然渡过难关了。

水虽然得胜了，然而弄得异常疲倦，曳了浅碧的衣裳去时，我们还听见她断续的喘息声。

——《溪水》

作者写小溪，她写了小溪的什么？写了水，还写了一片落叶。但是，我们感觉到的是什么？是水和落叶吗？是，又不仅仅是。顾随先生在《诗词散论》中说，写景"不是为了写景而写景""景必须为情服务""形象化了的景物必须反回头来形象化作品的内容思想"。[1]这里的水和落叶就是作者思想感情的形象化。在阅读的时候，我们感觉到的不仅是水和落叶，而且是多情而又调皮的少女，是娇俏的身姿，是清纯的感情，是一见钟情的爱情故事，我们甚至听到了他们喁喁的私语、看到了他们嬉戏的身姿，我们也似乎

---

[1] 顾随. 总论之部 [M] //顾随. 顾随全集：著述卷. 河北教育出版社，2001：169.

窥见了沉浸在新婚幸福中的作者写下这些文字时的甜蜜的微笑……

"古画画意不画形。"画出景物之"意"绝非易事。高尔基在回忆托尔斯泰时说："托尔斯泰独自一人观看大自然的时候，好像是用一百只眼睛在观看，好像是一位伟大的巫师，和自然之间有一种神秘的联系。大自然只是一滴一滴地渗进我们的心里，却像河流一样灌进他的内心，激发起来各种感情，带着巨大的力量，形成他的恢宏的才情。"[1]其实，对自然的观察，仅仅用眼睛是不够的，重要的是用心灵去感受，只有建立起心灵和自然之间的"神秘的联系"，才能通过对自然的描写，展示自己丰富的心灵。

---

[1] 林斤澜.小说说小［M］.春风文艺出版社，1984：47.

27 于细微处见精神
——如何描写细节

　　故事要让读者信以为真，除叙述清楚之外，还需描写真切，给人一种身临其境的"在场感"。情节曲折固然能引人入胜，但打动读者心灵，靠的却是细节。林斤澜先生在《短篇小说漫谈》中说："我看情节可以编，瞎编一点也不要紧。……一般地说，细节是不可以编的。真正你那小说成艺术品了，不在编的情节上，而在细节上。细节决定着作品的好坏、高低。"[1]他在另一篇文章《漫谈小说创作》中说："作品的灵魂不在情节而在细节。"[2]无细节，故事将变得温吞，甚至在读者心中留不下多少印象。优秀的文学作品，常常因为某一个独特而极具个性的细节，令读者过目不忘。

　　小细节可以表现大思想。有时候，一个细节足以表现一个人的情操、胸襟，表现出一个人的人格。俞宁在《启大爷》中记述了唐长孺先生的一件小事：

　　唐长孺先生到小乘巷来大概是1973年的事，因为连阴雨使得启功先生的东山墙变形，行将圮坏。当时启功先生被借调到中华书局标点《清史稿》，而唐长孺先生好像是标点"二十四史"的总协调人，因此算得上是一级领导吧。启功先生为屋坏写了一首自嘲的诗："东墙受雨朝西鼓，我床正在墙

---

[1] 林斤澜. 小说说小 [M]. 春风文艺出版社，1984：160.
[2] 林斤澜. 小说说小 [M]. 春风文艺出版社，1984：226.

之肚。坦腹多年学右军，而今将作王夷甫。"（凭记忆，难免有错，但大意如此。）拿给中华的同事们传阅，作为笑谈之资。没想到唐先生知道了，先是写了封信慰问，我依稀记得信里还有一首七律，后来还特地来登门探望。唐先生来时，我们已经把床挪到了西墙根，尽量远离危险之地。我把椅子放在紧靠床的地方，也是尽量避开危险的意思。而唐先生却把椅子挪到东墙附近，然后正襟危坐，轻言细语，大有晋人挥麈清谈的风度。我先倒茶，然后垂手而立，一边听着两位长者说话，一边心里打鼓：万一客人真成了王衍，我可怎么交代呢！幸而不久送客，照例是启功先生送到院门，我送出小乘巷西口，指给客人看，顺南草厂往北，出口就是西直门内大街。那里有27路公交车和5、7、11路无轨电车，以方便客人回家。送客回来，我问启功先生客人为何一定要靠着危墙坐。启功先生说，唐先生虽然是标点旧史的协调人，但并无很大的行政权力，因此不能给同事解决实际困难，心中无奈，所以亲自来看望并故意坐在危墙之下，以表达与朋友共患难的意愿。这样一解释，唐先生在我心中立刻高大起来，他坐在那里的音容笑貌我再也忘不了。后来我读《世说新语·德行》里面陈仲举说："为士则行为世范。"脑海中马上就浮现出唐先生斯斯文文的大丈夫气势。[1]

文章表现唐长孺先生高尚的人格，就是通过他有意坐在危墙之下的一个细节，而这个细节让作者终生难忘，并成为自己人生成长中的精神营养。这是细节的力量。

细节描写不能面面俱到，要选择最能表现人物思想性格或精神内涵的动作、神情、语言等着力刻画，达到言有尽而意无穷的效果。苏辙在《诗病五事》中说："如白乐天诗词甚工，然拙于纪事，寸步不遗，犹恐失之，此所以望老杜之藩垣而不及也。"

下面分别说明几种描写方法。

---

[1] 俞宁. 启大爷——一个海外学人对父辈角色的怀念 [J]. 文史知识，2016，94（10）：45~46.

一、描写动作

流沙河有一首小诗：

不

她来向他告别，

低下羞红的脸，

脚在雪地上画来画去。

"我们还是分手的好。"

她说，同时，

用脚画着……

"你最好把我忘掉吧！"

她说，同时，

用脚画着……

假如这是真心话，

为什么他却看见，

雪地上画了两个"不"字？

"脚在雪地上画来画去""用脚画着……""雪地上画了两个'不'字"，这几个细节把女孩子真实的心理表现得极其生动，既简约又丰富。一个动作，胜过多少字的心理描写，真正达到了"以少少许胜多多许"的效果。

归有光是细节描写的名家高手，历来备受推崇。我们看他的《项脊轩志》中的一段文字：

余自束发，读书轩中，一日，大母过余曰："吾儿，久不见若影，何竟日默默在此，大类女郎也？"比去，以手阖门，自语曰："吾家读书久不效，儿之成，则可待乎！"顷之，持一象笏至，曰："此吾祖太常公宣德间执此以朝，他日汝当用之！"瞻顾遗迹，如在昨日，令人长号不自禁。

"比去，以手阖门"，疼爱之情溢于言表；"顷之，持一象笏至"，祖母之殷切期望，乃至几代人的梦想，都浓缩在这几个字中。写至此，作者内心之波涛必定是汹涌澎湃，故而"长号不自禁"。

清代彭绩写的《息庵翁传》：

……翁嗜书，人有好书，辄借。饰小斋独居，几上一炉香，一瓶水，晨莫钞书。然翁心雄，耻不得及时有为，秋风起则惊，扑笔起立，徘徊焉。复钞书，竟老于家。

雍正四年卒，葬黄山。生一男三女。翁子孙贫薄，坟坏树稀，拜扫缺；而翁钞集之书具存。

文章在简短的篇幅中突出抄书这一细节，写祖父"晨莫钞书""扑笔起立，徘徊焉。复钞书"，祖父去世后"而翁钞集之书具存"。通过这一细节，一个执着读书而又落魄潦倒的寒士形象立在了我们面前。一个动作写出了他人生的孤傲与悲苦，甚至写出了一个家族的痛楚与期待。文字中有骄傲，也有悲酸；有惨淡，也有宽慰。真可谓笔力千钧。

2014年山东省高中语文学业水平考试，题目要求以"美的瞬间"为话题写一篇不少于700字的文章。下面是一篇优秀作文。

老宅情深花正开

长夏悠悠，城中酷暑逼人，我和妹妹同时放假回来，都觉得家里闷热难耐。父亲便咬牙停了生意，带着一家人到乡下老宅住几天。

老宅这几年刚刚整修过，父亲应母亲的要求，让人修了回廊和花园。

那一日，我自外戏水而归，就搬了一张凉椅置于花架下，从井中取出早早冰镇上的瓜果。夏日午后的微风穿过廊下的水缸，杂了几丝莲香；又掠过不远处的荷塘，夹了些许水意。母亲就坐在廊下，侍弄着她的花花草草，合上眼又睁开，墙角的栀子花好像又开了一朵。慵懒的气息便悄悄地氤氲、弥漫。

　　阳光穿过花架在地上投下斑驳的影子，我迷迷糊糊地斜躺在椅子上。忽然中庭的门开了，声音细微，像是怕惊飞了梁上的燕侣。父亲略带疲惫地走了进来。我才要出声喊"爸爸"，母亲却已从廊下站起，走到父亲面前。

　　母亲右手拿着一块帕子，轻轻地为父亲拭着额上的汗水。她纤细而并不白皙的手轻轻移动着，仿佛艺术家在摩挲自己最珍视的作品，温柔而细致。母亲的嘴里好像噙着一抹笑意，随意挽起的长发在阳光下漾着柔光；平常看起来并不特别的水蓝长裙，这一刻竟浮动出江南的气息。父亲便一动不动地站着，只是注视着面前相伴数十载的娇小女子，那专注的目光好似要把她裹成最美的琥珀。微风吹来，一缕发丝滑落在母亲耳边；父亲抬起手臂，为她把发丝别回耳后。母亲什么也未说，我却分明看到，母亲的双颊如染了淡淡的桃花妆。

　　我静默无言。

　　我们所处的时代庞大而粗糙，但我们总可以在时光的缝隙中找到细小的感动：风中蔷薇花的甜香，月光下白杨树的影子，地板上流淌着的《月光曲》，日光下的小雏菊，华枝春色满，天心月正圆……

　　或许是夏日午后遇见的一瞬情深。

　　这篇作文，浓墨重彩刻画了母亲为父亲拭汗的一个细节："母亲右手拿着一块帕子，轻轻地为父亲拭着额上的汗水。她纤细而并不白皙的手轻轻移动着，仿佛艺术家在摩挲自己最珍视的作品，温柔而细致。"这个细节将父母之间深厚的感情表现得充分而又深刻，形成了全文感情的高潮，给读者留下难忘的印象。记得钱锺书先生说过这样的话，古人写诗，常常是先想到了一句妙语，然后再凑上几句敷衍成篇，这就是很多诗整体水平一般而个别句子却成为名句的原因。按照这个思路，我们也可以说，一两个精彩的细节，就可能成就一篇文章。

二、描写神情

我们看冰心《寄小读者》中的两段文字：

"你最怕我凝神，我至今不知是什么缘故。每逢我凝望窗外，或是稍微的呆了一呆，你就过来呼唤我，摇撼我，说：'妈妈，你的眼睛怎么不动了？'我有时喜欢你来抱住我，便故意的凝神不动。"

"然而你自己却也喜凝神。天天吃着饭，呆呆的望着壁上的字画，桌上的钟和花瓶，一碗饭数米粒似的，吃了好几点钟。我急了，便把一切都挪移开。"

文中通过对母女两人"凝神"的细节描写，表现浓浓的母爱。母女情深，心灵感应，这个小小的细节已经刻骨铭心，永远定格在作者记忆的深处。

再譬如归有光的《寒花葬志》：

婢，魏孺人媵也。嘉靖丁酉五月四日死，葬虚丘。事我而不卒，命也夫！

婢初媵时，年十岁，垂双鬟，曳深绿布裳。一日，天寒，爇火煮荸荠熟，婢削之盈瓯。余入自外，取食之；婢持去，不与。魏孺人笑之。孺人每令婢倚几旁饭，即饭，目眶冉冉动。孺人又指予以为笑。

回思是时，奄忽便已十年。吁，可悲也已！

"孺人每令婢倚几旁饭，即饭，目眶冉冉动"是大家常举的例子。这个细节把一个少女的淳朴、天真表现得淋漓尽致，人物形象呼之欲出。联系开头的"事我而不卒"和结尾的"奄忽便已十年"，更让人悲痛哀伤。

三、描写对话

如孙犁散文《婚俗》的结尾：

他先种麻山药，一截一截地摆好，上过草粪，然后摆平，种得还仔细。后来天黑了，他把几个纸包里的菜子抖在一个畦里。我说：

"那净是什么菜？"

"菠菜，茴香，小葱，什么也有。"

"你怎么种在一起？"

"没关系。什么先出来，就先吃什么。"

金铭同志，是多么需要学习呀！

金铭的两句话不是一般的对话描写，而是生动地表现出他的性格：凡事马马虎虎，敷衍了事。我们经常说"一滴水可以反映太阳的光辉"，的确如此，选择好的细节，一两句话即可以写出一个人的思想性格。

另外，景物描写也要关注细节，抓住最能表现景物特点的细节，则笔墨减省而神韵俱足。我们看冰心《春水》中的诗句：

38

秋深了！

树叶儿穿上红衣了！

65

只是一颗孤星罢了！

在无边的黑暗里

已写尽了宇宙的寂寞。

第一首用"树叶儿穿上红衣了"表现深秋，第二首用"一颗孤星"表现"宇宙的寂寞"，都是抓住了事物最显著的特点。

我们再看萧红怎样表现寒冷：

严寒把大地冻裂了。

年老的人，一进屋用扫帚扫着胡子上的冰溜，一面说：

"今天好冷啊！地冻裂了。"

赶车的车夫，顶着三星，绕着大鞭子走了六七十里，天刚一蒙亮，进了大车店，第一句话就向客栈掌柜的说：

"好厉害的天啊！小刀子一样。"

等进了栈房，摘下狗皮帽子来，抽一袋烟之后，伸手去拿热馒头的时候，那伸出来的手在手背上有无数的裂口。

人的手被冻裂了。

卖豆腐的人清早起来沿着人家去叫卖，偶一不慎，就把盛豆腐的方木盘贴在地上拿不起来了，被冻在地上了。

……

小狗冻得夜夜的叫唤，哽哽的，好像它的脚爪被火烧着一样。

天再冷下去：

水缸被冻裂了；

井被冻住了；

大风雪的夜里，竟会把人家的房子封住，睡了一夜，早晨起来，一推门，竟推不开门了。

——《呼兰河传》

描写呼兰河这地方的寒冷，句句都是鲜明的细节。老人用扫帚扫胡子上的冰溜，车夫伸出来的手背上有无数的裂口，豆腐盘被冻在地上，小狗夜夜的叫唤……这些细节使寒冷具象化，又鲜明又生动，给读者的印象是深刻的。

汪曾祺先生说："细节，或者也可叫做闲文。然而传神阿堵，正在这些闲中着色之处。善写闲文，斯为作手。"[1] 想写好记叙文，必须重视细节。

---

[1] 汪曾祺. 晚翠文谈 [M]. 浙江文艺出版社，1988：268.

28 举例要贴近生活

例证法是学生作文使用率最高的论证方法，甚至对不少同学来说是唯一的论证方法，除此之外，不会论证。

运用例证法容易犯两种毛病：一是例子陈旧，几个名人成了万能道具，用过来用过去，老是这一套，本来很典型的例子慢慢成了套话空话，成了毫无生命气息的文化符号，久而久之令读者心生厌倦；二是牵强附会，生拉硬扯，记住几个名人的事迹，多元运用，无论什么论点，换一个叙述的角度套上去，再写上几句分析的话将例子和论点粘在一起，其实毫无论证的力量。

最好的解决方法是举例贴近时代，贴近生活。现实生活丰富多彩，是作文素材的源头活水。选取现实生活中的例子，文章接地气，既有说服力，又有感染力。

譬如鲁迅先生的《流产与断种》：

我独不解中国人何以于旧状况那么心平气和，于较新的机运就这么疾首蹙额；于已成之局那么委曲求全，于初兴之事就这么求全责备？

……孩子初学步的第一步，在成人看来，的确是幼稚，危险，不成样子，或者简直是可笑的。但无论怎样的愚妇人，却总以恳切的希望的心，看他跨出这第一步去，决不会因为他的走法幼稚，怕要阻碍阔人的路线而"逼死"他；也决不至于将他禁在床上，使他躺着研究到能够飞跑时再下地。因为她知道，假如这么办，即使长到一百岁也还是不会走路的。

这篇文章的论点是"批评守旧，鼓励创新"。作者以孩子初学走路为例，将道理讲得简单明了，比举出牛顿、爱迪生等一大串名人好多了。

下面是2014年北京某考生的高考作文中的一段文字：

老规矩：在怀旧中传承

"老规矩"，不仅散发着一种传统生活方式的气息，它更向我们传递着"认真做人、踏实做事"的处世态度。以"老规矩"为准星的江家人，坚持只做良心秤，不赚昧心钱。在对老规矩的传承里，我们窥见的是中华民族忠厚淳朴的家风，是物欲横流中不易初心、坚守原则的风骨。儿时父母要求吃尽每一粒米的规矩，在顽皮的孩童眼里，或许只是一个死板的要求，可岁月流转之中，我们却发现，老规矩的作用，不是拘泥与约束，而是一股向善向上的力量。当昔日幼童成长为勤俭持家、风度翩翩的白发先生，在老规矩里蕴含的叮咛，已经在岁月的磨砺与时代相传中生根发芽，开出一朵继承传统的花。

"儿时父母要求吃尽每一粒米"这样的小事，大概是每个人都经历过的成长故事，以此为例作进一步的分析，论证"规矩"对于人生成长的意义，让人感到亲切有味而且信服。

下面是2011年辽宁某考生高考作文中的片段：

秉持理性，拒绝盲从

盲从，顾名思义，就是盲目跟从，是缺乏思考和主见的表现。贪图省心省力，不愿独立思考，不问是非，不辨真伪，别人说啥就跟着喊啥，别人干啥就跟着忙啥，这就是盲从。盲从者，以权威或别人为风向标，失去自我，展示给别人的不过是一具躯壳而已。

"拒绝盲从，才能摆脱幼稚，走向成熟。"一个人，一个团体，一个民族，都应该谨记这一名言。日本发生核泄漏危机之际，"海盐供应将要短缺"的谣言一传播，全国立即掀起"抢盐风潮"，一时之间，人们蜂拥进大小超市，少则十斤八斤，多则成百上千，将食盐疯抢一空。这就是盲从心理在作怪。其实，只要稍加思考分析，很容易就会发现其荒谬。

文章的论点是"理性对待事物，不可盲从"，作者以日本发生核泄漏危机之际出现"抢盐风潮"为例，读者对此非常熟悉，读起来感到亲切。

下面是2011年湖南某考生高考作文中的片段：

低姿态的高贵

……温总理在下飞机后对一对等待多时的母子轻声说了声"对不起"，感动了世人；林志玲在一次商业演出中与人拍照，因身材太高，她弯了腰与人齐平，七十多位影迷排队，她弯了七十多次。他们俯下了身，笑意盈盈，高贵的人格从这一次弯腰、一声道歉中彰显。他们放低了姿态，将自己从遥远的星辰中摘下来，送到人间，无数的星光点缀成高贵的海洋。

这里虽然也是举名人为例，但这两个人都是现实生活中人们经常关注的人物，一个是高官，一个是明星，读者耳熟能详，以此为例，便拉近了文章与读者的距离。

总结一下，所谓"贴近时代，贴近生活"，就是将眼光从古代的、外国的一些概念化的人物身上移开，关注自己的生活经历和感受，关注身边的人和事，让文章涌流生活的泉水，散发时代的气息。

29 议论文升格的途径之一：见识深刻

一

对鲁迅的文章一往情深。一月不读，则自觉面目可憎，心智顽鲁。社会的遽变带来越来越多的困惑，鲁迅的文章则是启人心智的钥匙，常使我心扉洞开，豁然明朗。一切犹疑、迷惘、浮躁、颓废乃至由此而来的轻佻的玩世，皆如暗夜的蝙蝠，遇日光则悄然遁隐。

法力何在？在于他思想深刻。

深刻，是对历史的穿透，对世事的洞达，对生活的剔骨抽髓的解剖。

深刻，是学养，是智慧，也是勇气。丰厚的学养是沃土，光辉的人格是种子，将饱满的种子播进肥沃的土地，才会开出智慧的花朵。

让我们的每一篇议论文，都弥散着这智慧的芳香。

二

深刻的思想，有时来于反弹琵琶，也叫反调文章。大众的思维多含惰性，对公共意识及在历史特定条件下形成的个别确认很少进行新的审视与思考，旅进旅退，人云亦云。一些约定俗成的传统观念甚至被铸成铁的法则，大众的褒贬成了无意识的集体瞒哄，大家全蒙在鼓里了。这时，清醒者的大声一喝，便分外深刻警拔。举例明之：

长　城

鲁迅

伟大的长城！

这工程，虽在地图上也还有它的小像；凡是世界上稍有知识的人们，大概都知道的罢。

其实，从来不过徒然役死许多工人而已，胡人何尝挡得住。现在不过一种古迹了，但一时也不会灭尽，或者还要保存它。

我总觉得周围有长城围绕。这长城的构成材料，是旧有的古砖和补添的新砖。两种东西联为一气造成了城壁，将人们包围。

何时才不给长城添新砖呢？

这伟大而可诅咒的长城！

孟姜女在长城下的哭诉，年代太久远了，哭声早已随风远逝。历史冲尽了城壁上的斑斑血痕，只剩下古色古香的砖石和高大巍峨的雄姿，供后人摩挲、仰望，发出赞美与讴歌，并因与建筑者的一丝血缘而自豪、陶醉。长城，没有挡住外族的入侵，却挡住了外来的先进文化。多少人在这城墙内妄自称大，封闭、愚昧、守旧、落后，逐渐萎缩乃至腐烂。然而他们却背依着长城自唱赞歌，把长城放在心中定格成恒久不变的风景，象征着民族的强盛、智慧与伟大。长城的赞歌唱得太久了。鲁迅先生的一声诅咒，使它轰然倒塌。于是，读者对许多所谓"优秀"的传统开始新的审视与评估。这篇短文，今天读来，尤觉奇警醒人。深刻的文章，真能拷打人的灵魂。

当然，文章开头已经说过，深刻的见识来于丰厚的学养，不是故意和大众拧劲。有意的求异求奇是抬扛，常常流于偏激乃至荒谬。目前，中学生写反调文章的并不少，但往往不能把握事物的本质，更不能切入现实的隐微，只有脑筋急转弯式的"急转"，变成一种思维的游戏，语言的魔方。先前是公说公有理，现在是婆说婆有理，两者叠加，是公婆都有理。你说"逆境出人才"，我说"逆境未必出人才"；你说"树大自然直"，我说"树大未必直"，有意曲解原来的意思，观点新则新矣，深刻则未必。

三

文章大家常把深刻的道理含蕴在平常的生活琐事中。哲学上有个成语叫"道在屎溺"，语出《庄子·知北游》。庄子用其富有灵性的语言形象地说明了道无处不在的道理。然而，话虽如此，真能从屎溺中悟出道来的能有几人？所以，从平常琐事中揭示出人生奥义，是哲人智慧的闪光。别人认为本来如此，你却看出本该如彼；别人以为事出偶然，你却看到事出必然；别人觉得司空见惯，习以为常，你却看出离经叛道，荒唐滑稽……总之，从生活的浅处入手，却探骊得珠。这种说理比逻辑的推论更奇警，因为它取材于人们司空见惯的事理，如果读者突然发现它负载着如此巨大的深理奥义，会产生强烈的震撼，且叹且奇，奇而后思，举一反三，触类旁通，从而更透彻地领悟文章的旨意。

如果举例的话，还不能不抄鲁迅先生的文章。

立 论

我梦见自己正在小学校的讲堂上预备作文，向老师请教立论的方法。

"难！"老师从眼镜圈外斜射出眼光来，看着我，说。我告诉你一件事——

"一家人家生了一个男孩，合家高兴透顶了。满月的时候，抱出来给客人看，——大概自然是想得一点好兆头。

"一个说：'这孩子将来要发财的。'"他于是得到一番感谢。

"一个说：'这孩子将来要做官的。'"他于是收回几句恭维。

"一个说：'这孩子将来是要死的。'"他于是得到一顿大家合力的痛打。

"说要死的必然，说富贵的许谎。但说谎的得好报，说必然的遭打。你……"

"我愿意既不谎人，也不遭打。那么，老师，我得怎么说呢？"

"那么，你得说：'啊呀！这孩子呵！您瞧！多么……。阿唷！哈哈！Hehe! he, hehehehe! '"

先生真是运笔如刀，借这小小的故事，穷尽了做人的尴尬，特别是那个时代做文人的尴尬。你想生存吗？那么，要么谄媚讨好，粉饰太平；要么三缄其口，或者"今天天气哈哈哈"。

诗云"一粒沙里一个世界"。我们应着眼于自然的一草一木，生活的点点滴滴，并以此来破译人生与社会的密码，将复杂化为简单，将模糊变为清晰，将高高在上的哲理大义一下子拉回生活的本体。

四

深刻，还表现在思想的高度凝炼与概括。作者视通万里，思接千载，从纷繁芜杂的历史现象和生活现象抓住最具本质性的事理，传神写照，显出光彩射人的艺术魅力。

有时几句话可以总结一段历史，如鲁迅《狂人日记》中的片段：

我翻开历史一查，这历史没有年代，歪歪斜斜的每页上都写着"仁义道德"几个字。我横竖睡不着，仔细看了半夜，才从字缝里看出字来，满本都写着两个字是"吃人"！

有时几句话浓缩了一个时代的悲喜，思想的深度与语言的精练高度统一。如北岛的诗句：

卑鄙是卑鄙者的通行证

高尚是高尚者的墓志铭

又如顾城的诗句：

黑夜给了我黑色的眼睛

我却用它寻找光明

有时是把笔触伸进人性的最深处，发出诛心之论。如刘心武在《灯下拾豆》中的论断：

每一片圣洁的雪花都有一个赖以凝结的核心，那核心必是一粒灰尘。

每一个伟大的胸怀都有一个出发点，那出发点必是凡人的需求。

古人所谓"两句三年得，一吟双泪流"，不能仅仅看成是字句的锤炼，更是对思想的锤炼。引导学生多写这样的札记，对议论文的写作会大有裨益。

五

我在这里特意提出一种修辞方法——比喻。妙喻示理，绝不是单纯的语言技巧，更是一种思维手段。梁实秋记述中学时代一位国文老师向他传授的作文技巧，其中之一是，"说理说至难解难分处，来一个譬喻，则一切纠缠不清的论难都迎刃而解了"。[1]鲁迅先生是比喻论证的大师，在《论"第三种人"》中有个十分精彩的比喻："生在有阶级的社会里而要做超阶级的作家，生在战斗的时代而要离开战斗而独立，生在现在而要做给与将来的作品，这样的人，实在也是一个心造的幻影，在现实世界上是没有的。要做这样的人，恰如用自己的手拔着头发，要离开地球一样，他离不开，焦躁着，然而并非因为有人摇了摇头，使他不敢拔了的原故。"这个比方，使所谓"第三种人"的嘴脸穷形尽相，把论敌逼到了毫无还手余地的悬崖，表现出强大的逻辑力量。

追根溯源，用形象思维写论说文的首推庄子。他用出神入化的想象给我们塑造了一系列富有哲学意义的形象，寄寓着人生和社会的丰富内涵。一部《庄子》真是妙喻迭出，奇趣盎然。试举《秋水》中的一段为例：

庄子钓于濮水，楚王使大夫二人往先焉，曰："愿以境内累矣。"

庄子持竿不顾，曰："吾闻楚有神龟，死已三千岁矣，王巾笥而藏之于庙堂之上。此龟者，宁其死为留骨而贵乎？宁其生而曳尾于涂中乎？"

二大夫曰："宁生而曳尾涂中。"

---

[1]梁实秋.我的一位国文老师［M］//梁实秋：梁实秋散文选集.百花文艺出版社，1991：102.

庄子曰："往矣，吾将曳尾于涂中。"

一面是居庙堂之高，贵为将相，受人仰视；一面是处江湖之远，贱若徒隶，终生默默。选择后者而又要为这种选择说出令人信服的理由，并非易事，而庄子似乎轻而易举地就办到了，而且干得十分漂亮，连前来劝说的两位楚国大夫也跳入他设置的圈套，心悦诚服地说"宁生而曳尾涂中"。这是抽象的逻辑论证很难办到的。再举李雪峰《浮生若茶》中的一段文字为例：

用温水沏的茶，茶叶就轻轻地浮在水之上，没有沉浮，茶叶怎么会散逸出它的清香呢？而用沸水沏的茶，冲沏了一次又一次，茶叶沉了又浮，浮而又沉，沉沉浮浮，茶叶就释出了它春雨的清幽，夏阳的炽烈，秋风的醇厚，冬霜的清冽。世间芸芸众生，又何尝不是茶呢？那些不经风雨的人，平平静静地生活，就像温水沏的淡茶平静地悬浮着，弥漫不出他们生命和智慧的清香，而那些栉风沐雨、饱经沧桑的人，坎坷和不幸一次又一次袭击他们，就像被沸水一次次冲沏的茶一样溢出了他们生命的脉脉清香。

是的，浮生若茶。我们何尝不是一撮清茶？而命运又何尝不是一壶温水或沸水呢？茶叶因为沸水才释放了它们本身的清香；而生命，也只有遭遇一次次的挫折和坎坷，才能留下我们一脉脉人生的幽香！

——李雪峰《浮生若茶》

文章娓娓叙来，既有情思又有理趣，深刻的感悟中散发着生活的温馨，读来使人心智明朗又情思绵绵。

六

文章开头已经说过，深刻是学养，是智慧，也是勇气。铸铮铮铁骨，养浩然正气，不矫情，不媚俗，文章自会有金石声。鲁迅先生有言："真的猛士，敢于直面惨淡的人生，敢于正视淋漓的鲜血。"[1]先生忧国忧民，至情至性，蘸着血泪下笔，从不写半句不痛不痒的淡话。我们要想写出有深刻

---

[1] 鲁迅.记念刘和珍君［M］//鲁迅.鲁迅全集：第三卷.人民文学出版社，2005：290.

见识的文章，必须积极地拥抱生活。作文离开了对生活的体验，必流于纯粹的文字游戏。游戏只能让人哈哈一笑，而且看得多了，连哈哈一笑也不得。要永远记住，作文的目的不仅是要证明一种观点，而且是揭示出证明这种观点的现实意义。要求文章的深刻，这是写出一篇好文章必备的因素。还举鲁迅先生的文章为例：

耶稣教传入中国，教徒自以为信教，而教外的小百姓却都叫他们是"吃教"的。这两个字，真是提出了教徒的"精神"，也可以包括大多数的儒释道教之流的信者，也可以移用于许多"吃革命饭"的老英雄。[1]

此段的末一句乃点睛之笔，使全文破壁腾空。

临末，节选几段学生习作以结束全篇：

"下岗""分流"，这些越来越深入人心的词语，让端着铁饭碗的手微微打颤。人们开始学会竞争。竞争使学习、工作和生活充满了蓬勃的朝气，然而，许多人学会了竞争的同时却失去了心灵的温柔。

呵护你的一颗爱心吧，它虽不是你人生路上一路通行的绿卡，却能让你的人生永无悔恨，心灵如一片洁白的雪花……

——吴晓青《呵护爱心》

无疑，近百年来，人类在科技、思想等方面有着超越历史的发展，但每一步的发展无不伴着巨大的牺牲和浪费，使得所得与所失相差无几，比如，我们获得一个"太阳中心说"，就折磨死伽俐略，火烧了布鲁诺；我们发现了新大陆，就以几乎全部印第安人的牺牲和美洲资源的大量毁坏为代价……

——朱卓吾《世纪断想》

在这个春日的下午，阳光温和得令人微醉，不时有小鸟从窗外掠过，郁金香悄无声息地开放着……我读着这些句子，心里充满了欣慰。

（《现代语文》2000年3期）

---

[1] 鲁迅.吃教［M］//鲁迅.鲁迅全集：第五卷.人民文学出版社，1996：328.

㉚ 谈比喻论证

　　用比喻的形式说理，谓之比喻论证。比喻论证的好处是化抽象为形象，使原本不易理解的道理变得形象可感，读者更易接受。正如梁实秋先生在《我的国文老师》中记述他的老师指点他作文方法时所说的话："说理说至难解难分处，来一个譬喻，则一切纠缠不清的论难都迎刃而解了。"

　　孟子善于运用比喻论证，我们随手一翻书就可举出几个例子：

　　① 王知夫苗乎？七八月之间旱，则苗槁矣。天油然作云，沛然下雨，则苗浡然兴之矣。其如是，孰能御之？[1]

　　② 民之归仁也，犹水之就下，兽之走圹也。故为渊驱鱼者，獭也；为丛驱爵者，鹯也；为汤武驱民者，桀与纣也。今天下之君有好仁者，则诸侯皆为之驱矣。[2]

　　③ 君之视臣如手足，则臣视君如腹心；君之视臣如犬马，则臣视君如国人；君之视臣如草芥，则臣视君如寇仇。[3]

　　第一段文字论证王道的重要意义，把实行王道比喻为大旱季节的甘霖；第二段论证"行仁政则得民心，得民心则得天下"；第三段论述君臣之间的

---

[1] 杨伯峻.孟子译注（上）[M].中华书局，1995：13.

[2] 杨伯峻.孟子译注（上）[M].中华书局，1995：171.

[3] 杨伯峻.孟子译注（上）[M].中华书局，1995：186.

关系。每个比喻都很贴切，富有感染力。

《庄子》一书中，比喻论证也随处可见。我们随便看《逍遥游》中的一段文字：

尧让天下于许由，曰："日月出矣，而爝火不息，其于光也，不亦难乎！时雨降矣，而犹浸灌，其于泽也，不亦劳乎！夫子立而天下治，而我犹尸之，吾自视缺然。请致天下。"

许由曰："子治天下，天下既已治也，而我犹代子，吾将为名乎？名者，实之宾也。吾将为宾乎？鹪鹩巢于深林，不过一枝；偃鼠饮河，不过满腹。归休乎君！予无所用天下为！庖人虽不治庖，尸祝不越樽俎而代之矣。"

尧和许由两人的对话，都用比喻。尧把许由比为"日月""时雨"，把自己比为"爝火""浸灌"，结论是"请致天下"；许由把自己比为"鹪鹩""偃鼠""尸祝"，结论是"不越樽俎而代之"。两人的比喻都把各自的观点表达得充分、明确而又深刻。

鲁迅先生是比喻论证的高手。刘绪源说："他（鲁迅）不能循序渐进缓缓说理，但要把道理全包含其中，于是就用大量形象的比喻，让人一见难忘，细想则愈益明白，这也就是传神寓理的'图画'的方式了。这种方式在鲁迅杂文中随处可见，最著名的，如'叭儿狗''蚊子''聪明人和傻子'等，早已尽人皆知了。"这里举《未有天才之前》中的一段话：

天才并不是自生自长在深林荒野里的怪物，是由可以使天才生长的民众产生，长育出来的，所以没有这种民众，就没有天才。有一回拿破仑过Alps山，说，"我比Alps山还要高！"这何等英伟，然而不要忘记他后面跟着许多兵；倘没有兵，那只有被山那面的敌人捉住或者赶回，他的举动，言语，都离了英雄的界线，要归入疯子一类了。所以我想，在要求天才的产生之前，应该先要求可以使天才生长的民众。——譬如想有乔木，想看好花，一定要有好土；没有土，便没有花木了；所以土实在较花木还重要。花木非有土不可，正同拿破仑非有好兵不可一样。

文中用"想有乔木，想看好花，一定要有好土"比喻"要产生天才，必须先有产生天才的民众"，就是非常贴切的比喻论证。再看下面这篇文章：

战士和苍蝇
鲁　迅

Schopenhauer说过这样的话：要估定人的伟大，则精神上的大和体格上的大，那法则完全相反。后者距离愈远即愈小，前者却见得愈大。

正因为近则愈小，而且愈看见缺点和创伤，所以他就和我们一样，不是神道，不是妖怪，不是异兽。他仍然是人，不过如此。但也惟其如此，所以他是伟大的人。

战士战死了的时候，苍蝇们所首先发见的是他的缺点和伤痕，嘬着，营营地叫着，以为得意，以为比死了的战士更英雄。但是战士已经战死了，不再来挥去他们。于是乎苍蝇们即更其营营地叫，自以为倒是不朽的声音，因为它们的完全，远在战士之上。

的确的，谁也没有发见过苍蝇们的缺点和创伤。

然而，有缺点的战士终竟是战士，完美的苍蝇也终竟不过是苍蝇。

去罢，苍蝇们！虽然生着翅子，还能营营，总不会超过战士的。你们这些虫豸们！

文中将一些卑劣无耻的文人比作苍蝇，给予无情的嘲讽与挞伐，也使论证深刻而有力。

柯灵《美丑》中有两段比喻论证的文字：

但生活对人是一种磨折。理想在远处向人殷勤招手，却轻易不让人接近。美好的意义又那么空洞，常常把人引向含糊，引向迷醉。

这岂不是最好的例子吗？——遍野娇艳的罂粟，红得使路人心旌摇荡，却原是一种害人的祸胎。赤链蛇有一身斑斓瑰丽，远过于画工的图案。有谁见过末期肺病患者的？他一定会惊奇于垂绝的生命却有那么姣好的容颜，酡然的双颊，恰如春阳下盛开的桃花。……蜜饯的笑容后面，可以隐藏着杀机。一串音乐般动人的词令，往往装饰了空虚和欺骗。最残酷的屠杀者，则必然有道德和法律做护符，恰如高耸入云的锦绣大旗。

作者论述人性中"美"与"丑"的辩证关系——表面上越是美丽的东西，本质上却可能越是丑恶。他一连用了五个比喻，最后得出"最残酷的屠杀者，则必然有道德和法律做护符"的结论。此处的比喻论证，显示出强大的逻辑力量。

赫尔曼·黑塞在《获得教养的途径》中论述读书的意义：

……他们儿时便在课本里发现了诗和故事，但在学会阅读技巧之后并不背弃它们，而是继续深入书的世界，一步一步地去发现这个世界是何等广大恢宏，何等气象万千和令人幸福神往！最初，他们把这个世界当成一所小小的美丽幼儿园，园内有金鱼池和种着郁金香的花坛；后来，幼儿园变成了城里的大公园，变成了城市和国家，变成了一个州乃至全世界，变成了天上的乐园和地上的象牙海岸，永远以新的魅力吸引着他们，永远放射着异彩。昨天的花园、公园或原始森林，今天或明天将变为一座庙堂，一座有着无数殿宇和院落的庙堂；一切民族和时代的精神都聚集其中，都等待着新的召唤和复苏。

这段文字中，作者把读书数量的增多和视野的扩大比喻为幼儿园变为大公园、变成天上的乐园和地上的象牙海岸等等，都形象贴切，论证有力。

当然，比喻论证有一定的局限性，把修辞法用于论证，容易形成诡辩或牵强附会。如荀子《劝学》中的这几句：

蚓无爪牙之利，筋骨之强，上食埃土，下饮黄泉，用心一也。蟹六跪而二螯，非蛇鳝之穴无可寄托者，用心躁也。

蚯蚓和螃蟹各有自己的生命特征和生存习性，谈不到什么"用心一"与"用心躁"的问题，以此证明"学习必须专心"的论点就显得很牵强。

《孟子》中用流水比喻人性善恶的论述是非常著名的论断，实际上也没什么说服力：

告子曰："性犹湍水也，决诸东方则东流，决诸西方则西流。人性之无分于善与不善也，犹水之无分于东西也。"

孟子曰："水信无分于东西，无分于上下乎？人性之善也，犹水之就下也。人无有不善，水无有不下。……"[1]

"人性之善"和"水之就下"有什么相似呢？水固然"无有不下"者，但人怎能"无有不善"者？两者之间实在不具有可比性。大家读古人论文时稍稍留心，就会发现这种现象屡见不鲜。同学们在运用比喻论证的时候，切忌生拉硬扯，强行作比。

---

[1] 杨伯峻. 孟子译注（下）［M］. 中华书局，1995：254.

③ 高考作文：浮夸文风何时休

就当前的教育来看，升学考试对教学活动的影响之大，无论怎样夸大都不过分。几乎所有关注教育的各界人士都在对"应试教育"这个概念狂轰滥炸，但现实中的应试教育依旧我行我素，真正是"敌军围困万千重，我自岿然不动"。为什么会这样？因为理念是理想，考试是现实，在美好的教育理想和残酷的考试成绩之间，天平会毫不犹豫地向后方倾斜。要想改变现实中的教育，首先要改变考试；考试是教学的风向标，有什么样的考试导向，就会有什么样的教学方向。

近几年高中生作文的文风越来越浮夸，主要原因就在于高考作文评分标准中所显示的文风导向。这里说的"评分标准"，不是指《考试说明》中的文字说明，而是指阅卷者在实际操作中所做的显性指向，具体表现在每年7、8月份出炉的各省高分考场作文。这些作文像标杆一样竖立在语文教学的讲台上，同学们竞相模仿，久而久之就形成一个时期的中学生文风。当然，每年的高分考场作文中确有大批优秀的文章，但良莠不齐，也有相当多的文章名不副实，在中学教学中造成很大的负面影响。笔者曾在全市举办一次高中生作文竞赛，600篇参赛作文，文字水平固然有高有低，但80%的文章表现出浮夸文风。

那么，这种浮夸的文风具体表现在哪些方面呢？

一、选材脱离生活

"生活是艺术创作的源泉",这是一个老生常谈的话题,也是一条颠扑不破的真理,是一条艺术创作的基本准则。我想,凡一切艺术创作概莫能外。中学生的写作尽管稚嫩,但理应属于"创作"的范畴,自然也不能例外。然而,当前许多中学生的作文却严重违背这条基本准则,写作时不是把笔触伸向生活的深处,表现对生活的感受与认识,而是避实就虚,拼凑一些古今中外的名人故事或诗词名句,加上一些言不由衷的空话、套话,以掩盖思想的苍白。就写作而言,没有个性化的感悟和思想,就失去了作文的本质意义。即使是中小学生作文,写作的根本目的也是学习如何观察与体验生活、如何关注并思考问题、如何表达自己在生活和学习中的喜怒哀乐,而不能沦为简单地训练技巧和语言。好比一个人,作文的技巧不过是皮肉,而内容与情感则是血脉和精气,没有血脉和精气的人体不过是一堆腐肉,看了让人恶心。文章也是如此,没有生活的体验与思考,没有个性化的感悟与认识,没有真挚动人的感情,什么技巧都无法起死回生,提高文章的内涵与品位。

那么,没有对生活的观察、认识和思考,何以能构造出800多字的应试作文呢?只得搬出程咬金的板斧,无论来者是谁,抡起斧子劈过去,然后鸣锣收兵。这"板斧"就是古代名人加上诗词名句。

试举一例:

价值之花缀于责任枝头

青山绿水,衣袂翩翩,是那诗酒为伴的李太白吗?"且放白鹿青崖间,须行即骑访名山",杯酒之间,便留下满纸华章。在朝为官,他不谙官场的黑暗,即便郁郁不得志,犹令高力士磨墨脱靴,作为诗仙的他,怎能忍受官场的黑暗与倾轧?倒骑青牛,寄情山水,清风为伴,明月为友,诗仙的责任不就是如此吗？即使是高官厚禄也挡不住李白对自己责任的追求。

这段话摘自《语文学习》2010年7.8期全国卷1的优秀考场作文。2010年全国卷I的作文试题是看图作文：

漫画上一张桌子，桌前坐着四只猫，桌上四盘鱼肉，其中的一只猫跳开座席捕获一只老鼠，另一只猫嘲笑它说："都什么年代了，有鱼还吃老鼠？"

从漫画内容看，这位考生以"责任"为话题来写作是正确的。尽管文章题目卖弄文采，矫揉造作，但立意没有问题。问题在于他（她）的论证部分，实在让人费解。"青山绿水，衣袂翩翩""倒骑青牛，寄情山水，清风为伴，明月为友"，这是李白的人生责任吗？李白的人生色彩，丰富得让人眼花缭乱，让人心旌摇荡。一个至死都是以天下为己任、时刻想"为君谈笑净胡沙"的大诗人，怎么会有这样的"人生责任"？况且，这种令人沉迷的"散文意境"和责任放在一块，真是牵强得使人啼笑皆非。考生为何要如此生拉硬扯呢？因为下笔不离名人的写作套路严重束缚了他（她）的思维，不管什么主题都必须拉个古代名人演绎一番，于是李白便糊里糊涂被他（她）"论证"了一大段。限于篇幅，例子不再列举，也举不胜举，读者打开各种"范文选读"一翻即可看到。

这样的考场作文被当做优秀的文章推荐出来，真让人匪夷所思。本文的主旨并非是批评某一篇文章，而是想说明部分学生作文不是关注他们所生活的这个时代，而是满脑子记住一些古代名人和诗词名句，由生拉硬扯走向胡诌八扯，满篇胡话，将诚心正意的作文态度销蚀殆尽。

白居易在《与元九书》中说："文章合为时而著，歌诗合为事而作。"这是作文的正道。如果从当代高中生大量的作文中读不出这个时代的潮起潮落，读不出时代浪潮溅入他们心灵的朵朵浪花，甚至读不出他们成长过程的生态状貌，感受不到他们生活中的喜怒哀乐，只能看到一串串古人的名字，那么指导学生作文的目的何在？孩子们走出学校步入社会将何以挥洒他们手中的笔墨？记得周作人说过这样的话，大意是，八股让人胡说八道，策论则坏人心术。如果多数中学生下笔都是一些比旧时八股、策论还要陈腐的文字，那就距离我们求真向善的教育目标太遥远了。

二、语言华美虚浮

白居易《与元九书》中说："感人心者，莫先乎情，莫始乎言，莫切乎声，莫深乎义。诗者，根情，苗言，华声，实义。"这里虽然说的是诗，其实也适合一切文学。没有"情"就失去了文章的根基，没有"义"就没有了文章的宗旨。词章只有依附在文章的"情理"上，才能悦人耳目、动人心弦，否则无论多么华丽的词藻，都没有生机与灵气。王明辉说："诗文的气势不是向壁虚造的，倘内无深情郁结，外无世事相激，徒自以浮夸言辞造出所谓的气势，结果必然是空洞乏味的。"[1]

自从高考作文评分标准"发展等级"中增设了"有文采"一项，高中作文教学便有了实实在在的新抓手。不少教师认为，"深刻"太玄乎，"丰富"太费事，"有创新"需要超乎常人的禀赋，唯有"文采"一项最具体、最具有训练的可操作性。于是乎很多作文课变成"文采"训练课，好像下笔不写几段"有文采"的话，作文就没有了得高分的希望。一些高考中的高分作文更是推波助澜，"华美虚浮"一时成了引领中学生作文的文风。需要说明的是，笔者并非反对作文有文采，而是反对那些不顾文章内容，一味雕琢所谓"文采"的做法。在这样的文章中，大段大段的语言并非真正的"有文采"，而是一些表面上华丽有致实际上逻辑混乱、表意不明的语句组合。

例一：

绿色生活

蜗居一窝。剥落的朱红，凌乱的书架，飘摇的老屋……这一切，与理想中的绿色生活太不相称。

---

[1]王明辉.匣里龙泉吟不住，问余何日斫蛟鼍——从曾国藩《感春六首》谈起[J].文史知识，2011，356（8）：39-44.

今天，你是否还在为日益暴涨的房价殚精竭虑？是否还在替明天的落脚点大声疾呼？是否还在为身居蜗壳怨天尤人？你终日翘首企盼头顶那片绿，却发现自己变得很低很低，低到尘埃里，陷于名利中，一身污泥……你的书架蒙了尘，你的心灵生了灰。

生活本绿色，菩提本无树，然，何苦惹尘埃？

可我还是终于瞥见了你的满架藏书和藏书后面的那盆文竹，它透过几千年厚重的门扉，袅袅动人，青翠欲滴。你摸摸那文竹的叶片，眼里有我读不懂的深意。你建议：何妨用只透明的玻璃杯，来泡一杯春色？

春色三分，二分尘土，一分流水，茶源于尘土却止于流水。这杯中的茶，竹雨缤纷翩翩而下，如御风群舞，绿波荡漾。此时捧起，雾色弥漫，影影绰绰。这已不是墙上的画，书上的诗，而是胸中的万千气象，是锦绣河山浓缩于身体里的悠然体会。

2010年江苏高考作文题目是命题作文"绿色生活"，上面摘抄的是一篇考场作文的开头几段。370余字，除了两处作者有意嵌入"绿色生活"这个词语之外，其他的文字简直令人莫名其妙。"蜗居一寓。剥落的朱红，凌乱的书架，飘摇的老屋……"这一切为什么和绿色的生活不相称？"为日益暴涨的房价殚精竭虑""替明天的落脚点大声疾呼""为身居蜗壳怨天尤人"，就是"低到尘埃里，陷于名利中"？第三段以下的文字更是让人如坠雾中，不知所云。唐顺之在写给洪方洲的信中说："近来觉得诗文一事，只是直写胸臆，如谚语所谓'开口见喉咙'者，使后人读之，如真见其面目，瑜瑕俱不容掩，所谓本色，此为上乘文字。扬子云闪缩谲怪，欲说不说，不说又说，此最下者，其心术亦略可知。……近来作家如吹'画壶'，糊糊涂涂，不知何调？又如村屠刲肉，一片皮毛，斯亦下矣。""如村屠刲肉，一片皮毛"真是形象逼真，讽刺得入木三分。

例二：

溯　源

六千万年前的一次意外，生命退回到最初的蒙昧；六千年前的炎炎夏日，人类开始了最初的文明。今天的我，也许身在灯红酒绿的都市文明中，心间却奔腾着远古时代的金戈铁马。而在我的梦想里面，这一切，不过是一个悠长的回忆。

这是摘自2010年高考四川卷一篇优秀考场作文中的开头一段。大家看看这些貌似"有文采"的句子，究竟想表达什么意思？句子之间有什么关联？为什么是"六千万年前的一次意外"？为什么非要在"炎炎夏日"？什么是"也许身在……"？而"这一切"如何又成了"悠长的回忆"？读起来气势不凡，实际上语无伦次。

例三：

一任花前尽醉归

血液中含一份温柔，笑靥中秀二份清愁，回眸处淌一派风流，我可以这样阅读你，我的书卷，你触手可及，侧耳可听，倾心可寻，我愿予以真心，陶醉在你的怀抱，寻找，是谁也阻挡不了的愿望；古韵，是葱茏如竹的书卷印象。

借一曲银字笙调，一羽白鹤，我在诗歌中交出心灵，你行走于灯下纸上。宽袍水袖间，散发出馥郁的芳香。当谢灵运把船泊在彭蠡湖口，议论皓月当空，诗人独立船头，远方灯影凄凄，鸟影幢幢，而岸边却是蒹葭苍苍，野菊灿灿，"乘目听衰，浥露馥芳荪"，天籁的亲切，花朵的娇羞，以及天地间一事无所知晓的玄机与奥秘，此刻，一杯清茶，一盏薄酒，我仿佛化身成为了这花坞柳岸旁的一块石头，抑或是与谢灵运同游，我的思想，我的灵魂，早已与他进行着最深层次的交流，尘世的繁杂与混乱得以暂时逃脱，在自然中我仿佛获得了新生与烛照。

这是摘自2010年高考全国卷Ⅱ的一篇优秀考场作文。2010年全国卷Ⅱ的作文题是有关"浅阅读"的话题，从提供材料的最后一句疑问中，我们可以把握到所给材料的基本观点，是批评当前流行的"浅阅读"，至少是让作者讨论"浅阅读"的得与失，给读者在阅读方面提出建设性的意见。但我们看看上面的文章，在将近一半的篇幅里，可有一句与阅读痛痒相关的文字？考生在貌似"纯美"的词语组合中自我陶醉，什么"血液中含一份温柔，笑靥中秀二份清愁，回眸处淌一派风流"，什么"古韵，是葱茏如竹的书卷印象"，什么"借一曲银字笙调，一羽白鹤，我在诗歌中交出心灵，你行走于灯下纸上"……简直是满嘴呓语。文中对谢灵运的描述与解读更让人摸不着头脑，什么"与谢灵运同游，我的思想，我的灵魂，早已与他进行着最深层次的交流"，完全是自我夸大的胡话。这种看似精致实则空洞乏味的文字，让人不禁想起张柠在《囚笼中的文学》一文中所说的："如果一份貌似精美的食物让人反胃甚至可能有毒，那么，我宁愿去吃一份粗糙但安全的猪食。"[1]

恳请每年评判高考试卷的老师们，不要再向社会推荐这样的"优秀"作文了，因为它的危害不止负面地表现出评判者的眼光与水准，还错误地引领着我们的作文方向，在有意无意中毒害着广大中学生的文风和心灵。请把那些关注现实生活、烙满时代印记的作文选出来；把那些记录生活哀乐、抒发内心爱憎的作文选出来；把那些虽无文学技巧，却有独特思索的作文选出来；把那些语言朴实无华，内容动人心弦、催人泪下的作文选出来。这是阅卷老师应尽的责任。

（《现代语文》2011年10期）

---

[1] 张柠.囚笼中的文学 [J] .读书，2011，381（9）：20-24.

32 八股文的复活

> 八股算是已经死了，不过，它正如童话里的妖怪，被英雄剁作几块，它老人家整个是不活了，那一块一块的却活着，从那妖形妖势上面看来，可以证明老妖的不死。

——周作人《论八股文》

读了周作人的这段话，我感到惶悚不安。八股文这老妖怪真的还活着，一直在活着。教了近二十年中学语文，批改过数以万计的学生作文，我不得不承认，绝大多数的作文，字里行间都徘徊着八股文的影子。现在，我仍然批阅着这样的作文，我感到手中的笔分外沉重……

八股文的要义有两点，一是固定的格式，二是统一的思想，二者相辅相成。八股的恶劣，不仅在于造成文章的千篇一律，空洞无物，尤在于钳制丰富多元的思想，扼杀千姿百态的个性，把思维活跃、特立独行的知识者变得精神猥琐，奴性十足。多少优秀的知识分子，在八股的束缚下喑哑了歌喉，折断了翅膀。八股文的盛行，使中国思想史的发展更加步履维艰。因此，新文化运动一开始，文化的先觉者们就把批判的锋芒指向了它，称之为"八股妖孽"。然而，加上几句恶谥并不意味它的消亡，正像周作人所说，它"死了之后还是夺舍投胎地复活在我们自己的心里"。

是的，它现在就越来越健壮地活在中学作文的教学里。具体表现在作文的模式化，从行文思路到观点材料，都深得八股"精髓"。不一定是通过硬性规定，而是通过无数次的评点、鼓励、引导，让学生渐入这个固定的思维轨道。不少教师就是手持这种"金针""普渡众生（学生）"，一些"马二先生"编订的"作文选"更是推波助澜。学生就是吮吸着这样的毒性乳汁，慢慢失去了作文的活力。

作文是一种激情洋溢的创造性活动。叶圣陶先生说，作文原是生活的一部分。[1]从生活的感受中拔出缕缕情丝，吐出根根理念，并让它们去拨动读者共鸣的心弦，这是多么激动人心的事啊。生活感受是写作的原动力，有了这个动力，你才能体会到提笔作文的那份豪情与庄严，才能使作文成为生命的体验与人格的锻造。然而，我们中学生的作文却从生活中游离出来，变成为作文而作文，作文不再是思想的创造，而是现成观点与材料的组接，你只能在组接的方式上玩一点小小的技巧。作文成了文字游戏，成了"一种无聊又无益的事"[2]。

试举二例，以见一斑。

例1

观点：先天下之忧而忧，后天下之乐而乐

论证：

例证①：伟大的爱国诗人屈原，身陷困境，心忧国运，发出"长太息以掩涕兮，哀民生之多艰"的慨叹，其崇高的思想境界令后人景仰。……

例证②：南宋伟大的诗人陆游在《示儿》诗中写道："王师北定中原日，家祭无忘告乃翁。"他对祖国和人民的深情可谓老而弥笃。……

例证③：当代伟人周恩来，鞠躬尽瘁，死而后已，为中国的革命和建设贡献了毕生的精力，更是我辈学习的楷模。……

引证①②③……

结论：当前，祖国改革的浪潮汹涌澎湃，我们青年人更应心系天下，做

［1］叶圣陶.怎样写作［M］.中华书局，2007：9.
［2］叶圣陶.怎样写作［M］.中华书局，2007：5.

时代的弄潮儿。……

例2

观点：逆境出人才

论证：

例证①：盲文创造者法国人布莱尔，三岁多时被工具弄坏了眼睛，不久双目失明。他为获得打开知识之门的钥匙而顽强奋斗，创作出一种称作"点字"的盲文。……

例证②：盖文王拘而演《周易》；仲尼厄而作《春秋》；屈原放逐，乃赋《离骚》；左丘失明，厥有《国语》；孙子膑脚，《兵法》修列；不韦迁蜀，世传《吕览》；韩非囚秦，《说难》《孤愤》……

引证①：孟子说："故天将降大任于斯人也，……"

引证②：欧阳修说："忧劳可以兴国，逸豫可以亡身。"

引证③④……

结论：生活的路不是鲜花铺就的，随时都会有坎坷，我们要学会在生活的风雨中昂首前行。……

如果我们深入地想一想，就会发现这种文章是多么地空泛、油滑。作文成了数学命题的解答、求证，一个例子又一个例子，一句名言又一句名言，全变成了数学定理一般的抽象符号。这些"定理"随着时代的发展而更替，李素丽代替雷锋，朱彦夫代替张海迪，孔繁森代替焦裕禄……写作变成了纯技能，"虚伪、浮夸、玩戏"[1]，连矫情都谈不到，这就是新时代的八股文。记得张中行先生说八股的"妙处"，其中一条是"无中生有"，即"本来无话可说，却能说得像煞有介事"。这类新八股就是如此。作者是地道的"常有理"，古今中外的名人、名言一行行一串串，拉大旗作虎皮，胡搅蛮缠，大话连篇，毫无心平气和的理性思考。更有甚者，同一问题，正反

---

[1] 叶圣陶. 怎样写作 [M]. 中华书局，2007：7.

有理，难衷一是。一个学生可以写两篇互相抬杠的文章，一会儿"近墨者黑"，一会儿"近墨者不黑"；一会儿"要永不满足地追求"，一会儿又"要安于平凡的位置"，情理不足，油滑有余。他驾轻就熟地使用一套套的"公共语言"，融不进丁点儿个人感受。谈到勤学成才，就是囊萤映雪，悬梁刺股；谈到挫折，就是"身残志坚，终于使人生亮起一道彩虹"；谈到下岗，就是"重新选择生活之路，再次谱写人生辉煌"……"修辞立其诚"，文章离开了真实的感受，还有什么价值？

中学作文教学，不要再给学生什么模式、什么观点材料的精品库，要引导学生认真地审视生活，切实地感受人生，热情地关注时事，勇敢地写出自己的感情和见解。不要什么名人、名言装点门面，也不要什么虚假浮华的感情升华，让作文和做人都能够丰满、充实、诚恳。如此，则教育大幸，国家大幸。

（《现代语文》1999年6期）

又：近日读李劼人小说《暴风雨前》，文中写一位田老兄教郝又三作文秘诀：

"容易，容易！……不管啥子题，你只顾说下些大话，搬用些新名词，总之，要做得蓬勃，打着《新民丛报》的调子，开头给他一个：喜马拉雅山最高之顶，蒿目而东望曰：呜呼，噫嘻，悲哉！中间再来几句复笔，比如说：不幸而生于东亚！不幸而生于东亚之中国！不幸而生于东亚今日之中国，不幸而生于东亚今日之中国之啥子！再随便引几句英儒某某有言曰，法儒某某有言曰，哪怕你就不通，就狗屁胡说，也能够把看卷子的先生们麻着了！"

这是八股文的另一种腔调，读之令人发笑。

33 一九九九年高考作文命题评议

　　今年的高考作文命题是一次革命性的突破。一年多来，各方人士对中学语文教学和高考命题的批评以及语文教育工作者的自我反思，终于在高考试卷上得到了回应。语文教学特别是作文教学也许能从此开始转机，从这一点上说，今年的高考作文题有着不可低估的意义。

一、解开了高考作文的政治情结和道德情结，给考生以广阔的写作空间，让思维展翅飞翔

　　恢复高考20多年，20多个作文题几乎全都包含在两大主题中，即政治和道德。两者互有消长又互相补充（其中，只有96年稍有出格，要求写艺术评论，但所提供的两幅漫画又富有浓厚的道德色彩）。语文教师牢牢把住这个脉搏，随着它的跳动来训练学生，精心设计出一个个作文模式，让学生反复演练。其中一个最重要的环节就是审题立意能力的训练，给学生提供一个又一个材料，有时事的，有寓言的等等，并指导学生怎样分析题旨，怎样提炼观点。种种方法归结一起，实际上是训练学生敏感的政治嗅觉与道德嗅觉，并以此作为通向文章"升格"的必经途径。在这两个母题下又分出若干子题，诸如爱国、道德、集体、成才、认识等等。每个子题下又分若干小题，如成才又分为立志、毅力、勤奋、方法等；认识又分为全面看问题、一分为二、外因内因、现象本质等。貌似庞杂却一以贯之（不论什么观点，联系起实际来全扯在政治和道德上），操作起来得心应手，直到学生烂熟于心，下笔即此，然后才放心地把他们送进考场。有些命题看似能让人随意发挥，但题目本身却含着强有力的隐形制约，逼着考生选出最佳立意来。命题人用心良苦，想让考生放手结构文章，驰骋才思，但考生却挣不脱命题中隐形的制约，下笔就进入惯性思维的轨道。如1989年的考题《习惯》，考生的文章本来可以写得多彩多姿，但从发表的优秀作文来看，大多数仍是谈政治，论述在改革开放中打破旧习惯的重要性。材料有新旧之分，语言有优劣之别，但立意却大同小异。1990年的考题是提供一段材料，让考生针对一个小姑娘的一句话进行议论。这个小姑娘的话是："这里（玫瑰园）是个坏地方，因为每一朵花下面都有刺。"对这句话，材料与试题要求都没有显出褒贬，按理说学生可以见仁见智，各抒己见；但事实上并非如此。因为这个命题中隐含着作文立意的指向，即这个小姑娘的话是错误的。为什么呢？因为考生凭敏感的政治嗅觉一下子就嗅出命题的政治气息。1990年"学潮"刚过，大家正在讨论如何认识我们国家形势的问题，所以这个题目的最佳立意一下子就聚焦在这一点上。事实上，这个材料从正面立意——肯定这个小姑娘的话也未尝不可。我的一位学生写的是《苛求一下又何妨？》，我看就很有新意，结果他语文得分很低，我想很可能被阅卷者判为观点不正确。1993年关于新老树皮的谈话也是如此，最佳立意集中在领导人的新旧交替上。这些命题中明显渗进了政治的分子，使作文成了另一种形式的政治答卷。即使命题要求放宽了范围，仍然有隐形的制约，"把考生的思维与写作，纳入到一个早已预设好的，符合社会公共意识与规范的，几乎没有个人意志、想象、创造空间的模式中"。（钱理群《哪里去？！》）如果读者有兴趣的话，可以把历年来高考作文题按这个系统详细分类，一经标出则可判明。

今年的作文命题则突破了这种模式，它为考生提供了广阔的写作空间，让考生展开思维的翅膀，翱翔于生活与知识的太空。命题中不再有隐形的立意制约，考生可以进入积极主动的写作状态，去驰骋自己的才思，表现自己的综合文化素质和写作才华。

二、回归写作主体，让考场作文成为创作，更高层次地考查学生的文学素养

明代王世贞在《艺苑厄言》中说："人谓唐以诗取士，故诗特工，非也。凡省试诗，类鲜佳者。如钱起《湘灵》诗，亿不得一。"这真是洞彻诗理的评论，他给一千多年来考场应试诗文几乎判了零分。笔者孤陋寡闻，所知道的被时人和后人都欣赏的应试诗文实在不多，只记得唐代钱起的两句"曲终人不见，江上数峰青"（即前面所说《湘灵》中的诗句）和清代俞曲园的一句"花落春仍在"（俞对此句也非常得意，取室名曰"春在堂"）。无数的状元才子在编订文集时并不编入自己的应试之作，这里明显出现了悖论。他们凭着一首试帖或一篇时文平步青云，然后却毫不珍惜地将它弃置不顾，专心致志地去构造另一类诗文，并以此扬名后世。应试诗文写作和真正的文学创作互相排斥，致使多少文坛上的旷世奇才被拒之榜外，造成其一生的抑郁与坎坷。后人也许觉得难以理解，以曹雪芹、蒲松龄的文笔怎么会考不中一个进士？也许责任不在于考生，而在于考试的命题和评判的标准。那些考试中的试帖和时文，谈不上什么文学创作，考不出应试者的创作才华和文化素养，它从根本上已偏离了写作的主体，而在旁枝末节上畸形成长。

当前的应试教育也常常出现这种尴尬，有些富有文学才华的学生在考场上并不一定得高分，甚至会落在某些并无才思却能按照模式循规蹈矩逐格填文的学生后面。笔者曾听过一位专家的报告，印象很深的一句话是"考场作文不是创作"。乍一听，不以为然，后来翻阅几本考场优秀作文选，才悚然心惊。因为从另一个方面去理解他这句话，就会发现一个近乎残酷的事实：这么多年来，高考作文的优秀之作也印了不少，却很难找出几篇能和作家的创作相媲美的作品来。难道是所有考生都没有创作的才华吗？显然不是，是我们的命题没有给考生提供文学创作的思维空间，是我们平常的作文教学中的种种训练模式排斥了文学创作的种种因子，磨钝了考生的艺术感觉，致使他们作起文来总显得思想萎缩、构思平板，流露出一副无法掩饰的学生腔调。有人说语文教学没有责任培养作家，是的，但语文教学却有责任培养学生活跃的思维和作文的品格，它没有理由排斥甚至扼杀作家。片面强调语文学科的工具性（而且有许多人对"工具性"的理解很狭隘），会使语文失去它固有的灵气，学生的文学血液越来越少，下笔则苍白无力。培养不出作家还不可怕，可怕的是让一代一代的学生失掉了多元的思想和丰富多彩的审美情趣。

今年的作文题则让写作者不受任何模式框范地驰骋才思，充分表现自己的文学素养。宇宙之大，苍蝇之微，思之所及，皆可放笔纵谈；生活感受，科学幻想，凡有所知，无不合乎题意。只要能创造，有思想，富文采，就一定能写出高品位的考场作文来。

高考过后，一位老师说："考前两个月的作文训练白费了。"问他为什么，他说："我是按照常规进行的，两个月只练审题这一个环节，然后提供大量的议论材料让学生拼命记忆，结果在考场上全无用处。"

奉劝语文教师，以后不要再干这种傻事了。

（《现代语文》1999年4期）

34 议论文的语言

　　文体有自身的语言规范，不能用论文的语言写散文，也不能用散文的语言写论文。"文体的本质在于语言，语言即思维。语言没有体式，思维就会失去规范。"[1] 议论文的语言，应该讲究以下几个因素：

　　一、明白。明白的反面是含混。议论文是讲道理的文章，讲道理的第一要素就是把话说明白。倡导什么，反对什么，要旗帜鲜明，让人一读便知，不能模棱两可、模糊不清。倡导或批评的理由是什么，要条分缕析，一二三四，清清楚楚，切忌云山雾罩，东拉西扯。唐顺之在《与洪方洲》中说：

　　近来觉得诗文一事，只是直写胸臆，如谚语所谓"开口见喉咙"者，使后人读之，如真见其面目，瑜瑕俱不容掩，所谓本色，此为上乘文字。

　　"开口见喉咙"就是说话明白，有话直说，不要绕弯子，因为绕来绕去，读者可能就被绕糊涂了。有些同学老是用散文的语言思维写论文，动辄比喻啊，想象啊，意境啊，结果没有思想，只有满纸漂亮的空话。议论文是阐述观点的文体，你主张什么、反对什么，要让读者一目了然。颂扬则正心诚意，情理俱足；批判则鞭辟入里，切中要害。

　　二、简练。简练的反面是啰嗦。有的同学表达一点意思，颠过来倒过

---

[1] 胡勤. 论述类文章及其写作探析 [J]. 语文学习，2016，436（10）：13-17.

去地说，文字拖沓臃肿，废话连篇，令人生厌。就像古人所讽刺的《二郎庙》："夫二郎者，大郎之弟，三郎之兄，而老郎之子也。庙前有二松，人皆谓树在庙前，我独谓庙在树后。"还有的同学举事例如写记叙文，一个事例叙述几百字，只写事不说理，这就完全失去了议论文的精气神。黄厚江老师说："在写作活动中，语言的锤炼和思想的提炼常常是紧密相联的：推敲表达的过程，也是提炼思想的过程；提炼思想的过程，也是锤炼表达的过程。"[1]议论文是在讲道理，要想道理深入人心，语言精练很重要。许多格言警句之所以能代代相传，正因为将深刻的道理寓于简练的语言之中。

三、条畅。条畅的反面是混乱。这既是语言的问题，也是逻辑的问题。有些同学写议论文，很注意整篇文章的结构安排，却常常忽略每段之中文字的层次和顺序。一篇文章的整体结构当然很重要，但一段话中语言是否连贯、是否合乎逻辑同样重要。一段论证有力的文字，句与句之间必然环环相扣，紧密到不可分割，抽掉一句或颠倒一下顺序，整段文章就可能散架。因此，语言是否畅达、有条理，会严重影响论证的效果。

四、雄辩。雄辩的反面是萎靡。萎靡就是精神不振，没有精气神。刘勰在《文心雕龙》中说："暨战国争雄，辩士云涌；从横参谋，长短角势；转丸骋其巧辞，飞钳伏其精术；一人之辨，重于九鼎之宝；三寸之舌，强于百万之师。"议论文很多情况下是在辩论。辩论的语言要有气势，有力量，其理若日月经天，其势如悬河注波，其锋似箭穿鲁缟。古人作文讲文气，理直气壮，雄辩滔滔。韩愈在《答李翊书》中说："气，水也；言，浮物也。水大而物之浮者大小毕浮。气之与言犹是也，气盛则言之短长与声之高下者皆宜。"朱熹在《读唐志》中说："圣贤之心，既有是精明纯粹之实，以磅礴充塞乎其内，则其著见于外者，亦必自然条理分明、光辉发越而不可掩。"刘大櫆在《论文偶记》中说："古人行文至不可阻处，便是他气

---

[1] 黄厚江.共生写作课型之六：语言和思想的共生[J].中学语文教学参考，2016，562（22）：25-28.

盛。"讲的都是一个道理。

五、硬朗。硬朗的反面是疲软。讲道理，语言要掷地有声。要尽可能压缩说明性的文字，少虚词冗句。简练，疏朗。我们读鲁迅先生的杂文，觉得句句精神抖擞，就因为他的语言挤干了水分，所谓"删繁就简三秋树"。秋天的树木，给人的感觉正是硬朗。

六、文采。文采的反面是干巴。《文心雕龙》中说："圣贤书辞，总称文章，非采而何？夫水性虚而沦漪结，木体实而花萼振，文附质也。虎豹无文，则鞟同犬羊；犀兕有皮，而色资丹漆，质待文也。"议论文也要讲究文采，讲究用词的准确、生动，句子的连贯、流畅，修辞的恰切、巧妙等等。"言而无文，行之不远"，没有文采，文字的感染力就会大打折扣。

语言杂谈

㉟ 文字妙在冲口出

　　顾随先生说："古典文学讲格律，而其高处在冲口而出，如'昔我往矣，杨柳依依'，'袅袅兮秋风，洞庭波兮木叶下'，亦在其接近口语。凡古典文学而能深入人心流传众口者，皆近于口语，绝无文字障。"[1]如果我们不是有目的地去翻检书籍，而是闭目检索脑子里储藏的诗文，便会惊叹于顾先生的真知灼见。

　　顾先生所说的"冲口而出"，我想应该包含两层意思：一是通俗易懂，接近口语，不假雕琢；二是感情勃发，不能自已，自然流泻。二者相辅相成，缺一不可。通俗易懂未必就好，而通俗易懂再加上感情饱满就一定是上乘的文字。"人生不满百，常怀千岁忧""落地为兄弟，何必骨肉亲"，你看这是多么平常的文字，好像闲谈时随意的一声感叹，但非经生活磨砺、岁月淘洗者绝难说出，甚或不能领会。"举头望明月，低头思故乡""桃花潭水深千尺，不及汪伦送我情""黄四娘家花满蹊，千朵万朵压枝低""无边落木萧萧下，不尽长江滚滚来"，这些都是"冲口而出"的文字，是"写"出来的，不是"做"出来的。"状难写之景如在目前，含不尽之意见于言外"[2]，多么自然，多么轻松，简直毫不费力。古人说"百炼钢而成绕指柔"，大概就是这种境界吧。

　　[1]顾随.《文斌》十一讲［M］.//顾随.顾随全集：讲录卷.河北教育出版社，2001：275.
　　[2]欧阳修.六一诗话［M］.人民文学出版社，1962：9.

写到这里，自然而然地想到杜甫的《赠卫八处士》：

> 人生不相见，动如参与商。
>
> 今夕复何夕，共此灯烛光。
>
> 少壮能几时，鬓发各已苍。
>
> 访旧半为鬼，惊呼热中肠。
>
> 焉知二十载，重上君子堂。
>
> 昔别君未婚，儿女忽成行。
>
> 怡然敬父执，问我来何方。
>
> 问答乃未已，儿女罗酒浆。
>
> 夜雨剪春韭，新炊间黄粱。
>
> 主称会面难，一举累十觞。
>
> 十觞亦不醉，感子故意长。
>
> 明日隔山岳，世事两茫茫。

这首诗除了开头、结尾四句感慨外，其他二十句真正是平白如话。本人读诗常有这样的感觉：某些句子觉得自己也能写得出，某些句子自己绝对写不出。当然，这只是"感觉"，不是实际。像杜甫的这首《赠卫八处士》，自己就觉得能写得出，但事实上绝对写不出。为什么会有这种错觉呢？就因为它的平白如话，冲口而出，所以才觉得自己也能写得出；但平白如话的文字中却含有无限的人世沧桑和感慨，"莫信诗人竟平淡，二分梁甫一分骚"（龚自珍），所以自己绝对写不出。顾随先生说的"深入人心流传众口"是相互因果关系，首先"深入人心"，然后才能"流传众口"，但反过来，因为"流传众口"，才易于"深入人心"。

不仅古典诗歌，现代诗歌也不乏这种例子。我们看王志瑞的一首小诗：

偏是

我原不想见他，

偏是梦里见着！

既然梦里见着，

偏是夜鸟叫着！

夜鸟干我甚事，

偏是闹得我睡不着！

睡不着也罢了，

偏是那月亮儿又淡淡的照着！[1]

这首诗可能受到唐代金昌绪"打起黄莺儿，莫教枝上啼。啼时惊妾梦，不得到辽西"诗句的影响，也许在思想感情的深度上还远远不及，但口语的风格完全一致，甚至比金昌绪的诗句更有情致，让人过目难忘。这是新文学运动发端时期的创作，新诗的发展迄今快要百年了，诗歌崇尚的语言风格早已不再是平白如话，进入"朦胧诗""现代派"甚至"后现代派"了，但"深入人心流传众口"的诗歌又有多少呢？

非但诗歌，其他文体的语言也大抵如此。抄两段课文中的话吧：

一切都像刚睡醒的样子，欣欣然张开了眼。山朗润起来了，水涨起来了，太阳的脸红起来了。

小草偷偷地从土里钻出来，嫩嫩的，绿绿的。园子里，田野里，瞧去，一大片一大片满是的。坐着，躺着，打两个滚，踢几脚球，赛几趟跑，捉几回迷藏。风轻悄悄的，草软绵绵的。

——朱自清《春》

可是，我真爱北平。这个爱几乎是要说而说不出的。我爱我的母亲，怎样爱？我说不出。在我想做一件事讨她老人家喜欢的时候，我独自微微的笑着；在我想到她的健康而不放心的时候，我欲落泪。言语是不够表现我的心情的，只有独自微笑或落泪才足以把内心表达出来。我爱北平也近乎这个。

——老舍《想北平》

---

[1] 北社.新诗年选［M］.亚东图书馆，1922：35.

清代诗人丘濬说："眼前景物口头语，便是诗家绝妙词。"绝妙的语言，一般不是苦思冥想出来的，而是让人觉得话就在嘴里放着，一张嘴就出来了，毫不费力；一费力就觉得降了档次，算不上"绝妙好辞"。"两句三年得，一吟双泪流"，应该说的是锤炼思想与感情，如果说是指一味推敲字眼，未免太过了。许多我们认为锤炼出来的诗句，也许在创作的时候，正是作者"冲口而出"的呢。

㊱ 情至深处语平淡

院子里刀砍斧凿，叮叮当当。母亲一定知道是在给她打棺材。她闭目躺在床上，脸色苍白如纸。突然，她睁开眼睛，抓住我的手，用虚弱而又平静的语气说：

"妮儿，到那天哭一会儿就行了，冷天冻地的，你妹妹还小，别感冒了。"

——《刻骨铭心的记忆》

这是一位学生作文中的语段。我在讲台上读到此处，好几位同学流出眼泪，我也流出了眼泪。这几句平淡的文字中所蕴蓄的情感如湖水泄闸般一下子淹没了我的心灵。这是对生活的真实记录，非亲身经历者，绝难想象。

梅尧臣说："作诗无古今，唯造平淡难。"其实平淡的语言并不难写，难的是语言平淡而感情丰沛。正如林语堂在《写作的艺术》中所说的那样："平淡最醇最可爱，而最难。何以故？平淡去肤浅无味只有毫厘之差。"

怎样才能写出文字平淡而又情感醇厚的语言？唯一的途径是观察、感悟生活，只有从生活的感悟中，才能酿出语言的美酒。语言的锤炼，说到底是思想和感情的锤炼。感情真挚、动人心灵者，一定会出语平淡；语言的藻饰能展现作者的智慧，却很难增添感情的分量。我们看下面这篇短文：

亡妻龚氏圹铭

彭绩

乾隆四十三年九月朔，彭绩秋士，具舟载其妻龚氏之枢，之吴县九龙坞彭氏墓；翌日葬之。

龚氏讳双林，苏州人，先世徽州人。国子生讳用鳌之次女；处士讳景骙之冢妇。嫁十年，年三十，以疾卒，在乾隆四十一年二月之十二日。诸姑兄弟哭之，感动邻人。于是彭绩始知柴米价，持门户，不能专精读书；期年，发数茎白矣。

铭曰：作于宫，息土中。吁嗟乎，龚！

这是清代文人彭绩为其妻子写的墓志铭，语言朴素之极，而感情却至深至浓，真是字字如泪，令人痛彻心扉。"嫁十年，年三十，以疾卒"，何等令人惋惜！"诸姑兄弟哭之，感动邻人"，为人何等善良！"于是彭绩始知柴米价，持门户，不能专精读书"，为人妻何等贤惠！"期年，发数茎白矣"，妻死后何等哀痛！刘熙载在《艺概》中评价白居易的诗说："香山用常得奇。"彭绩的这篇铭文可谓深得其妙，用平常的字词，锻造奇崛的短语，具有强烈的感染力。

另外，中国古代文学史上的许多经典名篇都是如此，感情愈真挚，愈浓烈，而语言愈朴实，愈平淡。真挚的感情，特别是亲情、爱情、友情，是不能用华美的语言修饰的；再好的工艺，也难以表现出自然生命的鲜活与滋润。"至情言语，任何藻饰都是多余的，唯有平白如话，方能掏出一颗丹心挚情。"[1]朱彝尊说："性情厚者，词浅而意深；性情薄者，词深而意浅。"[2]现代作家高行健在《现代小说技巧初探》中说："朴素是真实感的可靠朋友。"[3]启功先生在《学艺回顾·诗词创作篇》中谈自己怀念妻子的诗词时说，他的《痛心篇》都是"掏心窝子"的话，因为他认为对老伴的真情根本不需要通过修饰去表达，最家常、最普通、最浅显的话就能，也才能表达最真挚、最深切的感情。我们读朱自清先生的《荷塘月色》《绿》

[1]赵莹.至情言语出本真——《背影》语言品味二题［J］.中学语文教学，2014，412（4）：53-54.

[2]唐圭璋.词话丛编［M］.中华书局，1986：284.

[3]高行健.现代小说技巧初探［M］.花城出版社，1981：94.

《匆匆》《桨声灯影里的秦淮河》，无不为他的文采所折服，真是字字珠玑，句句斑斓；但他写亲情的文章却是另一种风格，朴实、平淡，如话家常，如《背影》《给亡妇》《冬夜》等。什么样的内容，写什么样的语言，先生真是游刃有余，出神入化。

我们举《红楼梦》中的文字为例：书中为悼念晴雯而写的《芙蓉女儿诔》，文辞华赡，满目琳琅，但动人心处不过一二；而第九十八回写黛玉之死的文字，真是悲情勃发，催人泪下：

这里黛玉睁开眼一看，只有紫鹃和奶妈并几个小丫头在那里，便一手攥了紫鹃的手，使着劲说道："我是不中用的人了。你伏侍我几年，我原指望咱们两个总在一处。不想我……"说着，又喘了一会子，闭了眼歇着。紫鹃见他攥着不肯松手，自己也不敢挪动，看他的光景比早半天好些，只当还可以回转，听了这话，又寒了半截。半天，黛玉又说道："妹妹，我这里并没亲人。我的身子是干净的，你好歹叫他们送我回去。"说到这里又闭了眼不言语了。那手却渐渐紧了，喘成一处，只是出气大入气小，已经促疾的很了。

紫鹃忙了，连忙叫人请李纨，可巧探春来了。紫鹃见了，忙悄悄的说道："三姑娘，瞧瞧林姑娘罢。"说着，泪如雨下。探春过来，摸了摸黛玉的手已经凉了，连目光也都散了。探春紫鹃正哭着叫人端水来给黛玉擦洗，李纨赶忙进来了。三个人才见了，不及说话。刚擦着，猛听黛玉直声叫道："宝玉，宝玉，你好……"说到"好"字，便浑身冷汗，不作声了。紫鹃等急忙扶住，那汗愈出，身子便渐渐的冷了。[1]

这两段文字中，林黛玉所说的三段话，非但是发自肺腑，而且是血泪之言。"我是不中用的人了。你伏侍我几年，我原指望咱们两个总在一处。不想我……"，话语中有无限的依恋与不舍；"妹妹，我这里并没亲人。我的

---

[1] 曹雪芹.脂砚斋重评石头记庚辰校本［M］.作家出版社，2009：1352.

身子是干净的，你好歹叫他们送我回去。"语言如冰，冷气入骨；"宝玉，宝玉，你好……"，充满怨罹的呼叫把感情推向高潮。几句平常话，读来断人肠。

《文心雕龙》中说："昔诗人什篇，为情而造文；辞人赋颂，为文而造情。何以明其然？盖《风》《雅》之兴，志思蓄愤，而吟咏情性，以讽其上，此为情而造文也；诸子之徒，心非郁陶，苟驰夸饰，鬻声钓世，此为文而造情也。故为情者要约而写真，为文者淫丽而烦滥。""为情而造文"，是先有感情后作文，但得抒情，不会过分地修饰文字，正如吕坤在《呻吟语》中所说的："诗辞要如哭笑，发乎情之不容已，则真切而有味。果真矣，不必较工拙。后世只要学诗辞，然工而失真，非诗辞之本意矣。故诗辞以情真切、语自然者为第一。"

顾随先生说："……诗与情几乎又是不两立的。小诗是抒情的，但情太真了往往破坏诗之美，反之，诗太美了也往往遮掩住诗情之真。故情深与辞美几不两立。"[1]这话可谓深得写作之三昧。

［1］顾随.驼庵诗话［M］//顾随.顾随全集：讲录卷.河北教育出版社，2001：29.

③7 洗尽铅华见本真

上一篇文章谈到了平淡的语言风格，觉得意犹未尽，还想再谈谈。"平淡"是很高的语言境界，有时比"华美"更加受人称许。梅尧臣说："作诗无古今，唯造平淡难。"为什么说平淡很难呢？因为平淡不是大白话，苏轼在《与侄书》中说："凡文字，少小时须令气象峥嵘，彩色绚烂。渐老渐熟，乃造平淡。其实不是平淡，绚烂之极也。"平淡是绚烂之后的返璞归真，有时是对华美的超越。这样的"平淡"，看似简单随意，其实千锤百炼。

傅庚生先生的《中国文学欣赏举隅》中有一段话：

《漫叟诗话》云："'桃花细逐杨花落，黄鸟时间白鹭飞'。李商老云：'尝见徐师川，说一士大夫家，有老杜墨迹，起初云桃花欲共杨花语，自以淡墨改三字。'乃知古人文字不厌改也。"初云花欲共语，语新颖而清浅，嗣改为细细相逐而落，语清隽而贴实；盖花故能落而未能语也。

傅先生分析得很对，"花欲共语"，看似造语尖新，但矫揉造作，且不合情理。"桃花细逐杨花落"，虽然用语平实，却给人强烈的画面感，读者仿佛置身景中。这就是所谓的"朴字见色"吧。同样的情况再举两个名家鉴赏的例子：

韩愈《山石》"芭蕉叶大栀子肥"，描写一场透雨后的寺中植物，"大""肥"二字平常之至，可是却把受到雨水滋润的植物的特有状貌刻画得淋漓尽致，可谓把平常字词用得出神入化。[1]

---

[1] 莫砺锋. 韩愈的《山石》好在何处. 文史知识，2011，359（11）：28–31.

　　曾公亮《宿甘露僧舍》"开窗放入大江来"，"放入""来"三字平中见奇，于是浩浩大江化作了一条有灵性、有情感的巨龙，它想同诗人亲近，诗人就开窗把它放进来了。这一匪夷所思的想象，写活了扬子江浩荡奔腾的气势，也写活了诗人拥抱大江的豪情胜慨，并使读者感受到人与大自然竟能如此相知相契。[1]

　　以上举的都是用字，下面举一首诗歌为例。元代姚燧《凭栏人·寄征衣》：

　　欲寄君衣君不还，不寄君衣君又寒。寄与不寄间，妾身千万难。

　　本曲写相思之情，完全是思妇的口语，自然真切，虽是文人创作，却是民歌的风味。写出这样的文字并不容易，因为这简单的话语包含的感情是浓烈的。在文学创作中，感情的锤炼比字词的锤炼难得多。

　　再看一篇文章，朱元璋当了皇帝后，有一篇写给故友的书信——《与田兴书》：

　　元璋见弃于兄长，不下十年。地角天涯，未知云游之处，何尝暂时忘也。近闻打虎留江北，为之喜不可抑。两次诏请，而执意不肯我顾，如何见罪至此？兄长独无故人之情，更不得以勉强相屈。文臣好弄笔墨，所拟词意，不能尽人心中所欲言，特自作书，略表一二，愿兄长听之。……我二人者，不同父母，甚于手足。昔之忧患，与今之安乐，所处各当其时，而平生交谊，不为时势变也。……皇帝自是皇帝，元璋自是元璋。元璋不过偶然做皇帝，并非一做皇帝，便改头换面，不是元璋也。愿念兄长之情，莫问君臣之礼。至于明朝事业，兄长能助则助之，否则听其自便，只叙兄弟之情，不谈国家大事。美不美，江中水，清者自清，浊者自浊。再不过江，不是脚色。

　　这篇书信几乎全用口语写作，但表情达意，句句饱满。按照信中所言，"文臣好弄笔墨，所拟词意，不能尽人心中所欲言，特自作书"。朱元璋看

---

　　[1]陶文鹏.开窗放入大江来——曾公亮《宿甘露僧舍》赏析.文史知识，2011，360（12）：45–47.

不上别人的代笔，因为"好弄笔墨"，反不能表达自己的心意。其实，这不仅是弄不弄"笔墨"的事，关键是代笔的文臣没有当事人的情感体验，也不敢放笔造句。"皇帝自是皇帝，元璋自是元璋。元璋不过偶然做皇帝，并非一做皇帝，便改头换面，不是元璋也。""美不美，江中水，清者自清，浊者自浊。再不过江，不是脚色。"这等句子，别人岂能写出？又岂敢写出？这篇短短的书信，将作者豁达的胸怀、真诚的思念表现得淋漓尽致；而且在看似随意亲和的语调中，流露出胜利者的骄傲与威严。我们不知道那些文臣写出来的是怎样的文章，想来应该是满篇锦绣、字字珠玑吧，但它断乎比不上朱元璋自己这篇文章的感染力。朱元璋能写出这样的书信，并非源于他作文的技巧，而是源于他经历的风雨，源于他人情的练达。

许地山的《落花生》是语文教科书中的课文，我们看其中的两段文字：

我们屋后有半亩隙地。母亲说："让它荒芜着怪可惜，既然你们那么爱吃花生，就辟来做花生园罢。"我们几姐弟和几个小丫头都很喜欢——买种的买种，动土的动土，灌园的灌园；过不了几个月，居然收获了！

妈妈说："今晚我们可以做一个收获节，也请你们爹爹来尝尝我们的新花生，如何？"我们都答应了。母亲把花生做成好几样的食品，还吩咐这节要在园里的茅亭举行。

……　……

我们都说："是的。"母亲也点点头。爹爹接下去说："所以你们要像花生，因为它是有用的，不是伟大、好看的东西。"我说："那么，人要做有用的人，不要做伟大、体面的人了。"爹爹说："这是我对于你们的希望。"

我们谈到夜阑才散，所有花生食品虽然没有了，然而父亲的话现在还印在我心板上。

文字平白如话，没有华美的词藻，没有工整的句式，也没有巧妙的修辞，是名副其实的"辞达而已"。那么，它凭什么能成为现代散文中的经典名作？凭的是它的"内秀"，凭的是它平淡的语言中所蕴蓄的温和的亲情和朴素的哲理。这是语言的灵魂，有了这些，平淡的文字才能如旧藏的老酒，滋味醇香而绵长。

平淡的文字不容易写，因为稍不留意就会变成干瘪乏味。林语堂在《写作的艺术》中说："好作家如杨贵妃之妹妹，虽不涂脂抹粉，亦可与皇帝见面，宫中其他美人要见皇帝皆非涂脂抹粉不可。作家敢以简朴之文字写文章者这么少，原因在此。"

38 锦心绣腹写华章

刘勰在《文心雕龙》中说："繁采寡情，味之必厌。"但他同时又说："文乏异采，碌碌丽辞，则昏睡耳目。""夫以无识之物，郁然有形；有心之器，岂无文欤？"可见文采的意义之重要。我们平常批阅学生作文，有时下评语说"文采斐然"，有时说"略输文采"，那么，评判的标准是什么呢？什么样的文字称得上"有文采"？

一、语言凝练，含义丰富

我们看《柯灵散文选·序》中的两段文字：

饥来驱我，还在浑浑噩噩的少年，就过早地投身社会，赤手空拳，迎接命运的挑战。人海辽阔，世路多歧，幸而和缪斯萍水相逢，春雨如酥，润物无声，才使我睁开朦胧的心眼，避免了可悲的沉沦迷误。以天地为心，造化为师，以真为骨，美为神，以宇宙万物为友，人间哀乐为怀，崇高阔远的未来为理想：艺术的历程和生活的历程同样瑰丽，而又同样漫长曲折和艰辛。感谢这一片远岸遥灯，一直在黑暗中照着我前进。

纸上烟云，恰如屐齿印苍苔，字字行行，涂涂抹抹，也就是斑斑点点浅浅深深的生命留痕。岁月无情，等闲头白，半世纪以上的沧海月明，桑田日暖，使我经历了多少忧忿慷慨，欢喜赞叹。纸短情长，自愧才薄，有负于水深浪阔的时代；但意蕊心香，历历如在，其中也不乏血泪的培壅。

柯灵先生向来以语言精雕细琢著称，他笔下的每一个字词都像是淬火后从石砧上敲击出来的，个个精悍无比。所谓锻词炼句，就是这种效果。

二、用词典雅，句式灵动

我们看张恨水《月下谈秋》中的文段：

淡月西斜，凉风拂户，抛卷初兴，徘徊未寐，便觉四壁秋虫，别有意味。

一片秋芦，远临水岸。苍凉夕照中，杂疏柳两三株。温李至此，当不复能为艳句。

月华满天，清霜拂地，此时有一阵咿哑雁鸣之声，拂空而去，小阁孤灯，有为荡子妇者，泪下涔涔矣。

……

乱山秋草，高欲齐人。间僻小径，仿佛通幽，夕阳将下，秋树半红。孤影徘徊，极秋士生涯萧疏之致。

这些文字散发着浓厚的古典气息，精巧雅致；句式整散结合，节奏明快，深得骈文神韵。将古典的词语、句式完美地融合于现代散文中，张恨水先生的《山窗小品》堪称典范。

三、联想丰富，辞采华美

如冰心《往事二》：

今夜林中月下的青山，无可比拟！仿佛万一，只能说是似娟娟的静女，虽是照人的明艳，却不飞扬妖冶；是低眉垂袖，璎珞矜严。

流动的光辉之中，一切都失了正色：松林是一片浓黑的，天空是莹白的，无边的雪地，竟是浅蓝色的了。这三色衬成的宇宙，充满了凝静、超逸与庄严；中间流溢着满空幽哀的神意，一切言词文字都丧失了，几乎不容凝视，不容把握！

今夜的林中，决不宜于将军夜猎——那从骑杂沓，传叫风生，会踏毁了这平整匀纤的雪地；朵朵的火燎，和生寒的铁甲，会缭乱了静冷的月光。

今夜的林中，也不宜于燃枝野餐——火光中的喧哗欢笑，杯盘狼藉，会惊起树上稳栖的禽鸟；踏月归去，数里相和的歌声，会叫破了这如怨如慕的诗的世界。

今夜的林中，也不宜于爱友话别，叮咛细语——凄意已足，语音已微；而抑郁缠绵、作茧自缚的情绪，总是太"人间的"了，对不上这晶莹的雪月，空阔的山林。

今夜的林中，也不宜于高士徘徊，美人掩映——纵使林中月下，有佳句可寻，有佳音可赏，而一片光雾凄迷之中，只容意念回旋，不容人物点缀。

我倚枕百般回肠凝想，忽然一念回转，黯然神伤……

今夜的青山只宜于这些女孩子，这些病中倚枕看月的女孩子！

假如我能飞身月中下视，依山上下曲折的长廊，雪色侵围阑外，月光浸着雪净的衾绸，逼着玲珑的眉宇。这一带长廊之中：万籁俱绝，万缘俱断，有如水的客愁，有如丝的乡梦，有幽感，有彻悟，有祈祷，有忏悔，有万千种话……

山中的千百日，山光松影重叠到千百回，世事从头减去，感悟逐渐侵来，已滤就了水晶般清澈的襟怀。这时纵是顽石的钝根，也要思量万事，何况这些思深善怀的女子？

往者如观流水——月下的乡魂旅思，或在罗马故宫，颓垣废柱之旁；或在万里长城，缺堞断阶之上；或在约旦河边，或在麦加城里；或超渡莱茵河，或飞越落玑山；有多少魂销目断，是耶非耶？只她知道！

来者如仰高山，——久久的徘徊在困弱道途之上，也许明日，也许今年，就揭卸病的细网，轻轻的试叩死的铁门！

天国泥犁，任她幻拟：是泛入七宝莲池？是参谒白玉帝座？是欢悦？是惊怯？有天上的重逢，有人间的留恋，有未成而可成的事功，有将实而仍虚的愿望；岂但为我？牵及众生，大哉生命！

这一切，融合着无限之生一刹那顷，此时此地的，宇宙中流动的光辉，是幽忧，是彻悟，都已宛宛氤氲，超凡入圣——

万能的上帝，我诚何福？我又何辜？……

作者写月夜林中之幽静，展开丰富联想。今夜的林中，不宜于"将军夜猎"，不宜于"燃枝野餐"，也不宜于"爱友话别""高士徘徊"，只宜于"病中倚枕看月的女孩子"；接下来用"假如"领起，写此时此地的无限忧思与感慨，真是"思接千载，视通万里"，想象辽阔悠远，文辞丰赡华美，读来美不胜收。

四、修辞奇妙，意境优美

我们读何其芳《黄昏》中的文字：

马蹄声，孤独又忧郁地自远至近，洒落在沉默的街上如白色的小花朵。我立住。一乘古旧的黑色马车，空无乘人，纡徐地从我身侧走过。疑惑是载着黄昏，沿途散下它阴暗的影子，遂又自近至远地消失了。

马蹄声"孤独而又忧郁"，比拟已经很别致；洒落在街上"如白色的小花朵"，这个比喻真是奇思妙想，将黄昏街头的幽静、落寞，作者此时的孤独、忧伤表现得淋漓尽致。何其芳是著名诗人，《黄昏》是他用诗一般的语言写的散文。

再看宗白华先生笔下的文字：

那四围的山色秾丽清奇，似梦如烟；初春的地气，在佳山水里蒸发得较早，举目都是浅蓝深黛；湖光峦影笼罩得人自己也觉得成了一个透明体。而青春的心初次沐浴到爱的情绪，仿佛一朵白莲在晓露里缓缓地展开，迎着初升的太阳，无声地颤栗地开放着，一声惊喜的微呼，心上已抹上胭脂的颜色。

纯真的刻骨的爱和自然的深静的美在我的生命情绪中结成一个长期的微渺的音奏，伴着月下的凝思，黄昏的远想。

——《我与诗》

　　这段文字所描绘的意境是多么优美啊：山色似梦如烟，举目浅蓝深黛，青春的心仿佛白莲在晓露里缓缓展开，抹上胭脂的颜色。景美，情美，但关键还是语言美。优美的语言，赋予了文章典雅的气质。柯灵在为自己的散文选集所作的序中写道："语言的锤炼对散文创作有重要意义。我生长于水乡，秋水的盈盈使我心旷神怡。我曾多次独坐江楼，沉醉于水月交辉的宁静与晶莹。有一次半夜梦醒，清朗的月光直把尘世洗沐得有如明镜，我久久延伫庭前，竟忘了风露袭人。另一次冬夜外出，四望皎然，我满心欢喜，以为看到了一天难得的好月色，待到一阵凛寒，轻冷的冰花扑面而来，我才憬悟原来是下了大雪。我多么希望我的文格能赋有这种灵动皎洁、清光照人的气质，可惜至今还只是一种理想的境界。"[1]所谓"文格"，大概就是文章所表现出来的精神气质吧。而"灵动皎洁、清光照人"的气质，应该是语言的自然流露。宗白华先生的这段文字，庶几近之。

　　总之，语言的文采大抵表现在这样几个方面：语言凝练，用词典雅，句式灵动，联想丰富，修辞奇妙，意境优美。同学们可在阅读时留心品赏。

---

［1］柯灵.柯灵散文选［M］.人民文学出版社，1983：3-4.

39 淡妆浓抹总相宜

　　朴素和华美是不同的语言风格，但有时同一个作家、甚或同一篇文章，也可以二者兼备。吴宓先生说："盖天下之物，全同则无美。纯整则无美，纯散则亦无美。惟异中有同，或寓整于散，而美始生。"[1]明代卫泳所辑《悦容编》中有一段话，本来是谈论女人如何化妆的，但也适合谈论文章："饰不可过，亦不可缺。淡妆浓抹，唯取适宜耳。首饰不过一珠一翠，一金一玉，疏疏散散，便有画意。如一色金银，簪钗行列，倒插满头，何异卖花草标？"语言要有文采，没有文采会显得枯淡，但也要有度，修饰过分，就成了雕琢。二者兼备，又调和自然，便会别有一番情调。

　　张恨水《山窗小品》中有一篇文章《购两当轩集者》，前面全是用平实的语言叙写街头买书的情景，结尾这样写道：

　　别一年矣，满村风雨，重阳期近，举室惶惶谈刀尺事。念全家都在西风里之句，想两当轩诗，更想此购两当轩集之人。

　　这段话暗含三个典故，一个是宋代潘大临的诗句"满城风雨近重阳"，一个是李白的诗句"寒衣处处催刀尺"，还有一个是《两当轩集》的作者黄仲则的"全家都在风声里，九月衣裳未剪裁"。三个典故既合眼前之景，又合事中之人，看似随手写来，却文字典雅，内涵丰富，非功力深厚者不

---

[1] 吴宓.诗学总论 [J] .学衡，1922, 9（9）：13–14.

能写出。

归有光的《项脊轩志》，从整篇文章看，语言平实素朴，不假雕饰，但第一段写在轩中的观感，却句式整齐，文辞华美：

借书满架，偃仰啸歌，冥然兀坐，万籁有声。而庭阶寂寂，小鸟时来啄食，人至不去。三五之夜，明月半墙，桂影斑驳，风移影动，珊珊可爱。

孙犁的散文《黄鹂》，前面的记叙和描写全是平实的文字，最后却用整句结尾：

是的，这里的湖光山色，密柳长堤；这里的茂林修竹，桑田苇泊；这里的乍雨乍晴的天气，使我看到了黄鹂的全部的美丽，这是一种极致。

各种事物都有它的极致。虎啸深山，鱼游潭底，驼走大漠，雁排长空，这就是它们的极致。

汪曾祺《收字纸的老人》也是如此，前面文字全是平实朴素，结尾转用整句：

老白粗茶淡饭，怡然自得。化纸之后，关门独坐。门外长流水，日长如小年。

这种写法正符合开头所引卫泳在《悦容编》中提出的审美标准。上面举出的几段文字，正是"一珠一翠，一金一玉"的首饰，虽然不多，却非常靓丽。

王力先生的《龙虫并雕斋琐语》是另一种特色。他常常在平实的语言中突然插入几句骈体文字，四六对仗，工整典雅，读来饶有情趣。下面举几段为例：

同时，书籍的印刷也呈现空前的奇观。墨痕尚湿，漫漶过于孔宙之碑；纸色犹新，断烂犹如汲冢之简。

——《战时的书》

门低直欲碰头，室小不堪立足。坏甍渗雨，疏瓦来风。庭前晒粪，人成逐臭之夫；楼下炊粱，身是栖霞之客。而且三楹虽隘，六畜俱全。漫道晏眠已惯，鸡鸣未扰刘琨；无如好梦方酣，牛喘偏惊丙吉！

——《乡下人》

我虽一生不曾富裕过，直到现在还是嚷穷，但是，凭良心说，我也只在十七岁至二十岁的时候，和穷鬼相处过三年。居乏蜗庐，空美季伦之金谷；食无蜡李，将随梁武于台城。寒毛似戟，欲穿原宪之衣；蜷体如弓，犹失黔娄之被。日日送穷，人谁慰藉；朝朝逼债，鬼亦揶揄。此种滋味，非过来人不能道其万一。

——《穷》

这些文字不仅句式工整，而且大量用典，称得上是标准的骈体文，和古人的骈文比起来毫不逊色。一篇文章中嵌入几句这样的文字，显得十分醒目。读者阅读的时候，恰如登山临水的游客突然看到一片绝美的风景，禁不住赞叹不已，驻足流连。

欣赏一篇完整的小文章吧：

或又曰：礼拜六下午之乐事多矣，人岂不欲往戏园顾曲，往酒楼觅醉，往平康买笑，而宁寂寞寡欢踽踽然购读汝之小说耶？余曰：不然，买笑耗金钱，觅醉碍卫生，顾曲苦喧嚣，不如读小说之省俭安乐也。且买笑觅醉顾曲其为乐转瞬即逝，不能继续以至明日也。读小说则以小银元一枚，换得新奇小说数十篇，游倦归斋挑灯展卷，或与良友抵掌评论，或伴爱妻并肩互读。意兴稍阑，则以其余留于明日读之。晴曦照窗，花香入坐，一编在手，万虑都忘，劳瘁一周，安闲此日，不亦快哉！

——转引自刘绪源《今文渊源》

这是《礼拜六》创刊号上的一篇文章，有点发刊词的性质。文章语言既简洁又流畅，白话中糅合文言，散句中穿插整句，而且水乳交融，不着痕迹，可谓素朴中显文采，通俗中见典雅。

如果从教材中举一个例子，我想举郁达夫《江南的冬景》：

江南河港交流，且又地滨大海，湖沼特多，故空气里时含水分；到得冬天，不时也会下着微雨，而这微雨寒村里的冬霖景象，又是一种说不出的悠闲境界。你试想想，秋收过后，河流边三五家人家会聚在一道的一个小村子里，门对长桥，窗临远阜，这中间又多是树枝槎桠的杂木树林；在这一幅冬日农村的图上，再洒上一层细得同粉也似的白雨，加上一层淡得几不成墨的背景，你说还够不够悠闲？若再要点些景致进去，则门前可以泊一只乌篷小船，茅屋里可以添几个喧哗的酒客，天垂暮了，还可以加一味红黄，在茅屋窗中画上一圈暗示着灯光的月晕。人到了这一个境界，自然会得胸襟洒脱起来，终至于得失俱亡，死生不问了；我们总该还记得唐朝那位诗人做的"暮雨潇潇江上村"的一首绝句罢？诗人到此，连对绿林豪客都客气起来了，这不是江南冬景的迷人又是什么？

一提到雨，也就必然的要想到雪；"晚来天欲雪，能饮一杯无？"自然是江南日暮的雪景。"寒沙梅影路，微雪酒香村，"则雪月梅的冬宵三友，会合在一道，在调戏酒姑娘了。"柴门闻犬吠，风雪夜归人，"是江南雪夜更深人静后的景况。"前树深雪里，昨夜一枝开，"又到了第二天的早晨，和狗一样喜欢弄雪的村童来报告村景了。诗人的诗句，也许不尽是在江南所写，而做这几句诗的诗人，也许不尽是江南人，但假了这几句诗来描写江南的雪景，岂不直截了当，比我这一枝愚劣的笔所写的散文更美丽得多？

这两段文字将平实与华美糅合在一起，朴素中显露典雅。大量的引用古人诗句，却清新自然，毫无矫揉造作的痕迹。正如古希腊哲学家赫拉克利特所说的："互相排斥的东西结合在一起，不同的音调造成最美的和谐。"[1] 如果以人作比的话，称得上是既有小家碧玉之素颜，又有大家闺秀之气质。

作家多有自己的语言风格，或平实素朴，或清新自然，或丰赡华美，等等，但这只能是整体上显露的特色，具体到每一篇文章，却常常会有所突

---

[1] 王云.赫拉克利特的和谐思想及其现代意义 [J].理论月刊，2008，360（4）：37-39.

破，表现出多元的语言风格。周作人在为俞平伯的散文集《燕知草》作的跋中写道："我想必须有涩味与简单味，这才耐读，所以他的文词还得变化一点。以口语为基本，再加上欧化语，古文，方言等分子，杂糅调和，适宜地或舍啬地安排起来，有知识与趣味的两重的统制，才可以造出有雅致的俗语文来。"这是周作人提倡的语言风格，我们不一定认同，但有一点启示是对的，就是文章应该是多种语言形式的融合，过于单调则容易让人乏味。

㊵ 言有尽而意无穷

先看古代两个关于绘画的故事：

徽庙试画工，以"万绿枝头红一点，动人春色不须多"为意。众皆妆点花卉，唯一工于屋楼缥缈、绿杨隐映中，画一妇人凭栏立，众工遂服。

——宋·俞文豹《吹剑录》

……当是时，臣之先祖适在政府，荐宋迪犹子子房以当博士之选。是时子房笔墨妙出一时，咸谓得人。所试之题，如"野水无人渡，孤舟尽日横"。自第二人以下，多系空舟岸侧，或拳鹭于舷间，或栖鸦于蓬背，独魁则不然。画一舟人卧于舟尾，横一孤笛。其意以为非无舟人，止无行人耳，且以见舟子之甚闲也。

——宋·邓椿《画继》

以"万绿枝头红一点，动人春色不须多"为意作画，"妆点花卉"输给了"一妇人凭栏立"，为什么呢？因为"妆点花卉"将诗句的意思理解得太落实，太显豁，太死板，而"画一妇人凭栏立"，则使画面的内涵一下子丰富起来了，能引发读者广阔丰富的联想和想象。第二个故事也是同样的道理。画"系空舟岸侧"，则诗人闲淡萧散的情致全然失去。"画一舟人卧于舟尾，横一孤笛"，看似画的是舟人，实际上表现的是画家自己的情怀。清代画家汤贻汾在《画鉴析览》中说："人但知有画处是画，不知无画处皆画。画之空处全局相关，即虚实相生法。"

这是绘画，诗文也是如此。不能太露、太实，要含蓄蕴藉，给读者留有联想、想象的空间。留的空间愈大，语言的内涵愈丰富。梅尧臣所谓"含不尽之意见于言外"，正是这个意思。

宋人张戒在《岁寒堂诗话》中评论杜甫的诗：

《哀江头》云："昭阳殿里第一人，同辇随君侍君侧。"不待云"娇侍夜""醉和春"，而太真之专宠可知。不待云"玉容""梨花"，而太真之绝色可想也。……"江水江花岂终极"，不待云"比翼鸟""连理枝""此恨绵绵无绝期"，而无穷之恨，《离黍》《麦秀》之悲，给予言外。

杜甫《春夜喜雨》描绘春夜好雨，表现诗人的喜悦心情，虽然没有直接写出"喜"字，但"'喜'意都从罅缝里迸透"（浦起龙《读杜心解》）。

我们看崔颢的《长干行》：

> 君家何处住？妾住在横塘。
>
> 停船暂借问，或恐是同乡。
>
>
> 家临九江水，来去九江侧。
>
> 同是长干人，自小不相识。

莫砺锋先生分析说："两首诗全由对话构成，前者出于女子之口，后者则显然是一位男子。诗中两个人物不着一字，却使读者不但如闻其声，而且如见其人。……两首诗一共只有八句，但是言约义丰，一个优美的爱情故事已经展开在读者面前。"[1]单凭这几句诗的字面意思，是看不到一个优美的爱情故事的，优美的爱情故事是通过读者的联想来完成的。而读者的联想绝非凭空虚构，它源于诗句中所蕴含的信息，是对作者故意隐藏的信息的发掘与再现。正如刘知几在《史通·叙事》中所说："言近而旨远，辞浅而义深，虽发语已殚，而含义未尽。使夫读者重表而知里，扪毛而辨骨，睹

---

[1]莫砺锋.繁简各得其妙的三首《长干行》[J].文史知识,2011,351（3）：50-53.

一事于句中，反三隅于字外。"钱锺书先生评价李清照"新来瘦，非干病酒，不是悲秋"句"最为警拔"，因为"不明道是何，说而不说，不说而说"。[1]"说而不说，不说而说"，这话说得很好：你说他说了，他没有说明；你说他没说，他又能让你读懂他的意思。这正是"含蓄"的妙处。就像管用和的《选种》：

> 哥妹选种选得精。
>
> 妹妹故意问一声，
>
> 问哥你可选好了？
>
> 铜铃打鼓另有音。
>
> 哥说捏在巴掌心。

"问哥你可选好了？""哥说捏在巴掌心。"两个人一问一答，都像不着调，但两人都表白了自己的心意，也知道了对方的心意。

《红楼梦》是语言艺术的宝库，什么奇妙的艺术手法都可以从中列举。就说含蓄吧，我们看第六十三回"寿怡红群芳开夜宴　死金丹独艳理亲丧"中大家掣签行酒的文段：宝钗掣到的签上画的是牡丹，配的诗句是"任是无情也动人"；探春掣的是杏花，诗句是"日边红杏倚云栽"；李纨掣的是梅花，诗句是"竹篱茅舍自甘心"；湘云掣的是海棠，诗句是"只恐夜深花睡去"；麝月掣的是荼蘼，诗句是"开到荼蘼花事了"；香菱掣的是并蒂花，诗句是"连理枝头花正开"；黛玉掣的是芙蓉，诗句是"莫怨东风当自嗟"；袭人掣的是桃花，诗句是"桃红又是一年春"。八个人，八种花，八句诗，每一种花、每一句诗都暗含着一个人的命运或性格。作者没有一句议论或抒情，好像完全是客观地写实，掣到什么花，都是她们自己命运的安排，自然而然，没有什么寓意。但是读完整部小说，你便会惊叹于作者语言艺术的高妙。胡适在为汪静之《蕙的风》作序时说："古人说的'含蓄'，

---

[1] 张炼强.试谈"说而不说，不说而说"[J].逻辑与语言学习，1994，74（2）：39-41.

并不是不求人解的不露，乃是能透过一层，反觉得直说直叙不能表达出诗人的本意，故不能不脱略枝节，超出细目，抓住一个要害之点，另求一个'深入浅出'的方法。"这段话完全适合于评论上面所引的《红楼梦》中的文字。

我们再来欣赏一篇马克·吐温的小说：

丈夫支出账单中的一页

招聘女打字员的广告费……（支出金额）

提前一星期预付给女打字员的薪水……（支出金额）

购买送给女打字员的花束……（支出金额）

同她共进的一顿晚餐……（支出金额）

给夫人买衣服……（一大笔开支）

给岳母买大衣……（一大笔开支）

招聘中年女打字员的广告费……（支出金额）

这是一场生动的家庭闹剧。作者仅仅写出丈夫支出的账目，把账目支出的背景和后果这个广阔的空间留给读者去想象。真可谓以一当十，精简之至。

英国美学家鲍桑葵指出："如果在味觉、嗅觉、触觉、热和冷的领域中有任何东西具有同美的价值相似的价值的话，可以肯定，那绝不是最强烈的感觉，也绝不是最令人愉快的感觉，而倒是最富于暗示性的感觉，也就是最富于联想的感觉。" [1]

含蓄是一种高妙的表达艺术，朱光潜在《无言之美》中说，文学之所以美，不仅在有尽之言，而尤在无穷之意。说出来的越少，留着不说的越多，所引起的美感就越大越深越真切。我们平常所说的"语言富有诗意"，多半情况说的就是语言含蓄而富有张力。记不清从哪里看到的话了，大意是"诗中有文章，诗感就淡；但文中有诗意，文章就灵动"。这话说得真好。

---

[1] 伯纳德·鲍桑葵.美学史[M].商务印书馆，1985：13.

41 删繁就简三秋树

张中行先生在《作文杂谈》中讲了一个故事，讽刺空洞无物的文章。故事说有人以"二郎庙"为题作文，其中有这样的句子：

"夫二郎者，大郎之弟，三郎之兄，而老郎之子也。庙前有二松，人皆谓树在庙前，我独谓庙在树后。"

人们还经常举下面的一些句子为例嘲笑语言的重复啰唆：

一个孤僧独自行。

关门闭户掩柴扉。

天地乃宇宙之乾坤，吾心实中怀之在抱。

有席卷天下、包举宇内之意，囊括四海、并吞八荒之心。

啰唆的反面是简洁。简洁就是不要浮词赘语，就像鲁迅先生说的："写完后至少看两遍，竭力将可有可无的字，句，段删去，毫不可惜。"[1]梁实秋在《我的一位国文老师》中回忆自己的老师批改作文：

他最擅长的是用大墨杠子大勾大抹，一行一行地抹，整页整页地勾；洋洋千余言的文章，经他勾抹之后，所余无几了。……他说："你拿了去细细地体味，你的原文是软爬爬的，冗长，懈啦光唧的，我给你勾掉了一大半，你再读读看，原来的意思并没有失，但是笔笔都立起来了，虎虎有生气

[1]鲁迅.答北斗杂志社问[M]//鲁迅.鲁迅全集：第四卷.人民文学出版社，2005：373.

了。"我仔细一揣摩，果然。他的大墨杠子打得是地方，把虚泡囊肿的地方全削去了，剩下的全是筋骨。

所谓"删繁就简三秋树"就是这种境界吧：干干净净，疏疏朗朗，字字有精神，语言少而内涵丰。

我们看苏轼《后赤壁赋》中的文字：

于是携酒与鱼，复游于赤壁之下。江流有声，断岸千尺，山高月小，水落石出。曾日月之几何，而江山不可复识矣。

四十余字，叙事、写景、议论，笔笔到位，而又与《前赤壁赋》遥相呼应。"江流有声，断岸千尺，山高月小，水落石出"将赤壁秋夜的空旷、萧索全写出来了。还有他的《记承天寺夜游》：

元丰六年十月十二日夜，解衣欲睡，月色入户，欣然起行。念无与为乐者，遂至承天寺寻张怀民。怀民亦未寝，相与步于中庭。庭下如积水空明，水中藻荇交横，盖竹柏影也。何夜无月？何处无竹柏？但少闲人如吾两人者耳。

这样干净的文字，真是增一字则多余，减一字则不足。作者的心理活动和朋友间的言谈举止，均未着一字，但作者心情之愉快、两人精神之默契却表现俱足。契诃夫说："写作的艺术在于删、削、涂抹。雕刻一个石头的人脸，无非是把石头上不是脸的地方凿掉。"将多余的语句删掉，不仅不会减少要表达的意思，反倒会因为想象空间的放大，使读者收获更多的内容信息。

张岱的文字深得简洁传神之妙趣，我们看他的名篇《湖心亭看雪》：

崇祯五年十二月，余住西湖。大雪三日，湖中人鸟声俱绝。是日更定矣，余挐一小舟，拥毳衣炉火，独往湖心亭看雪。雾凇沆砀，天与云与山与水，上下一白。湖上影子，惟长堤一痕、湖心亭一点、与余舟一芥、舟中人两三粒而已。到亭上，有两人铺毡对坐，一童子烧酒炉正沸。见余，大喜曰："湖中焉得更有此人！"拉余同饮。余强饮三大白而别。问其姓氏，是金陵人，客此。及下船，舟子喃喃曰："莫说相公痴，更有痴似相公者！"

一篇不足二百字的游记，叙事详备，写景生动，刻画入神，形象饱满，给读者留下鲜明的印象和广阔的审美空间。孙鑛在《与李于田论文书》中说"精腴简奥，乃文之上品"，对此他解释说："古人无纸，汗青刻简，为力不易，非千锤百炼，度必不朽，岂轻以灾竹木？"张岱的文章正是这种"精腴简奥"的上乘文字。但孙鑛把这种文风完全归于"古人无纸，汗青刻简，为力不易"是有失偏颇的。简洁是一种文章风格，现代文中也不乏这样的作家。有人评论废名先生，说他像写绝句一样写文章。可见其惜墨如金到何种程度。

我们看孙犁《荷花淀》中的两处文字：

女人们到底有些藕断丝连。过了两天，四个青年妇女集在水生家里来，大家商量：

"听说他们还在这里没走。我不拖尾巴，可是忘下了一件衣裳。"

"我有句要紧的话得和他说说。"

水生的女人说：

"听他说鬼子要在同口安据点……"

"哪里就碰得那么巧，我们快去快回来。"

"我本来不想去，可是俺婆婆非叫我再去看看他，有什么看头啊！"

五个女人，每人一句话，其他什么也没描写，但各有各的性格特点，委婉、爽快、庄重、冒失、羞赧，个个呼之欲出，如在眼前。如果换成拖沓的文笔，大写一通外貌、神情、动作等等，必将是啰里啰唆的一大段。

再看另一处：

她们轻轻划着船，船两边的水哗，哗，哗。顺手从水里捞上一棵菱角来，菱角还很嫩很小，乳白色。顺手又丢到水里去。那棵菱角就又安安稳稳浮在水面上生长去了。

"现在你知道他们到了哪里？"

"管他哩，也许跑到天边上去了！"

她们都抬起头往远处看了看。

"唉呀！那边过来一只船。"

"唉呀！日本，你看那衣裳！"

"快摇！"

还是五句话，将复杂的场景勾勒得十分鲜明，情节的跳跃，情绪的陡变，用两个"唉呀"全部表现出来了。正如刘熙载在《艺概》中所说："一语为千万语所讬命，是为笔头上担得千钧。"

简洁不仅是一种语言技巧，也是一位作家思想修养的体现。刘大櫆在《论文偶记》中说：

"文贵简。凡文，笔老则简，意真则简，辞切则简，理当则简，味淡则简，气蕴则简，品贵则简，神远而含藏不尽则简。故简为文章尽境。"

这段话说文字有八种情况下的简洁：一是笔法老到，二是感情真挚，三是言辞恳切，四是说理恰当，五是情趣淡雅，六是文气蕴藉，七是文品庄重，八是委婉含蓄。按照刘大櫆的说法，"简"就是为文的最高境界了。

42 看似寻常最奇崛

　　汪曾祺先生在《"揉面"》中讲了一个小故事：

　　王安石曾见一个青年诗人写的诗，绝句，写的是在宫廷中值班，很欣赏。其中的第三句是："日长奏罢长杨赋。"王安石给改了一下，变成"日长奏赋长杨罢"，且说"诗家语必此等乃健"。

　　为什么"诗家语必此等乃健"呢？王安石没有解释。我觉得钱锺书《谈艺录》中两句话可为王安石做注解。钱先生说：

　　"科以'标准语言'之惯规，'诗歌语言'每不通不顺。""文法求文从字顺，而修辞则每反常规，破律乖度，重言稠叠而不以为烦，倒装逆插而不以为戾，所谓'不通'之'通'。"

　　什么是"不通之通"？就是从语法的角度看，不合规矩；但是从修辞的角度看，却有出人意料的效果。正像谢叠山所云："欧阳公文章为一代宗师，然藏锋敛锷，韬光沉馨，不如韩文公之奇奇怪怪，可喜可愕。"[1]"奇奇怪怪"即看似不通，"可喜可愕"乃修辞妙境。

　　鲁迅先生《秋夜》开头的两句话：

　　在我的后园，可以看见墙外有两株树，一株是枣树，还有一株也是枣树。

　　按照语言的常规，这个句子属于"啰唆"，不如"可以看见墙外有两株

---

　　[1] 刘熙载. 艺概 [M]. 上海古籍出版社, 1978: 29.

枣树"更减省，但这样一改，文字中的内涵和韵味也损失殆尽了。首先，这句话用了蒙太奇的方法，读者好像看电影，一句话一个镜头：先看到后园，再看到墙外的树，然后镜头拉近，一棵枣树，再拉近，又一棵枣树……这样写，将景物之单调和心情之寂寞融合一起，慢慢地渗入读者的心里。其次，两个分句之间形成认知上的顿挫，"一株是枣树"，从常规的叙述来说，下一株应该是另一种树，可是作者却徐徐道来，"还有一株也是枣树"，好像是故意和读者开个玩笑，也像是自言自语，总之，我们深深地感到了作者无法排遣的孤独和寂寞。

我们再来读萧红《呼兰河传》中的两段文字：

呼兰河这小城里边住着我的祖父。

我生的时候，祖父已经六十多岁了，我长到四五岁，祖父就快七十了。我还没长到二十岁，祖父就七八十岁了。祖父一过了八十，祖父就死了。

这段文字中好多年龄数字，看起来啰里啰唆的。"我生的时候，祖父六十多岁"，意思已经说完了，下面的话都是"废话"。但我们读两遍就会发现，这些话大有用处。作者好像是没话找话，絮絮叨叨，她好像不是写文章，而是和一位陌生人说闲话。她的目的不是说给别人听，而是表达自己对祖父的无限怀念和现在心境的荒凉。还有：

花开了，就像花睡醒了似的。鸟飞了，就像鸟上天了似的。虫子叫了，就像虫子在说话似的。一切都活了。都有无限的本领，要做什么，就做什么。要怎么样，就怎么样。都是自由的。倭瓜愿意爬上架就爬上架，愿意爬上房就爬上房。

黄瓜愿意开一个谎花，就开一个谎花，愿意结一个黄瓜，就结一个黄瓜。若都不愿意，就是一个黄瓜也不结，一朵花也不开，也没有人问它。玉米愿意长多高就长多高，他若愿意长上天去，也没有人管。蝴蝶随意的飞，一会儿从墙头飞来一对黄蝴蝶，一会儿又从墙头上飞走了一个白蝴蝶。它们是从谁家来的，又飞到谁家去？太阳也不知道这个。

只是天空蓝悠悠的，又高又远。

"倭瓜愿意爬上架就爬上架，愿意爬上房就爬上房。黄瓜愿意开一个谎花，就开一个谎花，愿意结一个黄瓜，就结一个黄瓜。若都不愿意，就是一个黄瓜也不结，一朵花也不开，也没有人问它。"这些句子看起来是多么平淡，但是表达的情绪非常饱满。有艺术的匠心吗？好像没有，是随随便便地写出来，显得很"幼稚"，像孩子的语言。对了，正是这种"幼稚"，才能充分地表达作者对记忆中的园子的无限深情。

同样的手法还可以举刘亮程的散文为例：

我走时候还不知道向那些熟悉的东西告别。不知道回过头说一句：草，你要一年年地长下去啊；土墙，你站稳了，千万不能倒啊；房子，你能撑到哪年就强撑到哪年，万一你倒塌了，可千万把破墙圈留下，把朝南的门洞和窗口留下，把墙角的烟道和锅头留下，把破瓦片留下，最好留下一小块泥皮，即使墙皮全脱落光，也在不经意的、风雨冲刷不到的那个墙角上，留下巴掌大的一小块吧，留下泥皮上的烟垢和灰，留下划痕、朽在墙中的木头和铁钉，这些都是我今生今世的证据啊。

——刘亮程《今生今世的证据》

这些文字也是些看起来很"幼稚"的话，但正因其"幼稚"，才把作者对故乡的留恋之情表现得淋漓尽致。

还有一些"错话"，从语法的角度分析甚至是病句，却常常有奇妙的表达效果。譬如孙犁《荷花淀》中的句子：

女人们到底有些藕断丝连。

据说，有位编辑认为这是个病句，将"藕断丝连"改成了"牵肠挂肚"，孙犁先生很生气，坚持用"藕断丝连"。如果按照词典上的解释，确实是用词不当；但如果不拘泥于常规的用法，用在这里就非常形象地表现了女人们此时的心情。我们再看古华《芙蓉镇》中的一个句子：

民政干事回到区政府，从头到脚都是笑眯眯的。

如果从逻辑的角度看，这也是一个病句。怎么能"从头到脚都是笑眯眯的"？但从修辞的角度看，却是很奇妙的句子，将人物内心无法自抑的欢快表现出来了。这些语句看起来都是平淡无奇，但是细心品味，却都是奇趣横生，读来非常生动。我们再看迟子建《我的世界下雪了》中的句子：

也许是经过了白天雨与雪的洗礼，它（月亮）明净清澈极了。我躺在床上，看着它，沐浴着它那丝绸一样的光芒，感觉好时光在轻轻敲着我的额头，心里有一种极其温存和幸福的感觉。……此时的月亮看上去就像一个巨大的蜜橙，让人觉得它荡漾出的清辉，是洋溢着浓郁的甜香气的。

时光怎么能"轻轻敲着我的额头"？情理不通，但这句话却很生动、很形象地写出了作者此时幸福的感觉。

这些看似寻常甚至啰唆或"不通"其实却很奇妙的语言，多是作者反复锤炼的艺术结晶，所谓"百炼钢化为绕指柔"也。

㊤ 诙谐幽默解人颐

钱锺书先生在《诗取鄙琐物为喻——滑稽诗一体》中说："取譬于家常切身之鄙琐事物，高远者狎言之，洪大者纤言之。……苏轼《新城道中》：'岭上晴云披絮帽，树头初日挂铜钲。'""帽"和"钲"这两个喻体，正是农家日常生活习见的"鄙琐事物"。钱先生这里所说的"滑稽"，大体上也同于幽默。他谈了"滑稽诗"的写作方法，就是用常见的鄙琐之物作比喻，来表现高远的、洪大的事物。譬如上面他举的苏轼的两句诗，"岭上晴云"和"树头初日"，是多么优美的景物啊，作者却用"帽"和"钲"喻之。美景与俗物构成对比，读者会觉得滑稽可笑。我们推想作者在写作的时候，大概也会像儿童恶作剧一般，禁不住得意暗喜吧。其实即使不用比喻，诗文亦可滑稽幽默。但方法是大致相同的，就是故意在表达上制造"反差"。下面举例说明：

一

月如牙，早庭前疏影印窗纱。逃禅老笔应难画，别样清佳。据胡床再看咱，山妻骂："为甚情牵挂？"大都来梅花是我，我是梅花。

——元·景元启《殿前欢·梅花》

这首小令写作者月下赏梅，本来是一件雅事，却故意插入妻子大煞风景的"俗语"。一边是雅境、雅趣，一边是俗情、俗语。诗人哭笑不得，读者不禁发噱。

二

三师兄比我恐怕要大十岁，然而我们后来的感情是很好的，我常常替他担心。还记得有一回，他要受大戒了，他不大看经，想来未必深通什么大乘教理，在剃得精光的囟门上，放上两排艾绒，同时烧起来，我看是总不免要叫痛的，这时善男信女，多数参加，实在不大雅观，也失了我做师弟的体面。这怎么好呢？每一想到，十分心焦，仿佛受戒的是我自己一样。然而我的师父究竟道力高深，他不说戒律，不谈教理，只在当天大清早，叫了我的三师兄去，厉声吩咐道："挤命熬住，不许哭，不许叫，要不然，脑袋就炸开，死了！"这一种大喝，实在比什么《妙法莲花经》或《大乘起信论》还有力，谁高兴死呢，于是仪式很庄严的进行，虽然两眼比平时水汪汪，但到两排艾绒在头顶烧完，的确一声也不出。我嘘一口气，真所谓"如释重负"，善男信女们也个个"合十赞叹，欢喜布施，顶礼而散"了。

……

后来，三师兄也有了老婆，出身是小姐，是尼姑，还是"小家碧玉"呢，我不明白，他也严守秘密，道行远不及他的父亲了。这时我也长大起来，不知道从那里，听到了和尚应守清规之类的古老话，还用这话来嘲笑他，本意是在要他受窘。不料他竟一点不窘，立刻用"金刚怒目"式，向我大喝一声道：

"和尚没有老婆，小菩萨那里来！？"

这真是所谓"狮吼"，使我明白了真理，哑口无言，我的确早看见寺里有丈余的大佛，有数尺或数寸的小菩萨，却从未想到他们为什么有大小。经此一喝，我才彻底的省悟了和尚有老婆的必要，以及一切小菩萨的来源，不再发生疑问。但要找寻三师兄，从此却艰难了一点，因为这位出家人，这时就有了三个家了：一是寺院，二是他的父母的家，三是他自己和女人的家。

我的师父，在约略四十年前已经去世；师兄弟们大半做了一寺的主持；我们的交情是依然存在的，却久已彼此不通消息。但我想，他们一定早已各有一大批小菩萨，而且有些小菩萨又有小菩萨了。

——鲁迅《我的第一个师父》

在一般人的心目中，寺庙是远离世俗的宗教场所，给人的感觉是庄严、神秘，和尚们为了信仰而出家，恪守清规戒律，不再过世俗的生活。鲁迅先生却从世俗的角度描写寺庙的生活，造成特别幽默的表达效果。

三

……数滴更注吾床，每阴雨，被褥辄沾湿不能卧。吾为一劳永逸计，则移床就屋之另一角，意苟安矣。入夏，暴风雨数数突然来，漏增且大，其下如注，于是屋角，案头，床前，无处不漏，亦无处不注。妇孺争以瓦器瓷盆接漏，则淙淙铮铮，一室之中，雅乐齐鸣。吾有草屋三椽，以二居家人，以一为吾佣书之所，天若有眼，佣书之室独不漏，故搁笔小歇，听此雅奏而哑然。山窗小品，即多以此乐助兴而成也。

——张恨水《待漏斋》

住房简陋至于漏雨，本是痛苦难堪之事，但作者却故意写得充满雅趣。漏雨之声"淙淙铮铮"，如"雅乐齐鸣"。这就不仅是语言表达的问题，而且是人生态度的问题了。用幽默的语言表现痛苦的境况，是对苦痛的化解，是作者胸怀乐观的流露。

四

人类是需要刺激的。大都市的人们从电影院和跳舞场中找刺激；乡下人没有这些。除了旱烟和烧酒之外，就只有辣椒能给他们以刺激了。辛苦了一天之后，"持椒把酒"，那一副怡然自得的神气，竟和骚人墨客的"持螯把酒"差不多。

——王力《辣椒》

……尽管是贝多芬的名曲，天天听也会腻了的，何况小少爷或小姑娘的声音是那样单调呢？无可奈何，做爹娘的只好在那细嫩的小屁股上替那不大好听的melody按拍子。如果你有两个小孩，那更糟了，有时候双音并奏，说是duet罢，声音并不齐一；说是harmony罢，声音也不谐和，只好说是乱弹。如果你有五个以上的小儿女，更可以来一个令人啼笑皆非的chorus。那时节，你恨不得数说送子观音的十大罪状，打碎了她的金身，焚毁了她的庙貌，方始甘心！

……尤其是在儿女对爹娘大闹特闹的时候，一个是"手执钢鞭将你打"，一个是"短笛无腔信口吹"。

——王力《儿女》

第一段把乡下人吃辣椒喝烧酒称为"持椒把酒"，和文人骚客的"持螯把酒"对举，在两者的反差中形成幽默。第二段写儿女的吵闹，把吵闹声比作音乐演奏，已经很幽默，后面引用的诗句和描写的事物形成雅俗的反差，更加令人莞尔。

五

爸爸的治家方法比外祖母民主一些，他虽秉承祖训，不听"妇人之言"，可是他对妈妈的言论自由却没有什么钳制的举动。换句话说，妈妈能以在野之身，任意发挥宪法上第十一条所赋予的权利，批评爸爸。通常是在晚饭后，妈妈展开她一连串、一系列的攻击，历数爸爸的"十大罪"：说他如何刚愎自用，如何治家无方…… 听久了，千篇一律总是那一套。而爸爸呢，却安坐在大藤椅里，一面洗耳恭听，一面悠然喝茶，一面频频颔首，一面笑而不答。其心胸之浩瀚，态度之从容，古君子之风度，使人看起来以为妈妈在指摘别人一般。直到妈妈发言累了，爸爸才转过头来，对弟弟说：

"'唱片'放完啦！小少爷，赶紧给你亲爱的妈妈倒杯茶！"

——李敖《妈妈的梦幻》

这段文字将妈妈和爸爸两人的性格行为对比描写，形成二者的反差。其实，两人的行为本身已经具有各自的幽默元素，放在一起就更加引人发笑。作者是用幽默的笔调表现父母"斗争"中的和谐，妈妈夸大其词，怨气重重，爸爸频频点首，笑而不答。最后说的那句话，尤其令人绝倒。

六

故老能言五代时事者云：冯相（道）、和相（凝）同在中书，一日，和问冯曰："公靴新买，其直几何？"冯举左足示和曰："九百。"和性褊急，遽回顾小吏云："吾靴何得用一千八百？"因诟责久之。冯徐举其右足曰："此亦九百。"于是哄堂大笑。时谓宰相如此，何以镇服百僚。

——宋·欧阳修《归田录》

这个小故事的笔法同于上一篇，通过两个人性格的差异，造成幽默的表达效果。上一篇的幽默主要体现在爸爸的言行上，这一篇主要体现在冯道的言行上。但是，纵然他们的言行有幽默的成分，如果不是放在和另外一个人的对比中，仍然达不到这样的效果。之所以令人发笑，就因为二者对比所形成的强烈反差。

七

东坡在海南食蚝而美，贻书叔党曰："无令中朝士大夫知，恐争谋南徙，以分此味。"

——明·陆树声《清暑笔谈》

海南儋州，在宋代是荒蛮之地，苏轼被贬至此，自然是人生之大困厄，但他天性旷达，以幽默的态度对待苦痛。处荒蛮之地，以被贬之身，得一自认为的"美味"，竟说什么"无令中朝士大夫知，恐争谋南徙，以分此味"。此等幽默，非有大胸怀、高境界不能语也。由此可见，幽默不仅是语言风格的表露，更是人生态度的体现。孙犁先生说："对生活的浮光掠影，不会产生幽默。对生活的淡漠，也不会产生幽默。幽默是现实主义文学的一个方面，一种表现手法。……他们都是冷峻地注视着生活，含着眼泪发出微笑的。"[1]

语言的幽默，目的并不是简单地逗人发笑，而是要更准确、更深刻地表

---

[1] 孙犁.读作品记（六）［M］//孙犁.澹定集.人民文学出版社，2004：35.

达作者的思想与情感。用幽默的笔调表现痛苦，乃苦中作乐，是"含泪的微笑"；用幽默的笔调表现欢乐，则乐情愈浓，更加令人畅怀。郁达夫在《略谈幽默》中说："大体说来，则幽默的性格，往往会诉之于情。如法国莫里哀的喜剧，我们读了，笑自然会笑，但衷心隐隐，对主人公的同情或憎恶之情，也每有不能自已之势。"

④ 入木三分的讽刺

　　"讽刺"一词在《现代汉语词典》中的解释是：用比喻、夸张等手法对人或事进行揭露、批评或嘲笑。这样解释不是十分准确，将讽刺的方法限制得过于狭窄，很多文字并未使用比喻、夸张等手法，却达到了很好的讽刺效果。譬如吴敬梓《儒林外史》第四回"若亡斋和尚吃官司　打秋风乡绅遭横事"中，写范进随张静斋到汤知县处打秋风的一段文字：

　　知县安了席坐下，用的都是银镶杯箸。范进退前缩后的不举杯箸，知县不解其故。静斋笑说："世先生因尊制，想是不用这个杯箸。"知县忙叫换去，换了一个磁杯，一双象牙箸来。范进又不肯举。静斋道："这个箸也不用。"随即换了一双白颜色竹子的来，方才罢了。知县疑惑他居丧如此尽礼，倘或不用荤酒，却是不曾备办。落后看见他在燕窝碗里拣了一个大虾圆子送在嘴里，方才放心。

　　这段文字既没有比喻、夸张，也没有其他的什么修辞手法。它只是客观地叙述、描写，却把范进的虚伪作秀讽刺得入木三分。因此，笔者认为，这种不动声色写实的笔法，讽刺的力量有时可能更强大。下面举几段文字，请大家欣赏。

一

　　某医士卒，或祭以文，曰："公医，公名医，公疾，公自医，公卒。"

简介老当，余味曲包。

——独逸窝居士《笑笑录》

这段祭文是讽刺一个医生的，十二个字，全是冷冷的叙述，却把戴在这位"名医"头上的"名"冠轻轻地挑了下来。"简介老当，余味曲包"，真正是"以少少许胜多多许"。这种讽刺，必须要言不烦，突出三两个词语，揭露出事物的本质。这段话中的"名""自""卒"就起到了这种作用。通过这三个字，其医术低劣却浪得虚名的实质不言自明。

二

唐卢延让业诗，二十五举，方登一第。卷中有句云："狐冲官道过，狗触店门开。"租庸张濬亲见此事，每称赏之。又有"饿猫临鼠穴，馋犬添鱼砧"之句，为成中书令汭见赏。又有"栗爆烧毡破，猫跳触鼎翻"句，为王先主建所赏。尝谓人曰："平生投谒公卿，不意得力于猫儿狗子也。"人闻而笑之。

——孙光宪《北梦琐言》

作者不动声色地叙述了一则科场趣事，可谓"无一贬词而情伪毕露"[1]，科场之荒唐、考官之昏庸乃至官场之腐朽皆不言而喻。当然，说作者"不动声色地叙述"，是从文字的表面而言，实际上作者是将强烈的嫌恶憎恨之情隐藏在文字里，让读者自己去体会罢了。不出冷峭之语，却有冷嘲之效。

三

寠材望，蜀人，为湖州倅。北兵之将至也，寠毅然自誓必死。乃做大锡牌，镌其上曰："大宋忠臣寠材望。"且以银二笏凿窍，并书其上曰："有人

---

[1]鲁迅.清之讽刺小说[M]//鲁迅.鲁迅全集：第九卷.人民文学出版社，1996：231.

获吾尸者，望为埋葬，仍见祀，题云'大宋忠臣蹇材望'。此银所以为埋瘗之费也。"日系牌与银于腰间，只伺北军临城，则自投水中；且遍祝乡人及常所往来者。人皆怜之。

丙子正月旦日，北军入城。蹇已莫知所之，人皆谓之溺死。既而北装乘骑而归，则知先一日出城迎拜矣。遂得本州同知。乡曲人皆能言之。

——周密《癸辛杂识》

这段文字讽刺蹇材望的虚伪鄙陋，不着一句评语，只是记述其言行，让其自曝其丑。这种讽刺的笔法，其效果远胜于别人的批判指责。

四

那马是无知的畜生，它自然直冲过来，不知道什么是共和，什么是法律。但我仿佛记得那马上似乎也骑着人，当然是个兵士或警察了。那些人虽然骑在马上，也应该还有自己的思想和主意，何至任凭马匹来践踏我们自己的人呢？我当时理应不要逃走，该去和马上的"人"说话，谅他也一定很和善，懂得道理，能够保护我们。我很懊悔没有这样做，被马吓慌了，只顾逃命，把我衣袋里的十几个铜元都掉了。

——周作人《前门遇马队记》

这段文字可谓"指桑骂槐"法。嘴上说的是马，心里骂的是人。由于作者文字含蓄，当时还引起别人的误解，指责他不敢批评政府杀害学生的罪行，却王顾左右谈论什么"无知的畜生"。其实是没有看懂作者的笔法，一旦明白，就会感受到作者辛辣的嘲讽与满腔的愤慨。

五

喜荣收到一封远在外地当局长的爸爸的信，立刻被女友们抢走了。

"坦白，是不是男朋友的信？"女友们挤眉弄眼地质问喜荣。

喜荣大大方方地一笑："不是，别闹了！"

"那，我们可要撕开了！"女友们威胁道。

"撕吧！"喜荣知道没什么秘密，坦然地说。

信打开了，别说女友们，连喜荣也愣了。原来是自己寄给爸爸的信，商量买台收录机学习外语，不料被爸爸寄了回来，只在信纸的上方用红铅笔写了"已阅，请酌办"几个字……

——陈树勤《爸爸的回信》

这篇小说讽刺官僚主义入木三分。当局长的爸爸竟然将工作中公式化的批语写在女儿的私人书信上，给人啼笑皆非的荒谬感。作者在前面反复铺垫，描写拆信前几个女孩子的风趣活泼，场面十分温馨，最后拎出这五个大字，小说中的气氛突然逆转，让人从骨子里冒出凉气，真是余味无穷，愈琢磨愈感到作者讽刺艺术的高妙。

总之，这种讽刺的笔法是，作者克制自己的感情，将强烈的贬责之情寄寓冷静客观的叙述和描写中，让读者自己去体会，以达到"看似钝无刃，削铁快如泥"的表达效果。

45 语言最美的花朵

柯灵在《钱锺书创作浅尝——读〈围城〉〈人兽鬼〉〈写在人生边上〉》中说："在文学创作中，比喻手法的运用自如，是天才的鲜明标志。因为文学的工具只是文字符号，以形象化手段而论，这正是文学区别于其他艺术而独有的秘密武器。"

确实如此，一个巧妙的比喻会给人留下深刻的印象，让读者久久难忘。上中学的时候读孙犁的小说《浇园》，内容记不住了，但结尾一段话却记忆深刻：

天空里只有新出来的，弯弯下垂的月亮，和在它上面的那一颗大星，活像在那旷漠的疆场，有人刚刚弯弓射出了一粒弹丸。

晚上散步的时候，总有几个夜晚能看到这种景象，看着，念着，越看越像，越看越佩服。还有他的小说《嘱咐》中的一段话：

孩子睡着了，睡得是那么安静，那呼吸就像泉水在春天的阳光里冒起的小水泡，愉快地升起，又幸福地降落。

后来只要看到孩子睡觉，就会想起这个比喻。三十多年了，不知想起过多少次，越想越觉得奇妙无比。

苏雪林在《岛居漫兴》中的《太平角之午》一文中描写海浪：

浪花如万道银蛇争取食物，互相推着、挤着、翻滚着、纠缠着，呀，它们想是饿急了，抢不到目标，竟在自己群里斗争起来了。它们用锐利的牙齿，互相噬啮，一直到喷沫四溅，鳞甲纷飞；一直到力尽精疲，才嗒然若丧地退去。

"浪花如万道银蛇争取食物"，只要到海边观看过浪花的人，就会感受到这比喻的形象贴切，有形态，有色彩，有动感，有神韵，令人过目不忘。

迟子建在《农具的眼睛》中写到：

我们家在山村小镇使用过的那些农具，早已失传了。它们也许流失到别人手中，依然被农人的手把握着，春种秋收；也许它们已经在被废弃的老屋中静悄悄地腐烂了，成了一堆废铁。但我忘不了农具木把儿上的那些圆圆的节子，那一双双眼睛曾打量过一个小女孩如何在锄草的间隙捉土豆花上的蝴蝶，又如何在打猪草的时候将黄花菜捋到一起，在夕阳下憧憬着一顿风味独具的晚饭。我可能会忘记尘世中我所见过的许多人的眼睛，那些或空洞或贪婪或含着嫉妒之光的眼睛，但我永远不会忘记农具身上的眼睛，它们会永远明亮地闪烁在我的回忆中，为我历经岁月沧桑而渐露疲惫、忧郁之色的眼睛，注入一缕缕温和、平静的光芒。

农具木把儿上圆圆的节子，在农村生活过的人大都很熟悉。迟子建的这个比喻实在是太传神了，不仅形神兼备，而且有丰富的内涵，让人浮想联翩。还有她的《会唱歌的火炉》：

每当我从山里回来，听着柴火在火炉中噼啪噼啪地燃烧，都会有一股莫名的感动。我觉得柴火燃烧的声音就是歌声，火炉它会唱歌。火炉在漫长的冬季中就是一个有着金嗓子的歌手，它天天歌唱，不知疲倦。它的歌声使我懂得生活的艰辛和朴素，懂得劳动的快乐，懂得温暖的获得是有代价的。所以，我成年以后回忆少年时代的生活，火炉的影子就会悄然浮现。虽然现在我已经脱离了与火炉相伴的生活，但我不会忘记它，不会忘记它的歌声。它那温柔而富有激情的歌声，在我心中永远不会消逝。

把冬天火炉里柴火燃烧的声音比喻为歌声，把火炉比喻为金嗓子歌手，真是恰切极了。不知道作者是经过了千锤百炼还是妙手偶得。

十几年前读过陈忠实的《白鹿原》，很多情节都记不得了，但小说中有一个比喻却至今记得：

白孝文清醒地发现，这些复活的情愫仅仅只能引发怀旧的兴致，却根本不想重新再去领受，恰如一只红冠如血尾翎如帜的公鸡发现了曾经哺育自己的那只蛋壳，却再也无法重新蜷卧其中体验那蛋壳里头的全部美妙了，他还是更喜欢跳上墙头柴火垛顶引颈鸣唱。

为什么记忆深刻呢？因为这个比喻适宜于一切所谓的"乡愁"患者，每每读到那些怀念儿时的农村生活、抒发腻人乡愁的文章，我就会想起这个比喻，并隐隐地感受到那些文字的造作与感情的虚假。

鲁迅先生是比喻的高手，相信大家不用翻书，稍稍回忆就会记起下面的句子：

这寂寞又一天一天的长大起来，如大毒蛇，缠住了我的灵魂了。

——《〈呐喊〉自序》

我吃了一吓，赶忙抬起头，却见一个凸颧骨，薄嘴唇，五十岁上下的女人站在我面前，两手搭在髀间，没有系裙，张着两脚，正像一个画图仪器里细脚伶仃的圆规。

——《故乡》

我自己觉得我的记忆好像被刀刮过了的鱼鳞，有些还留在身体上，有些是掉在水里了，将水一搅，有几片还会翻腾，闪烁，然而中间混着血丝，连我自己也怕得因此污了赏鉴家的眼目。

——《忆韦素园君》

前两个句子大家熟悉，不说了。第三个句子我读过无数遍，每次都是浮想联翩，记起先生写过的许多故事，好像看到了先生悲哀愤慨的神情，甚至狂妄地感觉到自己读懂了先生的心。

现代作家中，钱锺书先生也擅长比喻。柯灵先生评论说："锺书作品中万花筒一般闪烁变化、无穷无尽、富有魅力的比喻，我们在新文学作品中还很少看到。而这种能力并不是从天而降的。其深厚的基础是人情世态、人物心理的熟知深察，知识庋藏、艺术涵养的充裕储备，加上丰富的想象力，思想和哲理的闪光。"[1]这里试举一例：

张先生跟外国人来往惯了，说话有个特征——也许在洋行、青年会、扶轮社等圈子里，这并没有什么奇特——喜欢中国话里夹无谓的英文字。他并无中文难达的新意，需要借英文来讲；所以他说话里嵌的英文字，还比不得嘴里嵌的金牙，因为金牙不仅妆点，尚可使用，只好比牙缝里嵌的肉屑，表示饭菜吃得好，此外全无用处。

——《围城》

把"中国话里夹无谓的英文字"比作"牙缝里嵌的肉屑"，这个比喻简直是奇思妙想，不仅新奇，而且"恶毒"，讽刺入木三分，读后"齿颊生臭"。袁一丹在《〈黑暗涧谷〉上造塔》中说："好的隐喻首先是种不恰当的搭配，在最初不搭界忽而切近的词项间生成新的语义场。"钱先生的比喻大多属于这一类。

文学作品里精妙的比喻实在是比比皆是，不胜枚举，同学们可以到读过的作品里去搜集。这里凭着记忆随便举几个例子，只是想说明比喻的无限妙趣。我想用秦牧先生《譬喻之花》中的话结束这篇小文："文学被人称为'语言的艺术'，文学作品里面的譬喻，我想简直可以叫做'语言艺术中的艺术'。""如果在文学作品中完全停止采用譬喻，文学必将大大失去光彩。……美妙的譬喻简直像是一朵朵色彩瑰丽的花，照耀着文学。"

---

[1] 柯灵. 钱锺书创作浅尝——读《围城》《人兽鬼》《写在人生边上》[M] //柯灵. 柯灵散文选. 人民文学出版社，1983：206.

46 炼句功深石补天

　　韩愈在《答李翊书》中说："当其取于心而注于手也，惟陈言之务去，戛戛乎其难哉！""惟陈言之务去"，就是不重复前人说过的话，自造新语。说"自造新语"容易引人误解，自造新语并不是说造出新的字词，而是说同样的字词，却有了新的组合方式。顾随先生有一段精彩的讲解：

　　创造新词并非使用没使过的字，只是使得新鲜。如鲁智深打戒刀，要打八十二斤的，铁匠说，"师父，肥了。""肥"原为平常字眼，而用于此处便新鲜。易安词"绿肥红瘦"，亦用得新鲜，无人不承认其修辞之高。所以创造新的字眼并非创一新名词，只是把旧的词加以新的意义，如此谓之"返老还童法"。

　　　　　　　　　　　　　　　　　　——《顾随全集·讲录卷》

　　铁匠说的"肥了"，大概意思是太重了，太大了，太笨了等等，换成哪一个词都不如"肥"字意思完备；而且"肥"字多形容动物，用在这里便尤其新奇醒目。

　　我们看张晓风《春之怀古》中的两段文字：

　　……鸟又可以开始丈量天空了。有的负责丈量天的蓝度，有的负责丈量天的透明度，有的负责用那双翼丈量天的高度和深度。而所有的鸟都不是好的数学家，它们吱吱喳喳地算了又算，核了又核，终于还是不敢宣布统计数字。

　　至于所有的花，已交给蝴蝶去点数。所有的蕊，交给蜜蜂去编册。所有的树，交给风去纵宠。而风，交给檐前的老风铃去——记忆，——垂询。

大家对朱自清先生的《春》一定不会陌生吧，我们看《春》是如何描写鸟和花的：

桃树，杏树，梨树，你不让我，我不让你，都开满了花赶趟儿。红的像火，粉的像霞，白的像雪。花里带着甜味儿；闭了眼，树上仿佛已经满是桃儿、杏儿、梨儿。花下成千成百的蜜蜂嗡嗡地闹着，大小的蝴蝶飞来飞去。……

……鸟儿将巢安在繁花嫩叶当中，高兴起来了，呼朋引伴地卖弄清脆的喉咙，唱出婉转的曲子，跟轻风流水应和着。

我们推理一下，朱自清的《春》写于上世纪二十年代，可谓久负盛名的名家名篇，张晓风应该是熟悉的。那么，同样的题材，只有"惟陈言之务去"方能超越前人。只要做简单的比较，我们就可以说，张晓风做到了。我们从她的文字中看不到朱自清的影子，她的文章是一种全新的表达。

我们来赏析一下这两段文字，看张晓风的语言"新"在何处。"鸟又可以开始丈量天空了"，这句话什么意思？其实就是说春天来了，鸟儿开始在天空飞翔。但她不说鸟"在天空飞翔"，说"开始丈量天空了"。"丈量"这个词，给鸟赋予了另外的生命色彩，引发读者更加深远的联想。"所有的花，已交给蝴蝶去点数。所有的蕊，交给蜜蜂去编册"和"花下成千成百的蜜蜂嗡嗡地闹着，大小的蝴蝶飞来飞去"比起来，描写的景象是一样的，但张晓风的表达是不是有了另一种味道？"点数""编册"这两个词语，用在这里是不是让你感到很新奇？

这种新奇，有人称为"语言的陌生化"。对此，明学圣分析说："所谓语言陌生化就是对传统语言习惯的偏离、变形与破坏，从而产生差异和独特，推陈出新，变习见为新知，化腐朽为神奇，让读者从迟钝麻木中惊醒过来，用一种新奇的眼光去感受事物的生动性和丰富性。"[1]笔者认为，所

---

[1]明学圣.弹性·密度·质料——余光中《听听那冷雨》赏析[J].中学语文教学，2013，405（8）：38-41.

谓"偏离、变形与破坏"，正是上面谈到的"新的组合"。

我们看罗青《野渡册·画》中的文字：

……事实上，松林是和草地一起从山谷中出来迎接你的，起先，你还以为是遇上了一群驾着碧云的虬须金刚，不觉吓了一跳，怔住了。这惹得大家都笑了起来，直到金刚笑成了松林，松林笑弯了腰；直到碧云笑成了草地，草地笑出了黄花，你才定住了神，匆匆地向前走了两步，也不好意思地跟着笑了起来；边笑边走之际，你发现，有一个太阳，正躲在松间，望着你，像草中的小黄花一样，好奇地望着你；在风中，一闪一闪地望着你。

……风，吹开了系在山腰上的小径，小径缎带似的向你的脚下，飘荡了过来。山径飘向左，太阳就飞向右；向左的山径，还没来得及认出你的足迹，向右的太阳还没赶得上绣出你的影子，你已经没入深深的山心了。

作者不说人们走进松林和草地，而说"松林是和草地一起从山谷中出来迎接你的"；不说松林像金刚、草地如碧云，而说"金刚笑成了松林""碧云笑成了草地"；不说阳光洒在松林和草地，而说"有一个太阳，正躲在松间，望着你，像草中的小黄花一样，好奇地望着你"；不说小路在山腰延展，而说"风，吹开了系在山腰上的小径，小径缎带似的向你的脚下，飘荡了过来"。这些句子并没有什么新奇生僻的词语，但平常的字词一旦有了新颖的组合形式，便有了"推陈出新，变习见为新知，化腐朽为神奇"的表达效果。

苏雪林《鸽儿的通信》中的句子：

春风带了新绿来，阳光又抱着树枝接吻，老树的心也温柔了。它抛开了那些顽皮讨厌的云儿，也来和自然嬉戏了。

"春风带了新绿来"，没什么新奇，王安石早就写过"春风又绿江南岸"；但接下来"阳光又抱着树枝接吻，老树的心也温柔了"就非常新颖，甚至可能前无古人。

再看张腾蛟《读山》中的两段文字：

有一天，当我正在读那棵爬藤如何借着一株枯树而站了起来的时候，便骤然发现了那棵枯树的笑颜，我已经会意出来，它是因为那棵爬藤为它装饰了绿意而笑的。

在读山的时候，也会读到一些偶发的事件。就像那年春天，当我在初读一片新鲜的山林时，听到喊声自四面八方响了起来，并且，在喧嚣中还隐隐约约听到一些杀杀砍砍的声音，我便立刻攀登山巅，举目远眺。噢！看到了，山脚下，一群群勇壮的嫩芽，正在追撵着一个败阵的冬天。

"骤然发现了那棵枯树的笑颜"，枯树会笑吗？笑的时候什么样子？枯树当然不会笑，但作者看到它笑了，而且还知道它为什么发笑。作者看到新鲜的山林，"听到喊声自四面八方响了起来，并且，在喧嚣中还隐隐约约听到一些杀杀砍砍的声音"，看到"一群群勇壮的嫩芽，正在追撵着一个败阵的冬天"。这种新奇的句子未必源于表达的技巧，而是作者对春天深刻而又细腻的感受，是他个性化的生命体验；倘若没有心灵深处的激荡，断然写不出这样灵动的语言。还是朱光潜先生那句话："在文字上'推敲'，骨子里实在是在思想情感上'推敲'。"[1]

这种"推敲"，不是为了故作惊人，而是为了更准确、更深刻、更丰富地表达感情。王广杰在《涵情味道品"裂帛"——〈琵琶行教学设计〉》中说："语言中的每一个字都是平等的，没有哪一个字天生就比另外一个字更高贵。作者之所以用这个字而不用那个字，并不是因为这个字本身有多好，而是因为这个字更贴合他当时的心境，而且他懂得把这个字安排在一个最合理的位置上。"

把每个字都安排在一个最合理的位置上，应该是写作者不懈的追求。

---

[1] 朱光潜.咬文嚼字［M］//朱光潜全集：第四卷.安徽教育出版社，1987：216.

读书随笔

47 读书是教师成长的最佳途径

苏霍姆林斯基说："如果少年学生除了教科书以外什么都不阅读，那他连教科书也学不好。"[1]这句话换几个字也完全成立：如果教师除了教科书以外什么都不阅读，那他连教科书也教不好。

朱永新说："没有阅读，就没有真正的教育。没有专业阅读，就无法造就真正的教师。如果说，一个人的精神发育史就是他的阅读史，那么一位教师的阅读史，不仅是他的精神底色，也是他的教育蓝图。"[2]

语文教学境界有高下之分：高者教人读书明理，旨在追求真善美；低者眼中只有分数，教学等同机械操练。读不读书是决定境界高低的重要因素。

吴非老师在《让我喊一声冤》中写道：

在与同行的交流中，经常可以发现，有些一听到"人文""文学"就打瞌睡，一谈到语文高考、升学率就来劲的人，对"课改""课标"可以一无所知，但是说到某省某市第几卷有一新题，能争论得面红耳赤，如嗜痂成癖，如逐臭之夫。

这就是低境界的语文教学。在这样的教学中，教师已沦为考试的教练员，失去了语文人应有的丰厚与灵动；语文课失去了思想的光芒和艺术的魅力，变得枯燥乏味，令人生厌。

---

[1]苏霍姆林斯基.给教师的建议［M］.教育科学出版社，2004：149.

[2]朱永新.专业阅读造就幸福教师［J］.教育家，2017，75（15）：65-67.

苗蔚霞老师在《脉脉书香洗尘埃》一文中写道：

经常听到有老师说，一天到晚忙得团团转，哪有闲空读书？言外之意，读书是教学工作的边角料，甚至是不务正业。那么我们一天到晚都在忙什么"正业"呢？忙着备课，教材教参标标画画；忙着出题，拼拼凑凑；忙着改作业，一二三四、ABCD；忙着传授应试技巧……

的确很忙，忙于应付，忙于生存，忙于名利，忙于成为一个教书匠，唯独忘了最重要的身份——读书人，语文人。

"语文人"，听起来就与"语文教师"或"教语文的"不一样，没有了那股匠气，透着一种大气。这种大气，是长期读书养出来的，是体现在一个人身上的大志向大情怀大智慧。做一个语文教师而不爱读书，便脱离不了俗气匠气铜臭气，最终也只能成为一个以教语文为职业的教书匠，所教的"语文"也只是"伪语文"。

的确如此，一位语文教师，读什么样的书，便会有什么样的教学境界。李勇在《教师的阅读素养如何修炼》中说："每个教师的阅读取向折射的是作为个体的教育取向，它是一个人教育信念、信仰、理想的整合。"一位一天到晚阅读教辅资料的老师，你能期望他突破应试教育的藩篱吗？反过来说，一位教师长期浸泡于柏拉图、卢梭、苏霍姆林斯基、杜威、帕克·帕尔默、陶行知、叶圣陶等大师的文字中，他还能心甘情愿地匍匐于应试教育的魔棒之下吗？陆游《夜吟》诗曰："六十余年妄学诗，功夫深处独心知。夜来一笑寒灯下，始是金丹换骨时。"阅读大师吧，大师的思想会像金丹一样让你脱胎换骨，像阳光一样照亮你的课堂，温暖你的人生。

读书才能使教学具有魅力。罗庸先生在《国文教学与人格陶冶》中说："一段国史，假令有一段好文章陪衬着，便异常感人；一篇国文，如能与其有关的史实相参证，便越加亲切。"语文教师的魅力何在？在于他思想深刻，引领学生攀登精神的山峰，登高望远，无限风光尽收眼底；在于他学富五车，讲起课来引经据典，左右逢源，让学生在知识的海洋里畅游，努力抵达真理的彼岸……要想具有这种魅力，除了持之以恒地读书之外别无他途。

　　教学需要技术，但技术不过是细枝末节。如果一位语文教师舍弃读书而一味沉迷于教学技术的演练，他就很难成长为名师。于漪老师说："今日谈教师专业发展常重教育教学的技能技巧，精神的提升往往被忽略或被架空。殊不知，优秀教师的成长最为关键的是自己内心的深度觉醒。"[1]王阳明《传习录》中有一段话："佛家有扑人逐块之喻，见块扑人，则得人矣，见块逐块，于块奚得哉？"翻译成白话文，意思是：佛教有狗不咬人而追石块的比喻，狗看见石块而扑向人，这样才能咬住人，若看到石块去追赶石块，从石块那里又能得到什么呢？语文教师的成长也是同样的道理，围绕技巧而进行的演练正如"扑人逐块"，追逐教学末节而舍弃了根本。舍本追末，专业的成长难以走向远方。

　　读书吧，让我们的教学充满魅力，让我们的职业生涯充满幸福。也许现实的教育生态残酷地逼迫着我们，每天强制性地塞给我们一堆堆垃圾一般的纸张，但我们仍然要给自己留出一点时间，阅读那些能给我们带来精神能量的好书，并以此来对抗现实的荒谬与怪诞。帕克·帕尔默说得好："我们四周是黑暗的深渊，但是作为教育者，我们伟大的呼唤、机会和能量，就是把黑暗的地方照亮，点燃希望。"[2]

　　[1] 孙宗良.提升精神与智慧力量：优秀教师的觉醒之路 [M].江苏凤凰科学技术出版社，2014：3.
　　[2] 帕克·帕尔默.教学勇气 [M].华东师范大学出版社，2015：200.

48 书籍，我们永远的精神家园

一

作家蒋子龙在《书的征服》中写道："假若这个世界上没有书，会是一种什么样子呢？精神失去了阳光，思想无法传播，知识不能保存，语言失去意义，人们的生活残缺不全，生命将变得无法忍受……"

每个人都不妨这样设想一下：假如生活里没有书，你的生活将会是什么样子？我想，那答案也一定是"丰富多彩"的：

也许你会在懵懂无知的昏昧中又增添几分无知者无畏的狂躁；也许你会在本就笨拙不堪的名利追逐中又沾染更多让灵魂发霉的铜臭；也许你会生活在精神的沙漠中永远不能知道季节的轮回，听不到鸟语，闻不到花香……

是的，我们离不开书籍，作为学生，更加离不开。书籍是我们最重要的生命元素。我们所阅读的书籍，滋养着我们的精神成长，塑造着我们的心灵与品格。林语堂说："读书本是一种心灵的活动。"[1]是的，一个人的心灵是需要文化滋养的，否则便会枯萎。心灵枯萎的人，还会有生命的鲜活吗？

拒绝读书，就是拒绝自己精神的成长。所以，读书绝不仅仅是语文学科的需求。为分数而读书的人，很难从书中汲取到人生的营养，甚至品尝不到读书的妙处。上世纪三十年代罗庸先生就说过："国文教学和人格陶冶实在

---

[1] 林语堂.林语堂散文选集［M］.百花文艺出版社，1992：69.

只是一件事的两方面。"[1]你想，考试分数和人格的陶冶比较起来，该是多么的微不足道。

二

退一步说，即使只为学习成绩的提高，你也必须走读书之路。

我这里所说的读书，不包括教科书。苏联教育家苏霍姆林斯基说："如果少年学生除了教科书以外什么都不阅读，那他就连教科书也读不好。"[2]"有的学生除了上课、教科书、家庭作业和分数外，对别的任何事情都不考虑，这种人的命运是不值得羡慕的。……学生还应该有一种丰富的、多方面的智力生活——课外阅读。""如果少年、男女青年没有自己喜爱的作家，那么他们完满的全面的发展是不可设想的。"[3]他甚至用饱含深情的语气恳求大家："读书，读书，再读书，要把读书当作第一精神需要，当作饥饿者的食物。"[4]

而且再退一步说，即使只为语文学科的学习，你也必须有广泛的课外阅读。我们听听胡适先生在《中学国文的教授》中说过的话："我可以武断现在中学毕业生能通中文的，绝不是靠课堂上几本古文选本得来的。我因此主张用'看书'代替'讲读'。……每周三小时，每年至多不过四十周，若全靠课堂上的讲读，一年能讲得几篇文章？"周作人用幽默的话表达了同样的意思："学生在一学期中只读得这一点儿国文，无论他怎样用功，真心想学写作，怎么能行呢？世间说现今中学生国文程度差，这犹如虐待继子的三天给他吃一顿饭，却说他长不肥，岂不是冤哉枉也么。"[5]

---

[1] 罗庸. 国文教学与人格陶冶（下）［M］//赵志伟编. 旧文重读：大家谈语文教育. 华东师范大学出版社，2007：20.

[2] 苏霍姆林斯基. 给教师的建议［M］. 教育科学出版社，2004：149.

[3] 苏霍姆林斯基. 给教师的建议［M］. 教育科学出版社，2004：67.

[4] 苏霍姆林斯基. 给教师的建议［M］. 教育科学出版社，2004：416.

[5] 周作人. 读小说［M］//赵志伟编. 旧文重读. 华东师范大学出版社，2007：85.

用不着费力的统计，就我们耳熟能详的作家、学者看，单靠自己阅读而成就一番文学事业的人就不胜枚举：鲁迅先生在南京学开矿，到日本学解剖；郭沫若和鲁迅一样在日本学的是医学；郁达夫学的是统计；朱自清在清华学的是哲学；胡适到美国先学农学，后来才入文学院。茅盾、孙犁好歹高中毕业，还有更绝的，沈从文、柯灵、唐弢几位先生都只读了几年小学，他们都是现代文学史上光彩熠熠的大作家；而被称为"国学大师"的钱穆先生也不过读到中学……

我在这里不惮其烦地罗列，不过想说明一句话：单靠课堂上的"听讲"，就想"通文"，甚至在文学上有点造诣，无疑是滴水灌田，痴人说梦。只有广泛的阅读才是语文学习的康庄大道。

三

可是，学业如此沉重，时间这么有限，读什么书呢？

台湾著名学者徐复观先生的话值得借鉴，他说："决不读二流以下的书。……看惯了小册子或教科书这类的东西，要再向上追求一步时，因为已经横亘了许多庸俗浅薄之见，反觉得特别困难；并且常常等于乡下女人，戴满许多镀金的铜镯子，自以为华贵，其实一钱不值；倒不如戴一只真金的小戒指，还算得一点积蓄。这就是情愿少读，但必须读第一流著作的道理。"[1]因此，我们要把有限的时间与精力用在经典的阅读上。不能说同学们平时不读书，也读，但阅读的书籍常常玉石不分，薰莸错杂。经济大潮的冲击与升学教育的畸形发展，加速着校园阅读质量的逐日下降。各种所谓的"优秀作文精选"和"时文荟萃"充斥课桌，直指心灵的经典阅读成了奢侈品，与孩子渐行渐远。当一个民族让文化经典在校园里布满灰尘时，你还能企盼这个民族未来肌体的健康与文明发展的生机吗？阅读经典，应该成为

---

[1] 徐复观.中国人的生命精神［M］.华东师范大学出版社，2004：30.

校园的常态风景，成为学生的日常功课。

但人类文化发展数千年，所积淀的经典亦是浩若烟海，一个人无论怎样的兀兀穷年，都只能品读其沧海中的一粟。

下面转入正题，谈谈这个文学读本的编选。

四

选择永远是遗憾的工作，因为在留取的同时，也意味着放弃。选家在圈画目录的时候，常常会受到难以割舍的折磨，有时就像一位母亲远离家门时选择带走的孩子，对留在身外的子女反增无限的眷恋与愧疚。

就小说的选编来看，古代的不说，即使现代名家，亦可谓群山连绵，高峰林立。由于篇幅的限制，连茅盾、巴金、老舍、丁玲、李劼人、师陀这样的大家都忍痛割爱了。长篇不说，即使中、短篇也有许多是高中生必读的书目。茅盾的《春蚕》和《林家铺子》，巴金的《憩园》，老舍的《正红旗下》，都是现代文学史上的杰作；丁玲的《莎菲女士日记》把灵与肉的冲突写得多么惊心动魄，李劼人的《死水微澜》写清末民初成都周边的社会风貌真是笔笔入神，活灵活现；而师陀的《果园城记》描写中州小城镇的风物人情，那简笔画般的语言描摹中却氤氲着水墨画般的意蕴，风格的鲜明与老练真让人百读不厌。

散文和诗歌也是如此，不过都是从璀璨的文学星空中采摘几颗罢了。散文就不说了，只谈诗歌。古代的、外国的不算，就中国的现代诗歌来说，从1918年新文化运动，迄今近百年，从这近百年的诗歌发展史中选出二十几首诗歌，你想，这种淘选该是多么艰难。鲁迅先生不以诗人名世，但他1918年写的《梦》《爱之神》《桃花》等新诗是多么"现代"，朱自清先生在《中国新文学大系·诗歌卷》的《导言》中说他"全然摆脱了旧镣铐"，郭沫若先生在为《鲁迅诗稿》作的序中称赞说"鲁迅先生无心作诗人，偶有所作，每臻绝唱"。还有俞平伯的《冬夜》，郭沫若的《女神》，宗白华的《流云小诗》，都是引起当时诗坛震荡的集子，这里都没有选一首；就连被朱自清称为"异军突起"的象征派诗人李金发也只得忽略了；"九叶诗人"尚且没有选进一个，更不用说"专心致志做情诗"的"湖畔诗人"——潘漠华、冯雪峰、汪静之和应修人了……

一本小书是无法包罗万象的。即使是入选的作家，也只是一鳞一爪罢了。《鲁迅文集》煌煌十六卷，两篇文章岂能表现出先生的神采？周作人的集子有36本，选一篇文章其实是连一鳞一爪也算不上的。郁达夫的小说本来想选他的《迟桂花》，那是他写得最好的小说，因为篇幅略长只好换成了《春风沉醉的晚上》。孙犁的《铁木前传》因为是中篇，根本不敢考虑入选的事，但它却是被列入"两传一城"（《呼兰河传》《铁木前传》《边城》）的中篇名著。沈从文先生呢，因为已经选入了一篇小说，他的散文名篇《湘行散记》就只好落选了。我们选了朱自清先生的《冬天》，但我觉得对不住先生。如果先生自选，他是未必选这篇文章的，因为先生对他早期的散文并不满意，先生最好的散文应该是他后来的《论雅俗共赏》《语文影及其他》和《人生的一角》等集子。这些集子的文章，融学识与诗情于一体，纵横开阖，笔力饱满，真到了炉火纯青的境界。我们选梁遇春的《泪与笑》，实在说不出什么特别的理由，因为梁先生只活了27岁，他没有什么代表作，他的50篇文章都是精品、极品。他说"小品文是用轻松的文笔，随随便便地来谈人生"[1]，然而，那是怎样的"随随便便"啊，他谈天说地，议古论今，引经据典，滔滔不绝，情思与哲理并茂，庄重和幽默交互。读这样的文章，你才能真正明白什么叫"才华"。

因此，只读这样两本小书仍然是不够的。这里不过如批发水果的老汉热情的吆喝罢了，"来啊，大家先尝后买……"倘若你真的尝也不尝掉头就走，我也没有办法，然而吃亏的是你自己。

---

［1］梁遇春.梁遇春散文选集［M］.百花文艺出版社，1991：2.

五

话说回来，不管怎么讲，只要是"选"，就总会有一些取舍标准的。譬如《朝花夕拾》有10篇文章，为什么单要选《父亲的病》？因为这篇文章能让我们获取先生更多的生活信息与思想信息。在有些人的眼里，反对中医是先生的罪状之一。读了《父亲的病》，我们就会明白昏庸的中医曾给他带来多么深重的伤害，明白他为什么到日本去学医学，由此而辐射到社会思想的各个方面，我们就能更深刻地理解先生大声疾呼"拿来主义"的良苦用心乃至隐藏在他内心深处的悲愤情怀。这是个例，更多的时候我们考虑两点：一是有相对的陌生性，大家经常能看到的尽量避开，选那些一般读本上不选又绝对是经典的作品，比如鲁迅的《伤逝》，沈从文的《菜园》，汪曾祺的《徙》等；二是看重作品的语言品位，纯净，优美，有风格，耐咀嚼，目的是培养同学们纯正的阅读趣味。一切文学欣赏以语言的欣赏为最高境界，譬如一架蔷薇，故事只相当于横竖捆扎的竹竿，语言才是生机勃勃的绿叶和香气四溢的花朵。

编了这么两本小书，当然还想让同学们能够精读。朱光潜先生有一段话说得很好："读书并不在多，最重要的是选得精，读得彻底。与其十部书都只能泛览一遍，不如取一部书精读十遍。'好书不厌百回读，熟读深思子自知'，这两句话值得每个读书人悬为座右铭。读书原为自己受用，多读不能算是荣誉，少读也不能算是羞耻。少读如果彻底，必能养成深思熟虑的习惯，涵泳优游，以至于变化气质；多读而不求甚解，则如驰骋十里洋场，虽珍奇满目，徒惹得心花意乱，空手而归。"[1]

六

---

[1] 朱光潜. 谈读书 [M] //朱光潜. 朱光潜全集：第四卷. 安徽教育出版社，1988：90.

末了还想说明一下，学习理科的同学要不要读文学书？我想是要读的。文学非关知识，关乎性情。一个人缺少点知识不要紧，如果缺少性情，则容易趣味低下，面目可憎。经过文学滋养的人生，正如带露的花草，虽然一样地活着，但他更滋润、更鲜活、更有魅力。文学能使我们琐碎的日常生活流淌着诗意。诗人舒婷在《书渴》一文中有形象的描述："有一本好书在家静静等着，手边的琐事都会变成音乐。犹如甜蜜的幽会守在你将要经过的街角，你心中贮存了那么多情感准备与他同行。"

好了，这声吆喝实在太长了，同学们不听也可，快去品尝吧。

（本文是为菏泽一中文学读本《阅读大视野》写的序）

49 什么是最重要的教育资源

近日读岳南的《南渡北归》，有一点小感慨。

在很多场合，听到人们抱怨教育资源的匮乏与落后，好像一所学校教育质量不高，根本原因就是对教育资源的投资不足。这是一个值得深思的话题。

什么是学校发展中最重要的教育资源？

当年西南联大的教育资源如何？教室是临时搭建的活动板房，铁皮顶，一下雨，叮当的雨声就淹没了教授的讲课声；宿舍是土坯房，茅草顶，一下雨里面泥泞不堪，甚至杂草丛生；学校唯一可以上自习的地方就是图书馆，而图书馆只有不到200个座位。学生常常每天只能吃两顿饭；教授们穷得无法糊口，费孝通卖起大碗茶，闻一多替人刻图章，吴大猷到市场捡牛骨头给生病的妻子熬汤，法文专业首席教授在大街上吆喝着卖妻子的游泳衣……

可是在8年的时间里，西南联大培养出两位诺贝尔奖得主，近百位中国科学院学部委员，是名副其实的"大师之园"。

1939年陶行知先生创办育才学校，真是筚路蓝缕，在最艰难困苦的时代和环境里放飞他的教育理想。动乱之中，学校不断搬迁。1943年初，音乐组、绘画组相继搬迁到重庆市区。音乐组在江北观音桥一排简陋的草房中安定下来，此地原为一家硝牛皮的作坊，废弃不用，音乐组修葺了房屋，安居于此。

然而，学校经常举办"音乐演奏会"，孩子们在极端困苦的物质环境中得到了艺术的修养和精神的锻造。话剧《安魂曲》在重庆上演，陶行知先生写信让师生去观赏，全校师生连夜徒步一百多里路，赶到重庆观看最后一场演出。

战乱中的育才学校培养出一批又一批优秀人才，时至今日，这些年至耄耋的老人，说起自己的母校仍充满了感激与怀念。

西南联大和育才学校都成了中国教育史上的绝响。

决定一所学校教育质量好坏的主要因素是什么？我觉得首先是校长是否具有先进的办学理念。吴非先生说："中国教育根本不输在硬件上（至少在城市是这样）。在教育理念，具体到教师素养方面，我们可能比文明国家落后一个世纪。"[1]读读陶行知先生的《育才学校手册》，真让今人愧煞。

其次是是否有一批学养丰厚、品格高尚的教师，正如梅贻琦先生所说的"所谓大学者，非谓有大楼之谓也，有大师之谓也"[2]。看看育才学校当时的教师：文艺教师艾青，音乐教师贺绿汀，戏剧教师章泯，绘画教师陈烟桥，舞蹈教师戴爱莲……这样的阵容，在当今全国任何一所中学都不易寻找。

一所学校最重要的教育资源，不在于有多少楼房、多少电脑、多少图书、多少漂亮的塑胶操场，而在于有没有先进的育人理念，有没有一大批优秀的教师。如果没有这些，其他的资源再充足也成不了真正的名校。

---

[1] 吴非.致青年教师[M].教育科学出版社，2013：25.

[2] 智效民.大学之魂：民国老校长[M].中国华侨出版社，2012：71.

㊿ 掩藏在崇高背后的凡俗

前几年，曾写过一篇谈论朱自清《荷塘月色》的短小文章，现在不知丢到何处去了，但大意还记得，是引用几则历史资料加上自己的一些揣测，证明朱先生在文中所流露的苦闷并非全部源于社会的影响，而是有一些难以排解的私人感情。这些话说出来可能大煞风景，但也许正是历史的本来面目。

记得上中学时，语文老师分析这篇课文，抓住"这几天心里颇不宁静"这句话大讲特讲，认为是所谓的"文眼"。讲什么呢？讲为什么"心里颇不宁静"。为什么"不宁静"？因为"四·一二"反动政变。证据是什么呢？是作者写作的时间。什么时间呢？1927年7月，"四·一二"大屠杀三个月之后。于是讲国民党的凶残，讲那个年代的血腥，讲我们今天幸福生活的来之不易……那时真觉得精辟极了，台上的老师也愈加显得严肃而庄重。后来等到自己读了几本书，便觉得老师的推论有些牵强。

这里先声明，朱自清先生是我非常敬仰的学者、作家。但敬仰他是一回事，如何解读《荷塘月色》是另一回事。我也不是说朱自清先生不关心国家大事，没有忧时伤世的情怀；绝无此意，我不过是说在这篇文章中朱先生未必是叹时局、忧黎元，而且即使如此，也并不会降低了文章的格调、品位。古今中外，抒发一己之私情而流传千古的诗文不胜枚举，也许比忧国忧民的还要多呢。

为什么非要涂上一层"崇高"的金粉呢？因为在不少人的思想中，个人琐事和私情是微不足道的，只有上升到社会的层面，才能彰显文学的价值。两千年前先贤注解《诗经》时已显示出这种取向。譬如大家开口即能成诵的《关雎》，是一首多么通俗晓畅、真挚动人的情歌，却被说成是"美后妃之德""刺康王晏起"。这种取向几乎统摄了两千年的文学评论史，中间虽有个别的论者发出几声"杂音"，但立即就淹没在宏大的舞台主曲中，成了多数人无法听到的微弱的低吟。屈原的《离骚》被解读为"以香草美人而喻君子"就不说了，因为它晦涩，不妨多解。但古诗十九首中的《迢迢牵牛星》，写情人间的相思真是明白如话，却被强行解释为"臣不得于君"的怨语。陶渊明的《闲情赋》只是笔墨游戏，无法牵强，于是遭到多少责难，被有些人视为他创作中的瑕疵。我想，李白"安能摧眉折腰事权贵，使我不得开心颜"何尝是对"大人"的藐视，不过是受到"大人"对自己的藐视后发出的一句牢骚罢了，倘若有"大人"能正眼看他，他便不仅会"摧眉折腰"，甚至会立即奉上令人肉麻的颂诗。这才是真正的李白，活着的李白，也是大写的李白。这样的解读丝毫不会降低李诗"光焰万丈"的亮度，更无损于他令人景仰的人格。至于唐五代后的歌词小令，很多都是文人士大夫在夫人"闺中"的私语或徜徉"花丛"时的打情骂俏，和国运民生更是风马牛不相及，想要附会就愈加困难了，但有心人仍然会弄出一大堆背景材料，穿凿附会地分析一通。直至我们今天的文学史、教科书，在"知人论世"的原则指导下，谈诗文先讲作家，由作家延及时代，追根溯源，将私人的生活空间和感情空间压缩到几乎没有，至于文学创作中常有的灵感的偶发就更加无从谈起。一切都是大时代的产物，一切感情都是时代所赋予的，反过来又折射出时代的颜色和亮度，并由此判别作家文品与人格的高低、优劣。

我想，这些对许多文学作品的解读不仅不能抬高作品的价值，反而唐突先贤，甚至埋没了许多优秀的作品。事实上，健康的私人情感和忧国忧民的情怀同样值得尊敬与赞美，没有必要刻意拔高。

51 大师这样教学

闲来翻书，看到一些回忆老师的文字。这些老师都是某个领域的泰山北斗，是令我辈高山仰止的大师。他们的教学风范，值得我们思考与借鉴。

一

何炳棣《读史阅世六十年》里写俞平伯先生：

大一国文我班是由俞平伯先生主讲。……俞先生虽兼重章句训诂，讲课精彩之处却在批评与鉴赏。讲到《诗经·豳风·七月》"春日迟迟"，《古诗十九首》里"白杨何萧萧"，俞先生引起我们哄堂，因为"迟迟"和"萧萧"的美景是只可意会而不可言传的，所以俞先生只好再三地大叫："简直没有办法！"

记得张中行先生也有大致相同的记述。想想现在中学里的诗歌鉴赏课，真是感慨万千。老师们条分缕析，字字索解，累得筋疲力尽。而效果如何呢？事实是讲得越细，诗中的感情就越稀薄，艺术的光彩也越黯淡，反不如俞先生的一声大叫。

二

吴小如谈他的老师顾随先生：

顾先生讲课，那才叫散漫呢，一会儿说自己生病，一会儿说昨天腰疼，真是言不及义。一堂课眼看过去了，那天要讲的是辛弃疾。到了最后，才说起稼轩的豪放派，那是——以健笔写柔情。就一句话，够了，一堂课就这一句，你的收获就不小了！

如果换了今天，再碰巧遇到领导"推门听课"，不开他的批斗会才怪呢。这样有学问又有个性的老师，还有吗？

三

何炳棣《读史阅世六十年》写冯友兰先生：

冯先生上课有一特点：学生如不发问，他大都默坐不语，不主动开讲。可是回答学生问题时，他往往能用日常事物比喻乍看之下艰深的哲理，或把原文的意蕴层次分析得停当入微；而且有时妙语如珠；他的口吃更增加他的幽默。

冯先生的教学方法，也符合今天倡导的"自主学习"。我想，"学生如不发问，不主动开讲"很容易；难的是回答学生问题时，能够"用日常事物比喻乍看之下艰深的哲理，或把原文的意蕴层次分析得停当入微；而且有时妙语如珠"。这是很高的教学境界，不是一般的教师能够达到的。

四

史学家李埏回忆陈寅恪先生：

当年陈寅恪在西南联大讲授隋唐史，开讲前开宗明义："前人讲过的，我不讲；近人讲过的，我不讲；外国人讲过的，我不讲；我自己过去讲过的，也不讲。现在只讲未曾有人讲过的。"[1]

这样的先生，真是高山仰止，令人神往。同是陈寅恪先生，季羡林先生回忆他上课的情形：

[1] 谢泳. 过去的教授 [J]. 教师博览. 2007, 166（10）: 53-54.

任何废话都不说，先在黑板上抄写资料，把黑板抄得满满的，然后再根据所抄的资料进行讲解分析；对一般人都不注意的地方提出崭新的见解，令人顿生石破天惊之感，仿佛酷暑饮冰，凉意遍体。

我们不知道陈先生讲课的内容，但能让季羡林先生"顿生石破天惊之感，仿佛酷暑饮冰，凉意遍体"，想来该是多么深刻、精妙，佛祖讲法也不过如此吧。由此可知，课堂上气氛是否活跃，师生之间有否互动……都不过是细枝末节，重要的是老师是否真有学问。

五

何兆武《回忆吴雨僧师片断》写吴宓先生：

先生是熟读中国小说的。掌故之熟，一时无两。……在课堂上谈论《红楼梦》时，先生对书中的全部诗词都能脱口而出，背诵如流，这时候听者也觉得自己仿佛沉浸其中；那真可以说是一场精神的享受。

"满堂灌"这个词早已臭名昭著，但如果遇到吴宓这样的老师，最好别因另外的教学环节耽误时间，还是听他讲吧。窃以为，满堂灌也未尝不可以，关键是老师"灌"什么。

六

柳哲在《钱陈教授是我师——记钱理群与陈平原先生》中写钱理群先生：

在北大，中文系老师讲课的风格各异，但极少见像老钱那么感情投入者。由于激动，眼镜一会摘下，一会戴上，一会拿在手里挥舞，一副眼镜无意间变成了他的道具。他写板书时，粉笔好像赶不上他的思路，在黑板上显得跟跟跄跄，免不了会一段一段地折断；他擦黑板时，似乎不愿耽搁太多的时间，黑板擦和衣服一起用；讲到兴头上，汗水在脑门上亮晶晶的，就像他急匆匆地赶路或者吃了辣椒后的满头大汗。来不及找手帕，就用手抹，白色的粉笔灰沾在脸上，变成了花脸。即使在冬天，他也能讲得一头大汗，脱了外套还热，就再脱毛衣。下了课，一边和意犹未尽的学生聊天，一边一件一件地把毛衣和外套穿回去。如果是讲他所热爱的鲁迅，有时你能看到他眼中湿润、闪亮的泪光，就像他头上闪亮的汗珠。每当这种时刻，上百人的教室里，除了老钱的讲课声之外，静寂得只能听到呼吸声。

我觉得，钱先生在课堂上所表现出来的，远不是什么教学态度和教学方法的问题，是什么呢？是他散发出来的精神气息，这种气息会永久地感动学生，成为他们精神成长的水分和空气。好的老师，就是虔诚的布道者！

52 没有爱就没有教育

读黑柳彻子《窗边的小豆豆》，最强烈的感受是：生活在巴学园的每一位学生，时时刻刻都沐浴在爱的光辉中。

一般来说，学校对学生们的盒饭有所要求时，会这样对家长说，"请注意不要让孩子养成偏食的习惯"，或者"请注意营养的全面和均衡"之类，但巴学园的校长先生却只是这样拜托家长们：

"请让他们带来海的味道和山的味道。"

……不过，偶尔也会出现这样的情况，有的妈妈一时很忙，做这做那应付不过来，孩子的饭盒里只有海味或者只有山味。这时候怎么办呢？一点也不用担心。因为，在过来看盒饭的校长先生身后，跟着校长夫人，夫人系着白色围裙，两只手里各拿着一个锅。每当校长先生看到没有带够菜的孩子，就说：

"海！"

于是校长夫人就从放海味的锅里，取出两个煮的鱼肉卷，放在饭盒上。如果先生说的是：

"山！"

夫人就会从另一个放山味的锅里，取出一块煮山芋。

就这样，没有一个孩子说"讨厌吃鱼肉卷"之类的话，也没有一个孩子会有"谁的菜很高级，谁的菜总是很寒酸"这样的想法。

——《海的味道、山的味道》

校长先生在开运动会的时候，特意设计了适合高桥君的项目，让他可以取得好成绩；而且为了消除身体上有障碍的孩子的自卑心理，先生让大家都不穿泳衣，一起到池子里游泳。总之，为了高桥君、泰明这样身体上有障碍的孩子能够去掉自卑心理，以及"我比别的孩子劣等"的想法，校长先生尽了他能做到的种种努力。

——《尾巴》

小林校长对学生的爱，是真诚的、发自肺腑的爱。在我们看来，这样的人简直就是圣人。其实小林先生是自然而然的，这些行为与其说源自他的教育理念，不如说源自他平实而又充满光辉的人格。没有爱心的人不能从事教育；没有爱心，也不可能有完美的教育。学校和家庭一样，一个孩子生活在没有爱的家庭中，会心情压抑、性格扭曲；如果校园里缺少爱的空气和阳光，孩子的身体、思想、感情和品格都不能健康成长。肖川在《什么是最好的教育》中写道："凡是缺乏爱的地方，无论品格还是智慧，都不能充分地或自由地发展。"夏丏尊先生在为自己翻译的小说《爱的教育》所作的序中写道："教育上的水是什么？就是情，就是爱。教育没有了情爱，就成了无水的池。任你四方形也罢，圆形也罢，总逃不了一个空虚。"美国教育家帕克·帕尔默在《教学勇气》中说得也很绝对："任何没有爱的事业都有可能是病态的：很难想象一所健康的学校找不到热爱学习或关爱学生的痕迹。"

教育，永远是教师向学生释放善意的行为，哪怕是单纯地传授知识，也会在讲台上眉目传情。教师在课堂上的角色之所以无可替代，正因为课堂上不仅要传授知识，还要沟通感情。教学的过程，不仅是知识传递与接受的过程，也是师生之间心灵碰撞、情感激荡的过程。知识带着教师的"体温"，学生才会全身心地去拥抱它。观察我们当下的教育，种种现象却是令人忧虑的。王木春在《在纸页间读出"人"来》中写道："今天的课堂，往往只见知识不见情感，只见分数不见人——老师的脸、学生的脸，一样的模糊不清、一样的紧绷僵硬。这些原本丰富动人的脸，被一串串分数打得面目全非。"许多课堂上，教师眼睛的阳光，永远只洒向成绩优异的学生；教师记住的名字，也永远只是几个分数排前的学生。成绩平平的学生，基本上忽略不计，老师的眼光匆匆扫过，轻易不肯停留；而成绩落后的学生，简直就是教室里多余的部分，听到的总是老师的叹息。久而久之，一部分孩子在"阳光"下茁壮成长，而另一部分孩子却在冷漠里逐渐萎落。这样的教育，真的就是帕尔默所说的"病态的"教育。

这还是在课堂上，课下的教育就更是"面目全非"了。动不动写检查、停课反思、叫家长等等，学习不好的学生常常每日里战战兢兢、如履薄冰。前些日子，一位曾在央视"百家讲坛"栏目做过讲座的著名教授提出"教育离不开惩罚"，于是不少人应和发声，一时间将提倡"爱的教育"者骂得灰头土脸，好像这些中外教育名家全是些不懂教育常识的糊涂虫。其实这是对"爱的教育"的误解。爱的教育绝不是指教育不要惩罚，而是说不要"恶意惩罚"。教育需要惩罚，但惩罚的前提是"爱"，这种惩罚一定是善意的、适度的、受罚者感情上能够理解的；而"恶意惩罚"的原因是"恨"，这种惩罚常常是非善意的、过度的、受罚者心理上无法接受。举例来说，学生书写潦草，要求其重写，这是合乎情理的，目的是让他引以为戒，从此书写规范，这种惩罚是必要的，也是善意的；但如果不是要求其重写一遍，而是罚写几十遍甚至上百遍，就是不合情理的、含有恶意的，是学生心理上难以接受的。这种惩罚得到的结果往往适得其反，学生不是从受罚中得到教训，而是滋生对抗的情绪，甚至从此埋下一颗仇恨的种子。到了这个地步，教育的目的就完全走向了它的反面。德国教育家巴特尔在《爱是教育的灵魂》中说："教师的爱是滴滴甘露，即使枯萎的心灵也能苏醒；教师的爱是融融春风，即使冰冻的感情也会消融。"

因此，惩罚绝不能成为教育的主要方式，爱才是教育的主旋律。教师心中盛满爱意并随时溢出，学生方能得到爱的滋养，方能在丰富知识的同时健全自己的人格。现代著名教育家经亨颐先生说得好："教师为一艺术家，教育为一高尚之艺术。教师之任务，与其为冷的科学的法则施行者，无宁为有血有肉、自己之人格移之于儿童、塑造儿童之人格之艺术家。自己之人格与儿童之人格至微至妙之间，即教育效力之所在也。"[1]记不住是谁说的话了："我知道自己也学了不少的知识，但是，我能铭记在心的往往是那些我无缘无故得到的爱。"

愿每一个校园都洒满爱的阳光！

---

[1]经亨颐.经亨颐教育论著选［M］.人民教育出版社，1993：101.

㉝ 孩子有孩子的样子

　　校长先生总是对巴学园的学生家长们说："请让孩子们穿上最差的衣服到学校来吧。"

　　这是因为，校长先生认为如果孩子们担心"弄脏了衣服，妈妈要骂的"，或者"会弄破衣服的，所以不要和大家一起玩"，那对于孩子们来说，就会减少很多乐趣。

　　　　　　　　　　　　——黑柳彻子《窗边的小豆豆·最差的衣服》

　　读到这里，想起卢梭在《爱弥儿》中说过的话："大自然希望孩子在成人以前像个孩子的样子，如果我们打乱了这个次序，我们就会造成一些早熟的果子，它们长得既不丰满也不甜美，而且很快就会腐烂。"一个人从幼儿到成年，成长的过程是漫长的，这个过程的每一时段都是人生的一部分，都有独特的生命特质和意义。因此，我们不能以成年人的标准绳之于孩子，要尊重孩子的生命特质。在成人眼里幼稚可笑甚至可气可鄙的行为，在孩子那里却可能是庄重严肃、意义非凡的事情。《窗边的小豆豆》中还记录了作者幼时的一件小事：每天放学以后，她都要跑到一个园子边，从篱笆洞里钻进钻出，一个人长时间玩这个简单的游戏，衣服被撕扯得"破绽百出"。妈妈问她，这有什么意思？她竟然吃惊地瞪大眼睛说："妈妈，你不觉得这很有趣吗？"这就是孩子和成人对事物认识与感受的巨大差异，大人觉得无聊至极，孩子却觉得其乐无穷。记不住从哪里看到的一个故事了，大意是：

天热了，学校离海不远，校长把学生带到海边去玩。他自己站在水深处，规定学生以他为师，只准在水浅处玩。

小孩都乐疯了，连极胆小的也下了水，终于，大家都玩得尽兴了，纷纷上岸。这时发生了一件事，把校长吓得目瞪口呆。

原来，那些一二年级的小女孩上得岸来，觉得衣服湿了不舒服，便当众把衣服脱了，在那里拧起水来。

校长第一个冲动便是想冲上前去喝止——但好在，凭着一个教育家的直觉，他等了几秒钟。这一等的工夫，他发现四下里其实没有人大惊小怪。高年级的同学没有投来异样的眼光，傻傻的小男生更不知道他们的女同学不够淑女，海滩上一片天真欢乐。小女孩做的事不曾骚扰任何人，她们很快拧干了衣服，重新穿上——像船过水无痕，什么麻烦都没有留下。

不能想象，如果当时校长一声吼骂，会给那个快乐的海滩之旅带来多么尴尬的阴影。小女孩会永远记得自己当众丢了丑，而大孩子便学会了鄙视别人的"无行"，并为自己的"有行"而沾沾自喜。

这里虽然举出的是一个特例，但扩展开去，同样性质的问题却随处可见。那么，如何对待这种差异？是成年人以自己的是非为是非而批评、规范孩子的行为，还是尊重这种差异、理解孩子的感受？按照小林校长的理解，显然是应该理解孩子，尊重孩子，而不是批评与纠正。

岂止应该理解和尊重？很多时候是应该鼓励和赞美。鲁迅先生说："孩子是可以敬服的，他常常想到星月以上的境界，想到地面下的情形，想到花卉的用处，想到昆虫的言语；他想飞上太空，他想潜入蚁穴……然而我们是忘却了自己曾为孩子时候的情形了，将他们看作一个蠢材，什么都不放在眼里。"[1]在人类文化的发展过程中，许多辉煌的创造，都起源于丰富的想象。儿童时代正是想象力异常发达的时期，在他们的眼睛里，星星会说话，

[1]鲁迅.《看图识字》[M]//鲁迅.鲁迅全集：第六卷.人民文学出版社，2005：37.

小草会唱歌，花朵儿会跳舞，玩具是朋友，梦中能飞翔……如果我们对此不是报以会心的微笑和热情的赞美，而是当作错误而一一校正，那就不仅不是教育，而且简直是扼杀。蔡元培先生在论述新旧教育差异时说："夫新教育所以异于旧教育者，有一要点焉，即教育者非以吾人教育儿童，而吾人受教于儿童之谓也。"[1]这就不仅要求鼓励与赞美，而且要求向儿童学习了。

经常听到老师抱怨："现在学生的顽皮捣蛋让人无法容忍！"问他们怎么个顽皮捣蛋法？说来说去，无非是上课不听讲、下课爱打闹等等小事。殊不知活泼好动、打打闹闹本来就是孩子的天性，顺着他们的天性加以引导，才能利于孩子的健康成长。《中庸》上说的"天命之谓性，率性之谓道"，实在是至理名言。明代思想家、教育家王阳明在《训蒙大意示教读》中说："大抵童子之情，乐嬉游而惮拘检，如草木之始萌芽，舒畅之则条达，摧挠之则衰萎。今教童子必使其趋向鼓舞，中心喜悦，则其进自不能已。譬之时雨春风，沾被卉木，莫不萌动发越，自然日长月化。若冰霜剥落，则生意萧条，日就枯槁矣。"

小学阶段，不能给孩子立过多的规矩，那种进了教室则双手垂立端坐桌前、出了教室则温文尔雅不苟言笑的行为实在是违背孩子天性的"规范"。这种规范，会严重影响孩子心智的发展，给孩子造成的损失是巨大的，因为它不仅使孩子过早地失去了童年时代应该享受的欢乐和幸福，而且会影响他一生的思维方式和思想性格。鲁迅先生在《从孩子的照相说起》一文中写道："中国和日本的小孩子，穿的如果都是洋服，普通实在是很难分辨的。但我们这里的有些人，都有一种错误的速断法：温文尔雅，不大言笑，不大动弹的，是中国孩子；健壮活泼，不怕生人，大叫大跳的，是日本孩子。"让孩子们"健壮活泼"，是教育者应尽的责任，也是教育的首要目标。失去"健壮活泼"的孩子，无论身体、情感还是智慧，都难以得到充分的发展。

---

[1] 蔡元培.蔡元培教育论著述［M］.人民教育出版社，2011：154.

有学者说，人类文明的进化有三个重要阶段，第一个阶段是发现了人，将人从神的笼罩下解放出来，世界焕然一新；第二个阶段是发现了女性，将女性从男性的统治下解放出来，世界的半边天撑起来了；第三个阶段是发现了儿童，将儿童从对成人的依附中独立出来，世界更加充满阳光和美好。恳请每一位教育工作者，都能够蹲下身子从儿童的视角观察孩子，让孩子们享受到童年时代所应该享受的自由与欢乐。

54 母爱·童心·自然

一位作家说，我们实在应该怀念冰心，怀念她对孩子们的那一份爱，怀念她写给她的"小朋友"们的那些通讯。

是的，我们的确应该怀念她。1923年7月25日，冰心在驶往美国的客轮上给她的"小朋友"们写了第一封通讯，以后断断续续，至1926年8月31日，共写了29封。之后一年之中印了四版，按照当时的情况，套用一句俗语，称之为"洛阳纸贵"是毫不为过的。在这之前，冰心已经凭借《繁星》和《春水》两本诗集誉满文坛，而《寄小读者》更让她声誉鹊起，成为当时光彩夺目的文学明星。26岁的冰心，已经当之无愧地进入著名作家的行列，在现代文学发展史上占有十分醒目的位置。她的《寄小读者》也当之无愧地成为现代文学史上的经典之作，在文学的天空闪烁出耀眼的光芒。

这样的作家作品，岂止"应该怀念"？对于今天的孩子来说，冰心的《寄小读者》不是已经过时的经典，今天的孩子仍然应该阅读它，从中汲取精神成长的营养，沐浴文学艺术的光辉。因为《寄小读者》所展示的思想，所抒发的感情，以及它清新雅致的文笔，都是今天的孩子们尤其匮乏的。

在这29封通讯中，冰心用她幽婉清丽的语言书写真与美、善与爱，吟唱出三首动人的歌曲。

一是母爱之歌。作者在《寄小读者四版自序》中说："这书中的对象，是我挚爱恩慈的母亲。她是最初也是最后我所恋慕的一个人。我提笔的时候，总有她的颦眉或笑脸涌现在我的眼前。"初读这些话，很觉费解，明明是一封封寄给"小读者"的书信，书中的对象怎么又变成了"挚爱恩慈的母亲"？细细品读即可发现，这些书信虽然是写给"小朋友"的，但字里行间处处流淌着一个女儿对母亲的柔情蜜意。作者的喜乐与哀愁都被一根情思缠绕着，这根情思就是母女之间天然的牵挂与爱恋。正因如此，通讯中的文字才那么柔婉，那么清亮，那么温馨，似乎每一句话都是从爱的泉水中涌流而出，缓缓地流入读者的心田，让人陶然沉醉于这母爱的柔波……

不过有三个月罢了，偏已是这般多病。听到端药杯的人的脚步声，已知道惊怕啼哭。许多人围在床前，乞怜的眼光，不望着别人，只向着我，似乎已经从人群里认识了你的母亲！

你最怕我凝神，我至今不知道是什么缘故。每逢我凝望窗外，或是稍微的呆了一呆，你就过来呼唤我，摇撼我，说"妈妈，你的眼睛怎么不动了？"我有时喜欢你来抱住我，便故意的凝神不动。

当她说这些事的时候，我总是脸上堆着笑，眼里满了泪，听完了用她的衣袖来印我的眼角，静静的伏在她的膝上，……只母亲和我，最后我也没有了，只有母亲；因为我本是她的一部分！

——《通讯十》

古往今来，抒写母爱的文字可谓汗牛充栋，但多是成年人的文字。那些诗词文章差不多都是通过对苦难的渲染来突出母爱的光芒，从而歌颂母亲的善良、勤劳、耐苦和坚强。那是成年人用自己的人生体悟所诠释和演绎的母爱。《寄小读者》绝不同于那样的文字，它是儿童的歌吟，是在温柔的关爱中幸福成长的孩子对母爱深情的回眸与记录。我们试读上面的几段文字，叙述细腻，语气柔婉，全然出于儿童的口吻，而表现出来的情思却是多么绵长浓厚。苦难中感受的母爱固然刻骨铭心，而日常生活中母亲的一颦一笑也同样散发着人性的光辉。今天的孩子绝大多数生活在温暖、幸福的家庭中，心安理得地消费着父母所给予的关爱与呵护，因此，用文学唤醒他们对母爱的感悟并升华他们的精神与感情更有着非常重要的现实意义。

冰心对母爱的歌颂不是停留在一般的伦理意义上，而是上升到人生哲学的层面。她在《寄小读者四版自序》中说："她（母亲）的爱，使我由生中求死——要担负别人的痛苦；使我由死中求生——要忘记自己的痛苦。生命中的经验，渐渐加增，我也渐渐的撷到了生命花丛中的尖刺。在一切躯壳和灵魂的美丽芬芳的诱惑之中，我受尽了情感的颠簸；而'到底为谁活着'的观念，也日益明了……"她以母爱为基点，放射到生活的无限空间，形成她的"爱的哲学"。她说："'母亲的爱'打千百转身，在世上幻出人和人，人和万物种种一切的互助和同情。这如火如荼的爱力，使这疲缓的人世，一步一步的移向光明！"（《通讯十二》）因为有了这"如火如荼的爱力"，作者才有这样的生命哲学："我生命中只有'花'，和'光'，和'爱'；我生命中只有祝福，没有咒诅。"（《通讯十三》）这是青年作者的人生宣言，宣告了她文学创作的主题，也表现了她冰雪般的襟怀和崇高的精神境界。对于一个儿童文学作家来说，这简直是必备的品格；因为对于孩子来说，"爱"的教育是永恒的甚至是唯一的主题。现实生活中固然有阴暗，有残暴，有仇恨，有诅咒，但这些感情和话语应该放到成年人的世界里，孩子的世界里应该全是鲜花、阳光和爱心！

二是童心之歌。童心是什么？孟子说："大人者，固不失其赤子之心。"童心应该就是孟子所说的"赤子之心"吧。童心是人生历程中的"在山泉水"，清澈明亮；能在成长的过程中保持一颗童心，是我们至高的精神追求。冰心说："……我从前也曾是一个小孩子，现在还有时仍是一个小孩子。为着要保守这一点天真直到我转入另一世界时为止，我恳切的希望你们帮助我，提携我，我自己也要永远勉励着，做你们的一个最热情最忠实的朋友！"（《通讯一》）这里她把"天真"当作小孩子性情的标志，而天真是善良、真诚、单纯和敏感的集合体。在《通讯二》里，冰心叙述了一个动人的小故事：

去年的一个春夜——很清闲的一夜，已过了九点钟了。弟弟们都已去睡觉，只我的父亲和母亲对坐在圆桌旁边，看书，吃果点，谈话。我自己也拿着一本书，倚在椅背上站着看。那时一切都很和柔，很安静的。

一只小鼠，悄悄地从桌子底下出来，慢慢的吃着地上的饼屑。这鼠小得很。它无猜的，坦然的，一边吃着，一边抬头看看我——我惊慌的唤起来，母亲和父亲都向下注视了。四面眼光之中，他仍是怡然的不走，灯影下照见他很小很小，浅灰色的嫩毛，灵便的小身体，一双闪烁的明亮的小眼睛。

小朋友们，请容我忏悔！一刹那顷我神经错乱的俯将下去，拿着手里的书，轻轻地将它盖上。——上帝！他竟然不走。隔着书页，我觉得他柔软的小身体，无抵抗的蜷伏在地上。

出乎意料的是，自己这一举动竟然给小鼠带来了杀身之祸，使它无可躲避地丧命于小狗"虎儿"的口中。这惊心动魄的一幕，使作者的"心上飕的着了一箭"。她悔恨交加地写道："我总想是那只小鼠的母亲，含着伤心之泪，夜夜出来找他，要带他回去。""我小时曾为一头折足的蟋蟀流泪，为一只受伤的黄雀呜咽；我小时明白一切生命，在造物者眼中是一般大小的；我小时未曾做过不仁爱的事情，但如今堕落了……"

我不知道今天的孩子还有多少能保持着这份仁爱的童心——宗教般的敬畏、爱护一切生命，培养一颗"不忍"的良善之心。童心，说到底从它的本质意义上讲还是"爱心"，将这颗爱心放大开来，便会对一切弱小者施以真诚的同情与关爱。她在《通讯十五》中写道："小朋友，我们所能做到的，一朵鲜花，一张画片，一句温和的慰语，一回殷勤的访问，甚至于一瞥哀怜的眼光，在我们是不觉得用了多少心，而在单调的枯苦生活，度日如年的病者，已是受了如天之赐。访问已过，花朵已残，在我们久已忘却之后，他们在幽闲的病榻上，还有无限的感激、回忆与低徊！"为遭难的小鼠自责，为折足的蟋蟀流泪，为受伤的黄雀呜咽……为病榻上的人送一朵鲜花、一张画片、一句温和的慰语、甚至一瞥哀怜的眼光……这就是高贵的童心。永葆这份童心，就是一个精神高贵的人！

三是自然之歌。冰心称，她生平宗教的思想，完全从自然之美感中得来。通览全书，描写自然之美的文字占有相当篇幅。作者用她的一支生花妙笔，将她置身其中的湖光山色与碧海蓝天描画得美不胜收，读来令人心荡神驰。下面摘引几节以见一斑：

岸上四围的树叶，绿的，红的，黄的，白的，一丛一丛的倒影到水中来，覆盖了半湖秋水。夕阳下极其艳冶，极其柔媚。将落的金光，到了树梢，散在湖面。我在湖上光雾中，低低的嘱咐他，带我的爱和慰安，一同和他到远东去。

——《通讯七》

大雨初过，湖净如镜，山青如洗。云隙中霞光灿然四射，穿入水里，天光水影，一片融化在彩虹里，看不分明。光景的奇丽，是诗人画工，都不能描写得到的！

——《通讯二十六》

海是动的，山是静的；海是活泼的，山是呆板的。昼长人静的时候，天气又热，凝神望着青山，一片黑郁郁的连绵不动，如同病牛一般。而海呢，你看她没有一刻静止！从天边微波粼粼的直卷到岸边，触到崖石，更欣然的溅跃起来，开了灿然万朵的银花！

——《通讯二十七》

漫天匝地的斜阳，酿出西边天际一两抹的绛红深紫，这颜色须臾万变，而银灰，而鱼肚白，倏然间又转成灿然的黄金。万山沉寂，因着这奇丽的天末的变幻，似乎太空有声！如波涌，如鸟鸣，如风啸，我似乎听到了那夕阳下落的声音。

——《通讯二十九》

一个无法回避的事实是，今天的孩子，与大自然隔离得越来越远了。他们的绝大部分时间，消磨于书山题海；他们身之所处的空间，不过是庭院教室。这种机械枯燥的生活，使许多孩子的性情变得乖戾，对美的感受变得迟钝。读读《寄小读者》中描写自然的优美的文字，对于培养孩子热爱自然的感情，是一定会大有裨益的。我觉得，今天，我们的语文教师和孩子们仍然应该静下心来读一读冰心的《寄小读者》。

（《中学时代》2015年4期）

55 鲁迅与周作人的恩恩怨怨

有一次和朋友聊天，谈到周氏兄弟，我说，周氏兄弟的分手，是现代文学史上的大事。如果他们一生朝夕相处，兄弟怡怡，就可能会避免许多人事的恩恩怨怨、是是非非和一些不该发生的悲剧。

首先是他们个人的悲剧。两人的分手对双方都造成极大的伤害，有痛惜，有哀伤，有藕断丝连的亲情，更有深入骨髓的怨尤，真是剪不断、理还乱，说不出，忘不掉，一生在这些感情的泥淖中挣扎，至死不得解脱。这不仅是思想的悲剧，也是感情的悲剧。或者说正是由于生活上的决裂，才促使思想上的分道扬镳，相互背道而驰；反过来，思想上的距离越来越远，感情的裂痕也越来越深，以致于两个睿智明达的人，谁都不愿意驻足回眸，远远地凝望对方一眼，送出一个宽容的微笑。我们无法理解他们深谷般的心灵，我们只有深深的遗憾。

说一说事情的前因后果吧。

众所周知，不管在生活上、学业上，还是在思想上，鲁迅都堪称周作人的引路人。1898年5月，18岁的鲁迅考入南京江南水师学堂。兄弟们虽然身处两地，但函来信往，唱和应答，感情弥笃。四年后，周作人也进了该学校。他们在南京相处的时间并不长，但几乎日日聚首，或逛街买书，或登山游赏，或同访友人，真是情投意合，其乐融融。四个月后鲁迅去日本留学，其间不断地给周作人写信、寄书，并写了许多感人至深的诗句。四年后周作人又追随大哥到了日本。鲁迅在日本呆了八年，周作人呆了六年。后来周作人在日本结婚，因为经济上的拮据，鲁迅放弃去德国学习的计划，回国工作。两年后，周作人也携妇返乡。1912年2月鲁迅到南京临时政府教育部任职，5月抵达北京。5年后周作人也因鲁迅的荐举到北京大学任教。他们有着共同的爱好和共同的朋友，既是生活中的兄弟，又是思想上的同志。在学术与创作上相互帮助，相互砥砺，共同参与了轰轰烈烈的新文化运动，并在各自的领域登上了顶峰，受到同代人的推崇与敬仰。1919年11月，经过鲁迅将近一年的苦心经营，他们全家终于一块搬入北京八道湾一处宽敞的四合院里。大量的资料可以证明，他们在这里度过了三年多十分安静而又和谐的岁月。

直至1923年7月19日，鲁迅突然接到周作人送来的绝交信。信中写道：

鲁迅先生：我昨天才知道，——但过去的事不必再说了。我不是基督徒，却幸而尚能担受得起，也不想责谁，——大家都是可怜的人间。我以前的蔷薇的梦原来都是虚幻，现在所见的或者才是真的人生。我想订正我的思想，重新入新的生活。以后请不要再到后边院子里来，没有别的话。愿你安心，自重。

言辞是那么漂亮，又是那么刻毒。为什么？世人有诸多的猜测与推断，其中有一个较为普遍的观点，认为兄弟二人决裂的直接导因，是周作人的妻子羽太信子。一个据说患有歇斯底里的女人，也许只是并非严肃的几句挑拨，一下子斩断了他们的兄弟之情，不仅改变了他们各自的生活与感情，也加速了他们思想的分歧，甚至影响到当时文坛的阵营和走向。鲁迅忍着无法诉说的痛苦与屈辱搬出了自己苦心经营的宅院，大病一场。从此兄弟两人成为参商，断绝一切往来。凡周作人出入的场合，鲁迅一概回避。他们的性格表面上有许多差异，但骨子里是一致的，那就是一拗到底，决不回头。他们脉管里流淌着同质同源的血液。他们拒绝一切友人的调解，涂掉日记上写下的文字，只在精神的原野充满怨恨地对视着。我们看鲁迅1924年写的《复仇》中的几段文字：

……他们俩裸着全身，捏着利刃，对立于广漠的旷野之上。

他们俩将要拥抱，将要杀戮……

路人们从四面奔来，密密层层地，如槐蚕爬上墙壁，如马蚁要扛鲞头。衣服都漂亮，手倒空的。然而从四面奔来，而且拚命地伸长颈子，要赏鉴这拥抱或杀戮。他们已经豫觉着事后的自己的舌上的汗或血的鲜味。

然而他们俩对立着，在广漠的旷野之上，裸着全身，捏着利刃，然而也不拥抱，也不杀戮，而且也不见有拥抱或杀戮之意。

他们俩这样地至于永久，圆活的身体，已将干枯，然而毫不见有拥抱或杀戮之意。

路人们于是乎无聊；觉得有无聊钻进他们的毛孔，觉得有无聊从他们自己的心中由毛孔钻出，爬满旷野，又钻进别人的毛孔中。他们于是觉得喉舌干燥，脖子也乏了；终至于面面相觑，慢慢走散；甚而至于居然觉得干枯到失了生趣。

于是只剩下广漠的旷野，而他们俩在其间裸着全身，捏着利刃，干枯地立着；以死人似的眼光，赏鉴这路人们的干枯，无血的大戮，而永远沉浸于生命的飞扬的极致的大欢喜中。

鲁迅用这些奇特的文字表露着自己内心的隐痛。"捏着利刃，对立于广漠的旷野之上""将要拥抱，将要杀戮……""然而也不拥抱，也不杀戮"，拥抱不愿，杀戮不忍，这"无血的大戮"是多么令人尴尬而又痛苦。鲁迅说"永远沉浸于生命的飞扬的极致的大欢喜中"，难道他真的能超越内心的剧痛？不能，他们双方都不能。

当痛苦无法释怀的时候，笔下的怨语便分外刻毒。几天后，周作人发表《破脚骨》，映射鲁迅是街道上的泼皮无赖。鲁迅隐忍未发，至1925年12月，写《颓败线的颤动》：

……

那垂老的女人口角正在痉挛，登时一怔，接着便都平静，不多时候，她冷静地，骨立的石像似的站起来了。她开开板门，迈步在深夜中走出，遗弃了背后一切的冷骂和毒笑。

她在深夜中尽走，一直走到无边的荒野；四面都是荒野，头上只有高天，并无一个虫鸟飞过。她赤身露体地，石像似的站在荒野的中央，于一刹那间照见过往的一切：饥饿，苦痛，惊异，羞辱，欢欣，于是发抖；害苦，委屈，带累，于是痉挛；杀，于是平静。……又于一刹那间将一切并合：眷念与决绝，爱抚与复仇，养育与歼除，祝福与咒诅……。她于是举两手尽量向天，口唇间漏出人与兽的，非人间所有，所以无词的言语。

当她说出无词的言语时，她那伟大如石像，然而已经荒废的，颓败的身躯的全面都颤动了。这颤动点点如鱼鳞，每一鳞都起伏如沸水在烈火上；在空中也即刻一同振颤，仿佛暴风雨中的荒海的波涛。

她于是抬起眼睛向着天空，并无词的言语也沉默尽绝，惟有颤动，辐射若太阳光，使空中的波涛立刻回旋，如遭飓风，汹涌奔腾于无边的荒野。

我一直认为，读不懂《野草》就不能深刻地理解鲁迅。这里面的24篇短文，几乎包含了他全部的哲学、美学和潜藏于他心底的感情密码。在这篇《颓败线的颤动》里，鲁迅用诗的语言，将内心的苦痛与怨愤表现得酣畅淋漓。"眷念与决绝，爱抚与复仇，养育与歼除，祝福与咒诅"这四组词语，真把兄弟间的恩怨情仇和盘托出。既不能拥抱，又不忍杀戮，于是只能将自己放逐于"无边的旷野"。这就是受到兄弟伤害的鲁迅，他在黑暗的荒野独自舔着自己鲜血淋漓的伤口，起初连呻吟都不愿，但终于像野狼般发出了尖利的嗥叫……

1926年8月26日，鲁迅同许广平一起离开北京，此后在收获爱情的同时，也不断接受思想上的新同志。他不仅远离了周作人，也逐渐远离了先前两人共同的一些朋友，远离了主宰北京文化主流的文人圈子，走向正在蓬勃发展的左翼文学，并成为左翼文坛的领袖，而周作人也逐渐成为京派文人的灵魂。在许多问题的认识上，两人已由生活中的反目，走向思想上的对立。特别是周作人，凡是鲁迅主张的，他几乎一概反对。有时候不仅是思想上的驳难，而且是有意叫板，借以攻讦。鲁迅生前，周作人含沙射影讥讽他的文章不下10篇，许多处言辞刻毒，简直是有失身份。举两处以见一斑。

他在《老人的胡闹》中写道：

……只可惜老人不大能遵守，往往名位既尊，患得患失，遇有新兴占势力的意见，不问新旧左右，辄靡然从之，此正病在私欲深，世味浓，贪恋前途之故也。虽曰不自爱惜羽毛，也原是个人的自由，但他既然戴了老丑的鬼脸跷出戏台来，则自亦难禁有人看了欲呕耳。这里可注意的是，老人的胡闹并不一定是在守旧，实在却是维新。盖老不安分重在投机趋时，不管所拥戴的是新是旧，若只因其新兴有势力而拥戴之，则同是投机趋时，一样的可笑。

这还只是骂鲁迅思想趋时，行为投机。而在《笠翁与随园》中则是恶毒的人身攻击了：

……若使风情老无分，夕阳不合照桃花。老了不肯休歇，还是延着脸要闹什么风情，是人类中极不自然的难看的事，随园未能免俗，又说些肉麻话，所以更显出难看了。这是不佞的一个偏见，在正统派未必如此想，盖他们只觉得少年讲恋爱乃是伤风败俗，若老年弄些侍姬如夫人之流则是人生正轨，夕阳照桃花可以说正是正统派的人生观，从古至今殆不曾有丝毫更变者也。

再抄一段他在《中年》中的话：

……譬如普通男女私情我们可以不管，但如见一个社会栋梁高谈女权或社会改革，却照例纳妾等等，那犹如无产首领浸在高贵的温泉里命令大众冲锋，未免可笑，觉得这动物有点变质了。

周作人自称是"嘉孺子而哀妇人"的仁者，是最懂蔼理斯性学理论的学者，是主张中庸宽容之道的智者，但偏偏在对待兄长的婚姻情感上，既不仁又不智，甚至昏聩偏狭，近乎下流。然而鲁迅一直保持沉默，即使不能"拥抱"，也绝无"杀戮"之意。他只是在家人面前，用一个"昏"字表示对周作人的无奈与责备。在他内心的深处，有一个给他带来一生屈辱与痛苦、让他永远不能忘记更不能饶恕的人，那就是周作人的妻子羽太信子。他自称"宴之敖"，认为自己是被这个日本女人从家里赶出来的，而对自己的兄弟还有丝丝难以割舍的感情。但无论如何，他们之间的鸿沟是永远不能跨越了。

本来就孤傲的鲁迅，为了远离周作人，也远离了当时的"上层文化"，加快步伐走向代表无产阶级文化的新生作家队伍。他那支"金不换"的毛笔，受到感情的淬火，愈加犀利，不管是思想的敌人还是感情的敌人，无不望风而靡，他与周作人所代表的知识阶级已经彻底决绝了。而远离了鲁迅的周作人，则盲人瞎马，一意孤行，最后竟然堕入罪恶的深谷，亲手造成了自己人生的大悲剧。

悲剧还远不止于对他们个人的伤害。三十年代，他们各自麾下的战士们也长时间笔战不止，进行着为私为公的各种交锋。有人将私怨演变成公仇，也有人由公仇转换成私愤，公中挟私，私中含公，公私难辨，党同伐异，直至鲁迅逝世……

我们不妨假设一下，如果当初周作人不是娶一个如此不堪的女人，而是娶一位贤淑的妻子，他们兄弟会是怎样的走向呢？更大的可能是生活上和睦相处，思想上一脉相通，学术上相互砥砺……那么，或许鲁迅不会出走，周作人不会当汉奸，文坛上也许就会减去许多热闹、许多繁华、许多令时人兴奋后人扼腕的故事。

世事有时很奇妙，正像莫泊桑在《项链》中所说："一个极小的事情，可以败坏你，也可以成全你。"鲁迅成为"现代中国的圣人"，周作人成为中华民族的罪人，在最初的走向选择时，也许和一个平庸得不能再平庸的女人有着至关重要的关系。正所谓天地无情，造化弄人。真是可悲可叹！

56 两篇奇特的祭文

清初文人彭绩有一篇《亡妻龚氏圹铭》，写龚氏：

嫁十年，年三十，以疾卒……诸姑、兄弟哭之，感动邻人。于是彭绩始知柴米价，持门户，不能专精读书。期年，发数茎白矣。

寥寥数语，饱含真情，感人至深。

《宋稗类钞》卷五记了一则文苑故事：

北朝致祭皇后文，杨大年捧读，空纸无一字，随自撰曰："惟灵巫山一朵云，阆苑一团雪，桃源一枝花，秋空一轮月。岂期云散雪消，花残月缺。伏惟尚飨。"

奇思妙想，字字珠玑，令人叫绝。

彭绩的文章以情真取胜。作者悼念妻子，自然情动于中，沾着血泪着墨，一腔哀情浓缩于简短而又平实的叙述之中。"语不涉悲，已不堪忧。"情至真至切，语却平实到极处，如此才更加使人惊心动魄。而杨大年是以大臣的身份宣读北朝使者的祭文。北朝要侮辱大宋，祭文"空纸无一字"。杨大年接过祭文后既没有惶恐失态，也没有犹豫沉吟，而是随口替北朝作出了一篇言辞得体的祭文。他把皇后比成"巫山一朵云，阆苑一团雪，桃源一枝花，秋空一轮月"，是那么多情、纯洁、美丽、高雅，又用"云散雪消，花残月缺"八个字表达无限惋惜哀悼之情。巧妙的构思，神奇的想象，加上华丽的文辞，堪称妙绝。所谓的"文章之美"，在这里表现得淋漓尽致。

　　这两篇祭文可以代表两种作文思维模式。一种是因事而生情，缘情而成文；一种是因文而造情，缘情而造事。第一种文章源于对生活的深切感受，如山涧泉水，汩汩涌出，随地漫溢，自成景观；第二种文章缘于表现主题，如平地凿池，注入清水，池内绿波荡漾，荇藻交错，是一种人为的景观。当然，并不是说所有的文章都可以这样分为两类，但一加比较，总会有所侧重。倘能做到二者兼备，则是文章的高境界了。

（《中学语文》1998年10期 ）

57 战时文人的片刻遐思

抗战时期，张恨水蛰居重庆郊外山村，创作小说之余，为《新民报》副刊"拉杂补白"（《〈山窗小品〉自序》，写了40多篇小品文，汇为《山窗小品》。这些文章全用文言写作，长者千余字，短者不过数百字。或记人叙事，或写景言情，皆眼见耳闻、躬身亲历。语言千锤百炼，可谓字字珠玑，实在是现代散文园地中的一朵奇葩。大概由于作者小说家的名气过大，这些小品文被他小说的盛名所掩，长期以来不被世人关注。今选取其中一篇《月下谈秋》与大家共赏。

月下谈秋

张恨水

一雨零秋，炎暑尽却。夜间云开，茅檐下复得月光如铺雪。文人二三，小立廊下，相谈秋来意，亦颇足一快。其言曰：

淡月西斜，凉风拂户，抛卷初兴，徘徊未寐，便觉四壁秋虫，别有意味。

一片秋芦，远临水岸。苍凉夕照中，杂疏柳两三株。温李至此，当不复能为艳句。

月华满天，清霜拂地，此时有一阵咿哑雁鸣之声，拂空而去，小阁孤灯，有为荡子妇者，泪下涔涔矣。

荒草连天，秋原马肥，大旗落日，笳鼓争鸣。时有班定远马援其人，登城远眺，有动于中否？

诵铁马西风大散关之句，于河梁酌酒，请健儿鞍上饮之。亦人生一大快意事。

天高气清，平原旷敞，向场圃开窗牖，忽见远山，能不有陶渊明悠然之致耶？

凉秋八月，菱藕都肥，水边人家，每撑小艇，深入湖中采取之。夕阳西下，则鲜物满载，间杂鱼虾，想晚归茅芦，苟有解人，无不煮酒灯前也。

天高日晶，庭荫欲稀。明窗净几之间，时来西风几阵，微杂木樨香。不必再读道书，当呼"吾无隐乎尔"矣。

芦花浅水之滨，天高月小之夜，小舟一叶，轻蓑一袭，虽非天上，究异人间。

乱山秋草，高欲齐人。间辟小径，仿佛通幽，夕阳将下，秋树半红。孤影徘徊，极秋士生涯萧疏之致。

荒园人渺，木叶微脱，日落风来，寒蝉凄切，此处著一客中人不得。

浅水池塘，枯荷半黄。水草丛中，红蓼自开。间有红色蜻蜓一二，翩然来去，较寒塘渡鹤图如何？

残月如钩，银河倒泻，中庭无人，有徘徊凄凉露下者乎？

朝曦初上，其色浑黄，树露未干，清芬犹吐，俯首闲步，抵得春来惜花朝起也。

焚一炉香，煮一壶茗，横一张榻，陈一张琴，小院深闭，楼窗尽辟，我招明月，度此中秋。夜半凭阑，歌大苏水调歌头一曲，苍茫四顾，谁是解人？

一友忽笑曰：愈言愈无火药味矣，今日宁可作此想？又一友曰：即作此想，是江南，不是西蜀也，实类于梦呓！最后一友笑曰：君不忆抬头见明月，低头思故乡之句乎？日唯贫病是谈，片时作一个清风明月梦也不得，何自苦乃尔？于是相向大笑。

——张恨水《山窗小品及其它》

文章开头说，"夜间云开，茅檐下复得月光如铺雪。文人二三，小立廊下，相谈秋来意"，点明题目，文中所写皆非眼前实景，不过是"文人相谈"而已。因此，下面的十五幅秋景图全都浸透了传统文人的气质和趣味，表现出幽渺高洁、超脱尘俗的意境和情怀。十五幅秋景图没有逻辑顺序，色彩或明或暗，人物或古或今，情感或隐或显，可谓纵意挥洒，处处显示出尺幅千里的张力，正符合"二三文人随意相谈"的特点。但无论哪一幅，又都是文人心目中的图画，让我们想起宋元时期的文人山水，幽渺淡远而又气韵充沛。作者笔笔写景，而又笔笔写人；景和人互为映衬，相得益彰。文章从"抛卷初兴，徘徊未寐"写起，接下来写到秋芦水岸的晚唐诗人温庭筠、李商隐，写到月华满地、小阁孤灯下的荡子妇，写到荒草连天、笳鼓争鸣中的班超、马援，写到天高气清、忽见远山的陶渊明，写到满载鱼虾、撑船归家的渔人，写到乱山秋草中孤影徘徊的秋士，写到焚香品茗、弹琴而歌的文人……真可谓"思接千载，视通万里"，每一幅图画都是典型的文人秋思图，都能引起传统文人的心灵共鸣，令读者悠然神往。

文章构思之妙，犹在结尾一段。"今日宁可作此想？"一句，不啻当头棒喝。相谈之人虽强作辩解，然笑声里藏着苦涩，一个"梦"字一下子把人拉回残酷的现实中，将前面淡雅幽远的意境变成不可企及的虚幻，文人在战乱中的一点理想情怀，片刻间被撞得粉碎，一切乐景都成了对哀痛的反衬。

本文多用四字短语，工整典雅，极具诗赋词采，读来朗朗上口，细品余味绵长。可以说，景是文人眼中之景，情是文人胸中之情，词采也是文人笔下之词采，三者达到完美的结合。非有深厚的古典文学素养绝难写出如此精妙的文字，称之为字字珠玑，实非过誉。读《山窗小品》可知，张恨水既是一流的小说家，也是一流的散文家。

（《语文月刊》2013年4期 ）

⑤⑧ 写在书页空白处

一、"使之信"与"使之疑"

喜欢读大学者的小文章，看似不经意的闲谈，却严肃而充满睿智。今天读的孙郁先生的小文章《美国的语文书》，便是如此。

孙先生通过比较，看到中美教育的一个差异：中国教育的根底是让人"信"，美国的教育除了让人"信"之外，还要让人"疑"。

"让人信"与"让人疑"确是两种截然不同的教育理念。孙先生说："用欺骗的手段去驯化别人，且还让人真诚地信服，培养的只能是大观园里的奴才。一点一点地遮掩着，一点一点地膜拜着，于是便在幻影里自得于奴性之乐。"

为什么我们培养不出大师？因为我们从小就剥夺了孩子"疑"的权力与能力，他们失去了"疑"的智慧，更失去了"疑"的胆量与勇气。一个不会"疑"的人永远只能匍匐在别人脚下，成为别人思想的奴隶。

二、"学问"与"学答"

林语堂先生在《论大专联考亟待废止》中说："学问不是学答，学答不是学问。"教学是教学生学，教学生"问"，有"疑"才有"问"，有"问"才有"进"。故古人云：小疑则小进，大疑则大进，不疑则不进。

让学生善疑、多问，是教育的正道。什么是"导而弗牵"？就是少设思维障碍，让学生放开胆子去疑问。我们现在的课堂，几乎全是教师问、学生答，教学成了"教答"。学生思维的空间极其狭小，天马行空的思想变成循规蹈矩的回答，思想的天空越来越暗淡。

不要老是问学生，要让学生问。能经得起学生"问"的老师才是好老师。

三、健康第一

"到日本考察，你很容易得出一个结论，他们的确把孩子的健康、民族的健康真正放在第一位了。一所500人的小学居然有两个体育馆、3至5位校医，而且必须有一个是这个特定年龄阶段特别需要的牙医；从上世纪90年代初开始，日本就专为中小学培养和配备专职心理咨询教师；'营养餐计划'更是强化了一个民族。"[1]

就我们的教育现状看，不仅是学校漠视孩子的健康，就是最关心、疼爱孩子的人——家长，也很少能把孩子的健康放在第一位。不是说他们不关心孩子的健康，而是说在他们的日常视野中，孩子的考试分数和班级名次永远是第一位的。放学后不是问身体是否舒服，而是先问作业完成情况；考试后不问孩子的心理感受，而是急切地想知道考试成绩。从长远规划上，很少注意对孩子体格成长的培养与锻炼，而是过早地直奔就业前景，为孩子谋划一生的物质福祉。如此功利化的教育心态，支配着孩子成长过程中的一切教育行为。走进校园看分数，走上社会看报酬，孩子的身体与心灵几乎成为父母的盲点。当然，有时候孩子真的出现了身体或者心灵危机，他们也会焦虑万分，后悔不迭，但一旦恢复健康，就会故态复萌，原形毕露，重新祭起分数的大旗，对孩子摇旗呐喊。

观念的改变不是行政命令能奏效的，我们的教育改革真是任重道远！

---

[1]李希贵.2007年关注什么：健康·和谐·效能［J］.人民教育，2007，1489（1）：7-8.

四、教师是什么人

杜威说："每个教师应当认识到他的职业尊严：他是公仆，专门从事于维持正常的社会秩序，并谋求正确的社会生长。这样，教师总是真正上帝的代言者，真正的天国引路人。"[1]读到这句话，真感到惶悚不安。自己尽到教师的职责了吗？

我觉得，现在对教师功能的认识与定位，越来越"矮化"。教师自己也觉得有些尴尬，一方面被称为"人类灵魂的工程师"，一方面在分数至上的价值取向中，自己的工作越来越远离孩子的心灵，变得像车间流水线上的工人。

那么，一位教师对自己学生心灵的成长，到底该负多大责任？教师这个群体，对一个时代的文化乃至文明的进步应该负多大责任？我想，应负的责任当然很大，但就目前来看，这却是当代教师的"难以承受之重"。

五、教育立其"诚"

王木春在《有温度的大师课堂》中写道："这些年来，我们的课堂，尤其是中小学课堂，各种改革和创新不断，课堂面貌有了不少的改善——有些课堂不缺乏技巧，有些课堂不缺乏热闹，甚至不缺乏教师对学生的'关爱'。但许多次，我坐在教室里听课，总觉得空气中、师生间似乎少了点什么。编完《过去的课堂》，我明白了：今天的许多课堂，缺的就是一个'诚'字。有'诚'的课堂，才不会僵硬，才不会作秀，才是有温度、有真实生命的课堂。"

岂止是课堂？我们教育的方方面面、角角落落都缺少一个"诚"字。课堂上的表现，正是教育的缩影。

---

[1] 杜威.杜威教育论著选 [M].华东师范大学出版社，1981：12.

六、空气教育

忽然想起林语堂的《学风与教育》。林先生做人作文都很洒脱，他的教育观也渗透了个人情趣。他说："凡真正有效的教育都是'空气作用'，在于讲学的空气中，使人人见贤思齐，图自策励，以求不落人后。谁有这'制造空气'之本领，便是最好的校长。"

林先生此话不虚。只是此教育的空气不仅在校园，而且应该弥漫于整个社会。林先生认为学风之所以不好，是因为三十岁以上的人不读书，不著书，卑意也深有同感。成年人都不读书，却要强迫孩子们读书，正如自己不喝酒却强劝别人一样，不管说多少冠冕堂皇的言语，对方都不会感到丝毫诚意。

欲有好的教育，先制造好的"教育空气"。

七、素质教育难在何处

素质教育提出来很多年了，案头上的成果也出了不少，可全国性的应试教育却愈演愈烈，每年的高考都成为社会高度关注的大事，从政府到百姓，真是万人瞩目，众口一事。

素质教育好不好？我想没有人会怀疑，素质教育肯定好！好事为什么难以推行？

有些人（尤其是部分教师）认为根源在校长，中小学校长是推行素质教育的最大障碍。仔细想想很替这些校长们委屈，他们何苦来？上违背政策，下得罪师生，怎么会干这种蠢事？有人说不搞应试就没法管理教师，想想也不对，干嘛要绞尽脑汁管教师？管人的目的是什么？难道一个个心理变态，以管人为乐趣？

也有人（多数为学生）认为根源在老师，特别是班主任，他们是推行素质教育的最大障碍。仔细想想也替他们委屈，他们何苦来？即使领导不批评，于自身利益何在？加班加点，换来一身臭汗；苦口婆心，反遭弟子白眼。难道自己犯贱？

也有人（身份不明）认为根源在家长，家长是推行素质教育的最大障碍。他们认为，如果家长都具有很高的素质，认识到应试教育的严重危害，不让孩子择校，不逼孩子升学，让孩子自由发展，想干什么干什么，能干什么干什么，不是皆大欢喜吗？这种说法恐怕也不合情理。天下还有比父母再疼爱孩子的人吗？我们常说"可怜天下父母心"，既然应试教育是对孩子的摧残，他们会亲手把孩子推进火坑？是狠心还是犯傻？

还有人认为根源在高考，高考制度不改，素质教育永难推行。我觉得这倒是说到了问题的关键。但高考制度怎么改？有人说用学业水平测试成绩作为高考录取的依据，那么，学业水平测试就没有应试教育了吗？只要考试就一定会应试，考试愈多，负担愈重。

素质教育，路在何方？

八、回到问题的原点

近些年来，大家都热衷于探讨方法与技术。考察、报告、讲座等等走马灯似的晃个不停，结果收效甚微，看了等于没看，听了等于没听，说了也等于没说；因为这都是打外围，绕圈子，做表面文章，是避重就轻。一个热爱工作的人，自会有工作的智慧；对于不热爱工作的人，什么高明的技术也塞不进脑子。如何让人热爱工作？仍然要回到问题的原点去解决。单靠考核不行，简单的物质刺激更不行。要解决精神上的幸福感和知识分子的人生使命感，这是内在的由衷的自我需求，而且是最强烈的需求。教育是事关灵魂的事业，那么，就必须首先关注教育者的灵魂。

九、为人父者，可不慎欤？

今天读《卡夫卡全集》第8卷中的《致父亲》，读了不到一半眼里就溢满了泪水。谈到教育，摧残孩子的第一个暴君也许就是父亲，一个不合格的父亲给孩子带来的伤害，绝不下于学校里不合格的教师。为人父者，可不慎欤？为什么自己的眼里溢满泪水？是因为从卡夫卡父亲的身上清晰地看到了自己的影子。"你坐在靠背椅上统治着世界。你的见解是正确的，其他任何见解都是发病的、偏激的、癫狂的、不正常的。""你在教育中运用的效果特别好的、至少在我身上从未失效过的语言是：斥骂、威胁、讥讽、冷笑，还有（这是奇特的）自责。""你是个出色的演说家，我得到的是一种断断续续、结结巴巴的讲话方式，但就是这样，你还是觉得过分了，最终我沉默不语了，首先是出于抗拒心理，再就是我在你面前既不能思想也不能讲话。"这些话写到我的痛处。我看不到儿子的日记（肯定充满酸楚），听不到儿子的心声（当然是怨尤），我只有一个人坐在窗下忏悔在教育儿子过程中的一切过错。

我希望年轻的父亲们抽空读读卡夫卡这篇充满悲酸的文章，这篇写给父亲却终于没有寄出的长信。

十、音乐与教育

我觉得，有些中小学校将音乐课减掉是最残忍的事。

古希腊教育中特别重视音乐教育。雅典的男孩7岁后进入私立的文法学校和音乐学校，学习读、写、算的初步知识，还要学习唱歌、弹琴。中国秦汉以前的教育也很重视音乐的学习，一般人都很熟知的"六艺"（礼、乐、射、御、书、数）是当时教学的主要内容，其中音乐是重要的学习课程。

对于音乐的教育功能，古人有许多论述。当然，有些论述未免夸大其辞，但有一点是不可否认的：对于青少年来说，音乐是内涵丰富而且深入心灵的娱乐活动，是给一个人提供健康营养的重要元素。一个受过音乐熏陶的人，除了生活会充满情调外，在性格上也常常多一些明朗、达观与幽默，而这些实在是健康的人生所必不可少的因子。

因此，学习音乐，是关乎人一辈子的事，如果减掉了，那就是人生的损失。

《论语》中记述了一个孔子教学的小场面：一边是师生对话，一边是悠扬的鼓瑟之声。

孔子不愧是圣人，其胸襟、智慧真是令人景仰。

十一、阅读是学习的基本方式

李昕在《清华园里的人生咏叹调》中讲到清华大学教授李相崇的学习经历：

李相崇到南开后，高中一年级下学期，英语考试不及格。考试等级分为A、B、C、D四级，D级就是不及格，但是老师居然给他判了一个E！一次在课堂上老师提问，点到他回答，他张口结舌，被老师用英语骂道："A piece of wood（一块木头）！"这句话伤害了他的自尊心，他从此发奋。在一个暑假里，他拿出几乎全部的时间，精读了几本不太难的英文小说，总共有1000多页，结果发现，精读不仅可以提高理解能力，而且可以提高写作能力乃至听力。再回到学校时，他发现原来他听不懂的英语讲授课程，例如《西洋历史》之类，现在都听懂了。从这以后，他从一个差生摇身一变成了优等生，令老师和同学刮目相看。

天天做习题的老师和学生，读了这段话，能否受到一些启示？

十二、"知识"和"智慧"

怀海特在《教育的目的》中说："古代学校里，哲学家们渴望传授智慧，而现代学校，我们降低了目标，教授的是学科。从神圣的智慧——这是古人向往的目标，沦落到学校教材知识——这是现代人追求的目标，标志了多少世纪以来教育上的一种失败。"

我们必须分清"知识"和"智慧"这两个概念之间的差别。什么是智慧？智慧是一个人的创造能力。思想上的超越，技术上的突破，单靠知识是不能实现的，靠的是智慧。智慧的培养当然要建立在知识的传授上，但传授知识是手段，培养智慧是目的。如果以传授知识为教育的目的，就很难培养出智慧。

如何培养人的智慧？智慧是难以传授的，只能靠培养。每个人的禀赋中都含有智慧的种子，这些种子在知识的灌溉下自会茁壮成长。知识和智慧有时候并不成正比，我们身边也常常会遇到有知识而没有智慧的人。

十三、著书立说三境界

董桥有一段妙论："著书立说之境界有三：先是宛转回头，几许初恋之怀；继而云鬟缭乱，别有风流上眼波；后来孤灯夜雨，相对尽在不言中。初恋文笔娇嫩如悄悄话；情到浓时不免出语浮浪；最温馨是沏茶剪烛之后剩下来的淡淡心事，只说得三分！"

绝大多数作家一生都要经历这三个境界。当然也有例外，如徐志摩，三十三岁猝然遇难，最终停在了第二境界；有些人虽然高寿，却一生停在第一境界，如冰心；还有的人起点就是第三境界，如周作人、张中行。

读者方面呢？大体来说青年时代喜欢读第一、二境界，中年以后喜读第三境界。魏晋文章晚唐诗自然不是年轻人愿意流连的光景。

十四、给孩子什么样的校园生活

到一所学校看学生的课本剧表演，感慨良多。孩子们的表演固然还显得稚拙，但他们演出的投入和欢快的情绪却深深地感染了我。这才像一所学校！

我常想，我们每天给孩子提供了什么样的校园生活？除了听课、做题、考试，还有什么？

校园里有没有歌声？没有歌声的校园是学校吗？

校园里有没有球赛？有没有诗歌朗诵？有没有同学之间的嬉戏打闹？有没有老师温和的目光和亲切的谈话？

校园里有没有一点诗意？有没有一点点、哪怕只是一点点的浪漫？

吴非老师说："教育者的胸襟，是学生的天地。教师的胸襟有多宽，学生的精神天地就有多大。良师之心境，如海洋一般辽阔，如长空一般高远。教师心胸博大，他的学生才能面朝大海，才能仰望星空。"[1] 如果我们的目光一天到晚只是聚焦在学生的成绩单上，那么我们的大脑里除了教科书和练习题之外，就再也容不下其他的东西；我们的孩子也只能一天到晚生活在教科书和练习册的世界里，分数成了他们生命成长的唯一年轮。

我们能否大度一点，给孩子一点时间和空间，让他们唱一次歌、读一首诗、演一次话剧？哪怕一个学期一次！让他们展示一次才华，放纵一次情感；让他们开怀大笑一次，热情拥抱一次，自我陶醉一次，集体狂欢一次……那会成为他们永久的记忆，成为他们人生精神储存卡里不断升值的投资。人生是漫长的，但童年的回忆却是持久的。当我们人到中年，感到身心疲惫时，童年的回忆仍能给我们温馨的抚慰。人生虽然很长，但沉淀记忆的岁月却很短。年龄越大，生活中的记忆越少。到了老年，检点一下值得回味的日子，往往只记得童年，其他的岁月都像枯叶一样随风飘去。我们不能让孩子长大以后回想往事，记忆的硬盘上除了枯燥的习题一无所有。一个人，如果没有值得怀念和品味的少年时代，他会成为精神家园的贫困者。

给孩子们一个快乐的童年吧，童年生活是人生的底色，一定要绚丽多彩！

十五、艰难的科举路

辛晓娟在《无形的"长安道"》中写道：

唐代共举行科举考试226次，进士科有人数记录者263次，录取进士6673

---

[1] 吴非.致青年教师［M］.教育科学出版社，2016：9.

人。录取人数最少的三次，都是3人；最多的一次79人，平均25人。

文章没有说有多少人参加考试，想来应该是录取数的几十倍甚至上百倍吧。有多少孔乙己式的读书人一生挣扎在艰难应考的路途中，身心备受摧残。吴敬梓的《儒林外史》是科举时代的真实写照。

十六、批判鲁迅

批判鲁迅的文章越来越多，一些人开始对鲁迅大清算了。据说，一位语文特级教师声称，不仅要把鲁迅从神坛上拉下来，还要把他从"人坛"上拉下来。

想起郁达夫《怀鲁迅》中的话："没有伟大的人物出现的民族，是世界上最可怜的生物之群；有了伟大的人物，而不知拥护、爱戴、崇仰的国家，同样是没有希望的奴隶之邦。"

十七、虎妈猫爸

杜威在《教育哲学》中说："这种初等教育，断不是老年人或粗心男子所能胜任的。女子最能细心体会儿童的心情。"杜威先生岂能想到，当今中国很多家庭出现了"虎妈猫爸"现象，传统中的"严父慈母"变成了"慈父严母"。这不得不引起我们的思考。

十八、并非笑话

杜威在《教育哲学》中讲了这样一段话："社会学上有个笑话，说在以前石器时代，斧头都是用石做的，后来有一个人发明了铁也可以做斧头，于是那时候的人就用他所发明的铁斧把他杀死。这虽然是个笑话，但社会的进化的确如此，往往自己不喜欢进化，也不喜欢别人进化。"我想，这个笑话揭示的悲剧是：许多为推动人类文明进步而发明了新思想、新技术的人，往往会被别人扼杀在他们的发明里。

十九、梦想也有意义

人总会有一些遥不可及的梦想（不是理想），绝大多数一生都不会实现。正因为是梦想，所以也就不会有为之奋斗而不得的挫败与沮丧；有的是每天都如甘霖般对强硬而枯燥的人生的滋润。梦想虽不能实现，但人生却会因梦想而变得生动、鲜活乃至高贵。

二十、越读越糊涂

最近抽空重新翻阅了一遍朱光潜的《给青年的十二封信》《文艺心理学》《论诗》等文章，对他那种明白晓畅的文字风格十分地佩服。比较当下的一些理论文章，真是判若云泥。当下的许多文章都应了一句玩笑话：你不说我还明白，你一说我倒糊涂了。但这也许正是自己逐渐老化、接受能力落后的征象。

二十一、知易行难

相传云：释道钦住径山，有问道者，率尔而对，皆造宗极。刘忠州晏，尝乞心偈，令执炉而听，再三称："诸恶莫作，诸善奉行。"晏曰："此三尺童子皆知之。"钦曰："三尺童子皆知之，百岁老人行不得。"

——段成式《酉阳杂俎》

童子已知，百岁难行。常人与圣人的差距只是一小步，但这一小步却终生难以跨越。明白道理又能够躬身实践，就是圣人！

二十二、平稳的日子

"许多人，以为平稳的日子比爱情重要。当他有幸遭遇爱情时，当爱情与平稳的生活秩序发生矛盾时，他往往选择保住日子，割舍爱情。他有他的道理。然而他却忽略了，他放弃的正是他生命中最有味道最有价值的东西，保住的是不可或缺却味同白水的东西。" 记不清这是从哪里读来的话了。其实不仅是爱情，人生中的许多追求都是如此。能够勇敢放弃平稳日子的人，生命才能放出异彩。

二十三、无奈的教师

许多年前，在一个教学研讨会上，一位化学教授愤愤地说："一些中学教师真不像话，《化学与生活》教材这么好，就因为高考不考，他们就不教！"我当时就想，高考不考，即使老师教，学生会学吗？

请看一位高中生的自述：

我们上政治课的时候，桌子上都是数理化，政治书基本上不会摆在桌子上。历史课，也不当回事，我行我素的，把老师气死了。上数理化的时候要认真多了。数理化的老师也不是太强，我们上课的时候经常是在下面看题目，不会的下课再去问。

——郭华《静悄悄的革命》

大家想想，应试教育是谁造成的？根源在哪里？郭华分析得很好："学生个人、教师个人或具体的一所学校，都不愿意用学生或学校可见的前途和社会现状去对抗做无谓的牺牲。"素质教育能否推行，关键不在学校和教师，在高考。

二十四、教育要给人幸福

苏霍姆林斯基说："尊敬的教育者们，时刻都不要忘记：有一样东西是任何教学大纲和教科书、任何教学方法和教学方式都没有做出规定的，这就是儿童的幸福和充实的精神生活。"[1]

苏霍姆林斯基这段话提醒我们：作为教师，仅仅研究教学大纲和教科书

---

[1] 苏霍姆林斯基. 给教师的建议 [M]. 教育科学出版社，2004：473.

是不够的。如果不关心学生的精神世界，不关心学生的心灵感受，教育带给学生的就可能不是幸福而是痛苦。

二十五、貌似关怀的伤害

哈尔滨师范大学附中校长沙洪泽在《教育——为了人的幸福》一书中写道："学生成绩排行榜——挥之不去的阴影。在诸多校园内、班级内，学生的成绩排行榜令众多学习困难的学生抬不起头来，自尊心和进取心受到挫伤；学生面对家长怀着沉重的内疚；而家长面对排行榜的态度也大多是不理智的，对孩子非打即骂，使学生身心受到严重创伤。""子女名列前茅的家长的确会感到欣慰，但为数众多的家长感受到的却是痛苦，甚至是羞辱，而且是成绩差时那种特殊氛围对人的刺激，却又那样貌似公平、文明乃至仿佛是一种关切。"

在校园里，这种貌似关怀的伤害随时都在发生，很多学生和家长都有切身体验。

二十六、给我生命温情的文字

古人说："不如意事常八九，可与人言无二三。"事不如意，必然心怀郁闷；无人可言，自会怅惘寂寞。郁闷、寂寞，都是既伤心又伤身。何以开解？唯有读书。读书的本意是希望借他人之酒浇自己胸中块垒。然而，多数时候事与愿违。著书的人多半是人生不如意，又找不到对面倾诉的知己，这才灯下搦管，对纸抒怀，点点滴滴都是泪痕，我辈读了，正如举杯消愁，愁何以消？

于是，从满架的图书中拣出几篇温情的文字，置于案头、枕侧，每当心怀郁闷、怅惘寂寞之时，便静静地读几段，庶几可使愁云消散，得瞬间之欣悦。

这样的文字有：萧红的《呼兰河传》，林海音的《城南旧事》，鲁迅的《朝花夕拾》，沈从文的《从文家书》，张恨水的《山窗小品》，汪曾祺的《蒲桥集》，冰心的《繁星》《春水》，另外，还有几位学生写给我的几十封书信。

感谢这些文字，给我粗糙而冰冷的生命以温润与柔情。

二十七、文字的味道

文字有没有味道？有。

鲁迅的文字辛辣，郁达夫比之为烈酒，一杯下去，血脉奔涌。

周作人的文字苦涩，但爱好他的人如湖南人嚼槟榔，愈嚼愈有味道。

郁达夫的文字清甜，读来如饮甘泉，清新爽口。

徐志摩的文字香腻，菜里放了过多的油，多吃几口就难以下箸。

胡适的文字如煲菌汤，喝的时候滑滑的没有味道，但却富有营养，喝得越多对身体越好。

沈从文的文字有一点怪味，酸酸的，甜甜的，如加工的芦笋罐头。

冰心的文字如上等的糕点，精致极了，吃一块满口酥香，下咽后回味无穷。

废名的文字如拼盘，忽而香甜，忽而麻辣，忽而酸涩。

张恨水的小品文，读来如嚼老笋、喝豆粥，山珍海味皆成俗物。

汪曾祺的文字呢？一个字：爽！强作比喻，就如法兰地葡萄酒，不知不觉让你陶然而醉。

二十八、流云

读了宗白华先生的《流云小诗》，自觉空明澄澈，渣滓尽去。于是走路不再低头注目红红绿绿的花草，而是常常仰起头来，眺望那天际的流云。有时看得久了，仿佛灵魂出窍，飘向天际与白云一起缭绕……

后来又读了法国恶魔诗人波德莱尔的《外来人》，便常常记不清鸡蛋白菜的价格，甚至记不清亲戚朋友的音容笑貌，只记挂着那些"走着的云""美妙的云"……

当然还会时时念诵王维的两句诗："行到水穷处，坐看云起时。"只是寻不到一条清澈的溪流。那么，就常常坐下来眺望吧，也许有那么一天，自己真的能变成一片流动的云。